Direito Constitucional e Metodologia Jurídica

para concurso de Procurador da República

O livro é a porta que se abre para a realização do homem.

Jair Lot Vieira

José Duarte Neto

Doutor em Direito Constitucional pela USP
Mestre em Direito Constitucional pela PUC/SP
Professor Assistente Doutor de Direitos Humanos e Direito Constitucional
e Professor do Programa de Pós-Graduação *stricto sensu* em Direito da UNESP – Campus de Franca
Autor de obras jurídicas
Juiz de Direito no Estado de São Paulo

Direito Constitucional e Metodologia Jurídica

para concurso de Procurador da República

Elaborado de acordo com a Resolução nº 116, de 4 de outubro de 2011
do Conselho Superior do Ministério Público Federal

Direito Constitucional e Metodologia Jurídica
PARA CONCURSO DE PROCURADOR DA REPÚBLICA
José Duarte Neto

1ª edição 2013

© desta edição: Edipro Edições Profissionais Ltda. – CNPJ nº 47.640.982/0001-40

Editores: Jair Lot Vieira e Maíra Lot Vieira Micales
Coordenação editorial: Fernanda Godoy Tarcinalli
Editoração: Alexandre Rudyard Benevides
Revisão: Luiz Pereira dos Santos
Arte: Cátia Santos de Queiroz

Dados Internacionais de Catalogação na Publicação (CIP)
(Câmara Brasileira do Livro, SP, Brasil)

Duarte Neto, José
  Direito constitucional e metodologia jurídica para concurso de procurador da república / José Duarte Neto – São Paulo: EDIPRO, 2013. – (Coleção resumos para concurso de procurador da república)

  Bibliografia.
  ISBN 978-85-7283-845-0

  1. Direito constitucional 2. Direito constitucional – Concursos – Brasil 3. Direito – Concurso público 4. Direito – Exames, questões etc. I. Título. II. Série.

12-14005   CDD – 342 (81) (079.1)

Índices para catálogo sistemático:
1. Brasil : Concursos públicos : Direito constitucional : 342 (81) (079.1)
2. Brasil : Direito constitucional : Concursos públicos : 342 (81) (079.1)

EDITORA AFILIADA

edições profissionais ltda.
São Paulo: Fone (11) 3107-4788 – Fax (11) 3107-0061
Bauru: Fone (14) 3234-4121 – Fax (14) 3234-4122
www.edipro.com.br

Dedicatória
À Ana Lúcia e ao João Pedro,
para quem o "tudo ofertado"
nunca fará justiça ao "tanto merecido".

Agradecimentos
Ao meu irmão Guilherme,
pelas discussões e sugestões
quando da elaboração dos originais.

Sumário

PREFÁCIO	21
1. O ESTADO	23
1.1. Sociedade e Estado	23
1.2. Conceito e elementos do Estado	25
1.2.1. Povo	26
1.2.2. Território	26
1.2.3. Poder soberano	28
1.3. História do Estado	30
1.3.1. Organização política antiga	31
1.3.2. Organização política medieval	32
1.3.3. Estado Absoluto	34
1.3.4. Estado Liberal de Direito	35
1.3.5. O Estado Social de Direito	38
2. CONSTITUCIONALISMO	39
2.1. Noções gerais	39
2.2. Paradigma historicista ou inglês	41
2.3. Paradigma francês ou individualista	41
2.4. Paradigma americano ou estadualista	42
2.5. Paradigma neoconstitucionalista ou principialista	43
3. ESTABILIDADE E TRANSFORMAÇÃO CONSTITUCIONAL	47
3.1. Noções gerais	47

3.2. Poder constituinte originário 49
3.3. Poder constituinte reformador 51
    3.3.1. Limitações procedimentais 52
    3.3.2. Limitações temporais 52
    3.3.3. Limitações circunstanciais 53
    3.3.4. Limitações materiais 53
    3.3.5. Limitações implícitas 55
3.4. Mutação constitucional 57
3.5. Recepção 59

4. NORMAS CONSTITUCIONAIS E METODOLOGIA JURÍDICA 61

4.1. Normas jurídicas 61
    4.1.1. Norma e enunciado normativo 61
    4.1.2. Tipos de normas 62
4.2. Normas constitucionais 62
    4.2.1. Normas material e formalmente constitucionais 62
    4.2.2. Aplicabilidade das normas constitucionais 63
        4.2.2.1. Normas autoexecutáveis e normas não autoexecutáveis 63
        4.2.2.2. Tipologia de José Afonso da Silva 64
    4.2.3. Estrutura da norma 65
    4.2.4. Normas de organização, normas definidoras de direitos e normas programáticas 65
    4.2.5. Preâmbulo da Constituição 66
    4.2.6. Ato das Disposições Constitucionais Transitórias (ADCT) 66
4.3. Interpretação 67
    4.3.1. Interpretação tradicional de normas 67
        4.3.1.1. Métodos de interpretação 68
        4.3.1.2. Modos de interpretação 68

4.3.2. Aplicação clássica das normas 69
4.3.2.1. Conflitos entre regras 69
4.3.3. Interpretação constitucional 70
4.3.3.1. Princípios de interpretação constitucional 70
4.3.4. Interpretação conforme à Constituição 71

5. PRINCÍPIOS FUNDAMENTAIS DA CONSTITUIÇÃO .. 73
5.1. Fundamentos da República Federativa do Brasil 73
5.2. Princípio republicano 74
5.3. Princípio democrático 75
    5.3.1. Princípios da democracia 77
    5.3.2. Democracia representativa 78
    5.3.3. Democracia participativa 79
5.4. Princípio federativo 80
5.5. Princípio da separação dos poderes 84
5.6. Objetivos fundamentais da República Federativa do Brasil 90
5.7. Princípios das relações internacionais 90

6. DIREITOS FUNDAMENTAIS 91
6.1. Conceitos de direitos fundamentais 91
6.2. Concepções e evolução histórica 92
    6.2.1. Direitos fundamentais de primeira geração ou dimensão 93
    6.2.2. Direitos fundamentais de segunda geração ou dimensão 94
    6.2.3. Direito fundamentais de terceira geração ou dimensão   95
    6.2.4. Evolução no constitucionalismo brasileiro 95
6.3. Natureza jurídica das normas que disciplinam direitos fundamentais 96
6.4. Características dos direitos fundamentais 96
6.5. Classificações dos direitos fundamentais 97
    6.5.1. Direitos e garantias 98

6.6. Limites dos direitos fundamentais 99
6.6.1. Distinção entre regras e princípios 99
6.6.2. Colisões de direitos fundamentais 100
6.6.3. Restrição de direitos fundamentais 100
6.6.4. Princípio da proporcionalidade 101
6.7. Dimensões objetiva e subjetiva dos direitos fundamentais 102
6.8. Eficácia horizontal e vertical dos direitos fundamentais 103
6.9. Direitos fundamentais como direitos subjetivos 104
6.9.1. Espécies de direitos subjetivos 105

7. DIREITOS FUNDAMENTAIS EM ESPÉCIE 107
7.1. Direitos individuais e coletivos 107
7.1.1. Extensão da proteção (art. 5º, *caput*) 107
7.1.2. Direito à vida 107
7.1.3. Princípio da igualdade 107
7.1.3.1. Igualdade entre homem e mulher 108
7.1.3.2. Igualdade de orientação sexual 109
7.1.3.3. Ações afirmativas 109
7.1.4. Princípio da legalidade 109
7.1.5. Tratamento constitucional da tortura 110
7.1.6. Liberdade de pensamento, direito de resposta e responsabilidade por dano material, moral ou à imagem (art. 5º, IV e V) 110
7.1.7. Liberdade de consciência e crença 111
7.1.8. Inviolabilidade da intimidade, vida privada, honra, imagem das pessoas. Direito a indenização pelo dano moral e material a ela decorrente (art. 5º, X, XI e XII) 112
7.1.9. Direito de reunião 112
7.1.10. Direito de associação 113
7.1.11. Princípio da indeclinabilidade da jurisdição 113

SUMÁRIO · 11

7.1.12. Proteção do direito adquirido, do ato jurídico perfeito
e da coisa julgada 115
7.1.13. Proibição da extradição de brasileiro 115
7.1.13.1. Asilo político 116
7.1.14. Direito de propriedade 116
7.2. Remédios constitucionais 117
7.2.1. Tipologia 118
7.2.1.1. *Habeas corpus* 118
7.2.1.1.1. Legitimidade ativa 118
7.2.1.1.2. Legitimação passiva 119
7.2.1.1.3. Observações quanto ao *habeas corpus* 119
7.2.1.1.4. Competência 120
7.2.1.2. *Habeas data* 120
7.2.1.2.1. Legitimidade 121
7.2.1.2.2. Requisitos 121
7.2.1.2.3. Observações 121
7.2.1.3. Mandado de segurança individual 122
7.2.1.4. Mandado de segurança coletivo 122
7.2.1.5. Mandado de injunção 123
7.2.1.6. Direito de petição 124
7.2.1.7. Ação popular 125
7.3. Direitos sociais 127
7.3.1. Direitos sociais e ordem social 127
7.3.1.1. Proibição do não retrocesso social 127
7.3.2. Conceito de direitos sociais 128
7.3.3. Direitos sociais relativos aos trabalhadores 128
7.3.4. Direitos coletivos dos trabalhadores: liberdade sindical 130
7.3.5. Direito de greve 131

7.4. Nacionalidade 131
　7.4.1. Categorias relacionadas com o conceito 131
　7.4.2. Nacionalidade primária e secundária 132
　　7.4.2.1. Nacionalidade primária 132
　　7.4.2.2. Nacionalidade secundária 133
　　　7.4.2.2.1. Naturalização ordinária 134
　　　7.4.2.2.2. Naturalização extraordinária 134
　　　7.4.2.2.3. Equiparação (portugueses) 135
　　　7.4.2.2.4. Radicação precoce e curso superior . 135
　　7.4.2.3. Tratamento diferenciado entre brasileiro nato e naturalizado 136
　　　7.4.2.3.1. Cargos privativos 136
　　　7.4.2.3.2. Conselho da República 137
　　　7.4.2.3.3. Restrição ao direito de propriedade   137
　　　7.4.2.3.4. Extradição 137
　　　7.4.2.3.5. Perda da nacionalidade de brasileiro naturalizado 138
7.5. Direitos políticos 139
　7.5.1. Conceito 139
　7.5.2. Direitos políticos positivos 139
　　7.5.2.1. Direito de sufrágio 139
　　　7.5.2.1.1. Capacidade eleitoral ativa 140
　　　7.5.2.1.2. Direito de voto 140
　　　7.5.2.1.3. Capacidade eleitoral passiva 142
　7.5.3. Direitos políticos negativos 143
　　7.5.3.1. Inelegibilidades 143
　　　7.5.3.1.1. Inelegibilidades absolutas (art. 14, § 4º) 143
　　　7.5.3.1.2. Inelegibilidades relativas 144
　　　　7.5.3.1.2.1. Motivos funcionais 144

SUMÁRIO · 13

7.5.3.1.2.2. Desincompatibilização	145
7.5.3.1.2.3. Motivos de casamento, parentesco e afinidade	145
7.5.3.1.2.4. Militares	146
7.5.3.1.2.5. Hipóteses legais	147
7.5.3.2. Perda e suspensão de direitos políticos	147
8. DA DIVISÃO DO ESTADO	**151**
8.1. Estado federal brasileiro	151
8.1.1. Componentes do estado federal brasileiro	151
8.1.2. Brasília: capital federal	151
8.1.3. Territórios	152
8.1.4. Estados: incorporação, subdivisão e desmembramento	152
8.1.5. Municípios: criação, incorporação, fusão e desmembramento	153
8.1.6. Vedações de natureza federativa	153
8.1.7. Distribuição de competências na Constituição brasileira	153
8.1.7.1. Noções Gerais	153
8.1.7.2. Técnicas de repartição de competências	155
8.1.7.3. Consórcios e convênios	157
8.1.7.4. Regiões metropolitanas	158
8.1.8. Organização política dos entes federativos	158
8.1.8.1. União	158
8.1.8.2. Estados-membros	159
8.1.8.3. Municípios	161
8.1.8.4. Distrito Federal	162
8.1.9. Intervenção federal	162
8.1.9.1. Tipologia da intervenção federal	163
8.1.10. Intervenção dos Estados-membros nos municípios ...	165
8.2. Administração pública	165
8.2.1. Princípios constitucionais da administração pública ...	166

8.2.1.1. Princípio da legalidade 166
8.2.1.2. Princípio da impessoalidade 167
8.2.1.3. Princípio da moralidade 168
8.2.1.4. Princípio da publicidade 168
8.2.1.5. Princípio da eficiência 168
8.2.2. Administração pública dialógica 170
8.2.3. Responsabilidade patrimonial do Estado 171
8.2.4. Servidores públicos 172
    8.2.4.1. Agentes públicos 172

9. DA ORGANIZAÇÃO DOS PODERES 175
9.1. Do Poder Legislativo 175
    9.1.1. Funcionamento do Congresso Nacional. 175
    9.1.2. Organização administrativa do Congresso Nacional ... 177
        9.1.2.1. Mesa 178
        9.1.2.2. Comissões 178
            9.1.2.2.1. Comissões Parlamentares de Inquérito   179
    9.1.3. Câmara dos Deputados 180
        9.1.3.1. Atribuições da Câmara dos Deputados 181
    9.1.4. Senado Federal 182
        9.1.4.1. Atribuições do Senado Federal 182
    9.1.5. Garantias de independência e vedações do poder legislativo 184
        9.1.5.1. Estatuto dos congressistas 184
            9.1.5.1.1. Imunidades 184
                9.1.5.1.1.1. Imunidades materiais 185
                9.1.5.1.1.2. Imunidade formal 186
                      9.1.5.1.1.2.1. Imunidade à prisão 186
                      9.1.5.1.1.2.2. Imunidade processual 186
                9.1.5.1.1.3. Prerrogativa de foro 187

SUMÁRIO · 15

9.1.5.1.1.4. Imunidades no estado de sítio 188
9.1.5.1.1.5. Imunidades de deputados estaduais e distritais 188
9.1.5.1.2. Incompatibilidades 188
9.1.5.1.3. Perda do mandato 189
9.2. Processo Legislativo 191
    9.2.1. Conceito de Processo Legislativo 191
    9.2.2. Processo Legislativo Ordinário 192
        9.2.2.1. Iniciativa legislativa 192
        9.2.2.2. Fase constitutiva 194
            9.2.2.2.1. Processo legislativo sumário 195
        9.2.2.3. Fase integrativa 196
        9.2.2.4. Fase complementar 197
    9.2.3. Espécies normativas 197
        9.2.3.1. Emendas à Constituição 197
        9.2.3.2. Lei ordinária e lei complementar 198
        9.2.3.3. Medidas provisórias 199
        9.2.3.4. Leis delegadas 204
        9.2.3.5. Decreto legislativo 205
            9.2.3.5.1. Decreto legislativo e tratados e atos internacionais 205
        9.2.3.6. Resoluções 206
10. PODER EXECUTIVO 207
    10.1. Conceito e histórico do Poder Executivo 207
    10.2. Poder Executivo na Constituição brasileira 208
    10.3. Presidente da República 208
        10.3.1. Atribuições do presidente da República 209
        10.3.2. Poder normativo 211
        10.3.3. Atribuições do vice-presidente da República 212
        10.3.4. Imunidades do presidente da República 212

10.4. Ministros dos Estados 213
10.5. Conselho da República 214
10.6. Conselho de Defesa Nacional 214
10.7. Crimes de responsabilidade 215

11. PODER JUDICIÁRIO 217
11.1. Conceito de Poder Judiciário 217
11.2. Organização do Judiciário na Constituição brasileira 217
 11.2.1. Supremo Tribunal Federal 218
  11.2.1.1. Nomeação de membros do Supremo Tribunal Federal 219
  11.2.1.2. Competência 219
   11.2.1.2.1. Competências originárias 219
   11.2.1.2.2. Competências recursais 221
   11.2.1.2.3. Súmulas vinculantes 221
 11.2.2. Conselho Nacional de Justiça 223
 11.2.3. Superior Tribunal de Justiça 225
 11.2.4. Justiça Federal 228
11.3. Magistratura 229
 11.3.1. Carreira e recrutamento dos juízes 230
  11.3.1.1. O quinto constitucional 231
 11.3.2. Outros princípios da magistratura 231
 11.3.3. Garantias do Poder Judiciário 232
  11.3.3.1. Garantias institucionais 233
  11.3.3.2. Garantias funcionais 234
 11.3.4. Lei Orgânica da Magistratura Nacional – LOMAN 235

12. CONTROLE DE CONSTITUCIONALIDADE 237
12.1. Pressupostos do controle de constitucionalidade 237
12.2. Conceito de controle de constitucionalidade 238

12.3. Inconstitucionalidade 238
12.4. Tipos de controle de constitucionalidade 239
   12.4.1. Controle de constitucionalidade repressivo e preventivo 239
      12.4.1.1. Controle preventivo 239
      12.4.1.2. Controle repressivo 240
   12.4.2. Controle de constitucionalidade jurídico e político .. 240
   12.4.3. Sistemas de controle jurisdicional de constitucionalidade 240
12.5. Histórico do controle de constitucionalidade na organização constitucional brasileira 242
12.6. Cláusula de reserva de plenário 244
12.7. Efeitos da decisão que reconhece a inconstitucionalidade..... 244
12.8. Controle difuso e incidental de constitucionalidade 248
12.9. Controle concentrado e abstrato de constitucionalidade 248
   12.9.1. Modalidades de ação direta 249
   12.9.2. Legitimação processual 249
   12.9.3. Ação Direta de Inconstitucionalidade Genérica 250
      12.9.3.1. Objeto da ADI 250
      12.9.3.2. Procedimento 252
   12.9.4. Ação Declaratória de Constitucionalidade 253
   12.9.5. Ação de Inconstitucionalidade por Omissão 253
   12.9.6. Arguição de Descumprimento de Preceito Fundamental (ADPF) 255
   12.9.7. Ação Direta de Inconstitucionalidade Interventiva ... 258
12.10. Controle de constitucionalidade de lei ou ato normativo municipal ou estadual perante a Constituição do Estado 258

13. FUNÇÕES ESSENCIAIS À JUSTIÇA 261
13.1. Ministério Público 261
   13.1.1. Histórico 261

13.1.2. Ministério Público na ordem jurídica brasileira 262
13.1.3. Princípios do Ministério Público 262
13.1.4. Garantias 263
13.1.5. Estrutura 264
13.1.6. Funções 265
 13.1.6.1. Poder de investigação criminal pelo Ministério Público.. 266
 13.1.6.2. *Custos constitutionis* 267
13.1.7. Carreira 267
13.1.8. Conselho Nacional do Ministério Público 267
 13.1.8.1. Composição 267
 13.1.8.2. Corregedoria Nacional 269
13.1.9. Estratégias de comunicação do Ministério Público 269
13.1.10. Atendimento do Ministério Público à comunidade 271
13.1.11. Relatório anual de atividades do Ministério Público em defesa dos direitos do cidadão 272
13.2. Advocacia 272
 13.2.1. Advocacia Pública 273
  13.2.1.1. A Advocacia-Geral da União 273
  13.2.1.2. Procuradores das unidades federadas 273
 13.2.2. Defensoria Pública 274

14. DEFESA DO ESTADO E DAS INSTITUIÇÕES DEMOCRÁTICAS 275
14.1. Defesa da ordem política e constitucional 275
14.2. Estado de defesa 276
14.3. Estado de sítio 277
14.4. Forças Armadas 278
14.5. Segurança Pública 280
 14.5.1. Polícias da União 280

14.5.2. Polícias estaduais 281
14.5.3. Guardas municipais 281

15. FINANÇAS PÚBLICAS E ORÇAMENTO 283

15.1. Normas gerais sobre finanças públicas 283
15.2. Do banco central 284
15.3. Orçamentos públicos 284
 15.3.1. Procedimento de formação de leis sobre orçamento público 286
 15.3.2. Vedações orçamentárias 287
 15.3.3. Disponibilidade de recursos a órgãos dotados de autonomia 288

16. ORDEM ECONÔMICA E FINANCEIRA 289

16.1. Ordem econômica e Constituição: conceito e histórico 289
16.2. Ordem econômica: fundamentos, fins e princípios 290
 16.2.1. Fundamentos e fins 290
 16.2.2. Princípios da ordem econômica 292
  16.2.2.1. Soberania nacional 292
  16.2.2.2. Propriedade privada e sua função Social 292
  16.2.2.3. Livre iniciativa, livre concorrência e proibição do abuso do poder econômico 292
  16.2.2.4. Defesa do consumidor 293
  16.2.2.5. Defesa do meio ambiente 293
  16.2.2.6. Redução das desigualdades regionais e sociais .. 294
  16.2.2.7. Busca do pleno emprego 294
  16.2.2.8. Tratamento favorecido para as empresas de pequeno porte constituídas sob as leis brasileiras que tenham sua sede e administração no país 294
16.3. Atuação estatal na ordem econômica 295
 16.3.1. Exploração direta de atividade econômica pelo Estado ... 295

16.3.2. Estado como agente normativo e regulador da atividade econômica	296
16.3.3. Serviços públicos	297
16.3.4. Monopólios	298
16.3.5. Propriedade de interesse público: recursos minerais e potenciais hidroelétricos	299
16.4. Política Agrária	299
16.4.1. Função social da propriedade rural	300
16.4.2. Planejamento agrícola	300
16.4.3. Reforma agrária	301
16.4.4. Usucapião *pro labore*	301
17. ORDEM SOCIAL	303
17.1. Seguridade social	303
17.1.1. Seguridade social e o problema orçamentário	304
17.1.2. Saúde	305
17.1.3. Previdência social	306
17.1.4. Assistência social	307
17.2. Comunicação social	308
17.3. Da família, da criança, do adolescente, do jovem, do idoso e das pessoas portadoras de deficiência	310
17.4. Da educação	313
17.5. Dos índios	315
17.6. O Ministério Público e a proteção das "minorias nacionais"	317
17.7. Políticas públicas	317
17.8. Direitos culturais	318
REFERÊNCIAS BIBLIOGRÁFICAS	321
ANEXO – QUESTÕES DE PROVAS	329

Prefácio

Esta obra tem por objetivo fornecer conceitos, noções gerais, esquemas e classificações de Metodologia Jurídica e Direito Constitucional. Não é uma obra de formação, mas de informação. Sua produção exigiu um esforço de síntese na apresentação de teorias, conceitos e institutos que, em muitos casos, são complexos, o que levou à opção pelo que era essencial. A exposição didática e esquemática foi uma preocupação desde as primeiras linhas. Uma produção hermética e prolixa não atingiria o desiderato da coleção.

Foi elaborada segundo a temática exigida por diferentes editais de concursos de ingresso no Ministério Público Federal. Procurou, dessa forma, apresentar de forma breve o que um candidato deve dominar para ter sucesso no certame. O trabalho deve ser lido no *início* dos estudos – por fornecer as noções básicas ao principiante – e *ao final*, nos dias que antecedem o início das provas – por ser um referencial confiável na rememoração e recapitulação dos diferentes temas.

Apesar de ter por foco o concurso de ingresso no Ministério Público Federal, é de utilidade para outros certames, pois a obra teve de cobrir integralmente o Direito constitucional brasileiro.

Diversas questões de concursos já realizados foram retomadas e comentadas no último capítulo, intitulado *Questões de Provas*. A experiência tem demonstrado que esse contato tem sido eficaz na apreensão e memorização dos mais diferentes aspectos teóricos, em especial porque o rol de questões é finito e, não raro, muitas delas são retomadas em novas provas.

Uma última palavra: todas as virtudes deste pequeno trabalho devem ser atribuídas aos mais distintos autores citados nas referências bibliográficas e nas notas de rodapé. Eventuais falhas correm por conta de quem o escreve.

O Autor

O ESTADO

1.1. SOCIEDADE E ESTADO

O termo Estado, sociedade politicamente organizada, é historicamente recente. Os gregos definiam sua organização política como *politeia*, os latinos, como *res publica* ou *civitas*. A compreensão do Estado pressupõe a de sociedade. Afinal, o Estado, como sociedade política, é uma organização humana por excelência. Daí que enquanto a sociedade implica o gênero, o Estado é uma de suas espécies. Logo, a sociedade "é o conjunto de pessoas dentro da qual o homem desenvolve sua vida com a ajuda dos demais".[1] O homem não é o único dos seres que se agrupam para viver, ou que vivem agrupados, mas é desse agrupamento que é possível a transmissão de sentimentos, pensamentos, experiências e a construção da própria "civilização". A sociedade humana erige-se sob o signo da progressividade, ausente nos agrupamentos animais.

As teorias sobre a origem das sociedades são as mais distintas. Para uns, os vínculos que unem os homens são naturais. É a natureza, o instituto gregário que vincula os seres-humanos. Afinal, quando vem ao mundo, o homem é recebido já no seio de um agrupamento: a família. Essa teoria não é nova. Aristóteles em *A Política* qualificava o homem como ser "político", ou seja, social por natureza, para quem o elemento desviante seria um "bruto" ou um "Deus", nunca um homem. Naturalistas também foram Cícero e São Tomás de Aquino. Para outros, a vida em sociedade decorre da vontade humana e associativa. A característica primeira das sociedades é frisar a vontade humana – e não a natureza – como elemento preponderante na implementação de

---

1. BORJA, Rodrigo. *Enciclopedia de la Política*. México: Fondo de Cultura Económica, 1997. p. 931 (verbete: *sociedad*).

aspectos como a organização da sociedade, o relacionamento entre os integrantes do agrupamento e a formação de um poder político.

Como o ingresso na vida em sociedade exige um ato de vontade, por pressuposição, existiria um momento anterior, prévio, antes do consentir. Esse momento anterior é denominado como *estado de natureza*. As circunstâncias e as condições do estado de natureza ditariam o contrato social.

Para Thomas Hobbes, no Estado de natureza os homens viveriam em constante guerra. O homem seria o lobo do homem, e a adesão ao contrato social seria a forma de pôr fim à guerra de todos contra todos e de obter, assim, a segurança para gozo de seus direitos e seus bens.

Locke, que também fora contratualista, tinha visão menos pessimista. Para ele, mesmo no estado de natureza, o homem era senhor de direitos, que lhe pertenceriam por sua natureza humana. Sucede que nessa situação o seu gozo (de direitos) seria imperfeito. Ocorre que nem sempre o homem dispunha da isenção para permitir a convivência de direitos. Torna-se indispensável a presença de um árbitro imparcial, que solucione as controvérsias surgidas. Por essa razão, a passagem para a sociedade civil era útil para o aprimoramento da convivência desses mesmos direitos naturais. Logo, a utilidade seria o fim para os homens viverem em sociedade.

Entre os contratualistas da Ilustração, Rousseau foi um dos autores que mais influenciou a teoria e as instituições políticas que lhe sucederam. Entre os seus legados, estão a tradição da democracia participativa, a afirmação da vontade soberana do povo e a preconização da igualdade como objetivo primeiro de todo agrupamento humano. Inserido na tradição do direito natural de sua época – como Grotius, Pufendorf e Hobbes – teve ainda força intelectual para tecer críticas a esses autores, que ainda são atuais.

A origem contratual da sociedade pode ser encontrada, sobretudo, em duas de suas obras: *Discurso sobre a Origem e o Fundamento das Desigualdades entre os Homens* e *Do Contrato Social*. A chave para compreensão do seu pensamento encontra-se logo no início de *Do Contrato Social*: "O homem nasce livre, e por toda parte encontra-se aprisionado. O que se crê senhor dos demais, não deixa de ser mais escravo do que eles. Como se deve esta transformação? Eu ignoro: o que poderá legitimá-la? Creio poder resolver esta questão."

Em resumo, do excerto já se sabe que no estado de natureza o homem é livre, bom por natureza e no gozo pleno de direitos. Foi-lhe dito, então, que ao se reunirem sob o comando de um poder supremo, os fracos seriam defendidos da opressão, os ambiciosos contidos e a cada um seria possível o pleno exercício do que lhe pertence. Com um discurso desses, foram todos arrastados ao estado atual de coisas, onde os fracos foram submetidos a grilhões, enquanto os ricos tiveram novas forças; onde a liberdade natural foi irremediavelmente perdida e substituída pela lei da propriedade e da desigualdade; onde, por fim, alguns submeteram o gênero humano à servidão e à miséria.

Essa situação provinda de um ato de adesão voluntária Rousseau procurará solucionar no Contrato Social, oferecendo as condições para o estabelecimento de um pacto legítimo, no qual, após a perda da liberdade natural, seja possível o ganho da liberdade civil. Para tanto, pressupõe-se a igualdade absoluta dos aderentes, que ao pactuarem, alienam-se totalmente no contrato e a partir de então se apresentam, ao mesmo tempo, como parte ativa e passiva. Como parte ativa, deliberam sobre os próprios direitos, como parte passiva, submetem-se ao deliberado. Como a deliberação é fruto da própria vontade alienada (vontade geral), cada um acaba por ser senhor de si mesmo e nenhum será senhor do outro.

O que resta asseverar é que tais autores, ou pelo menos alguns deles, não pretenderam a descoberta de uma verdade histórica, mas, sim, por meio de uma *hipótese*, demonstrar a necessidade da vida em sociedade. Pois, *a contrario sensu*, sendo impossível a vida no estado de natureza, restaria tão só a vida social. E, quanto a isso, decorrente da natureza ou da vontade do gênero humano, não resta dúvida que a sociabilidade é da essência do gênero humano, sua lei imanente, o verdadeiro estado natural do homem desde seu primeiro momento de existência.

1.2. CONCEITO E ELEMENTOS DO ESTADO

O homem é objeto da ciência enquanto indivíduo ou ser social. Os fenômenos sociais, do homem em sociedade, podem ser provocados pela diretriz de uma vontade ou não. O Estado é o exemplo por excelência – não o único, mas um dos mais importantes – de fenômeno social ordenado por uma direção de vontade e, por isso, uma organização social. Se isso é verdadeiro de um lado, de outro, são várias as organizações sociais que dependem ou mantêm vínculo estreito com o Estado. Isso faz das ciências que a estudam ciências do Estado. A ciência do Estado deve circunscrever-se, por isso, ao estudo do Estado e de seus elementos intrínsecos.[2]

O Estado é uma modalidade relativamente recente de o ser humano organizar-se politicamente. Logo, não seria correto, ao menos em um sentido estrito, identificar um Estado na Antiguidade Clássica ou no Medievo.[3] Os gregos se referiam à sua organização política como *polis* (ou politeia), os latinos, como *civitas,* e o europeu medieval ora como *imperium,* ora como *regno*.

O termo Estado – do substantivo latino *status,* provindo do verbo *stare,* com o sentido de firmeza – aparece inicialmente pela pena de Maquiavel, quando, na obra *O Príncipe*, vaticina que as diversas potestades humanas, que são "Estados", apresentam-se como repúblicas ou principados. O que o diferenciará das organizações políticas de períodos remotos é a *coexistência* dos elementos intrínsecos presentes em seu conceito. Estado, portanto, é a *associação humana* (povo) de base *territorial* (*território*), submetida a um *poder* organizado (governo) com capacidade jurídica interna incontrastável e externa (internacionalmente) sem congênere que a suplante.

1.2.1. Povo

Povo é o elemento humano permanente do Estado. Coincide com o conjunto de pessoas que guarda com este um vínculo jurídico e político. Trata-se de categoria que se acomoda aos conceitos de nacionalidade e cidadania, nesse último aspecto, enquanto sujeito de direitos políticos. O povo, elemento do Estado, não se confunde com a população, ou seja, os habitantes de um território, que tenham nele domicílio ou vínculo jurídico. Também é conceito estranho ao de nação, compreendida como o grupo de homens unidos por vínculos históricos, linguísticos, culturais e, até mesmo, econômicos.

1.2.2. Território

É a parcela do espaço onde tem validade e eficácia uma dada ordem jurídica e em que se exerce de forma soberana a potestade estatal. A natureza jurídica

2. JELLINEK, Georg. *Teoría general del Estado*. 2. ed. México: Fondo de Cultura Económica, 2004. p. 55-60.
3. HELLER, Hermann. *Teoria do Estado*. São Paulo: Editora Mestre Jou, 1968. p. 157.

da relação entre poder do Estado e o território dividiu por muito tempo a doutrina. Em linhas gerais, coexistem quatro teorias: *a)* território-patrimônio: o Estado, para essa concepção, exerceria atribuições assemelhadas ao senhorio; *b)* território-objeto: concebe a relação como de domínio, mas caracterizada por um fim público, por isso, a relação jurídica é também compreendida como direito real institucional; *c)* território-objeto: que visualiza no *imperium* uma atribuição exercida diretamente sobre pessoas e indiretamente sobre o território ocupado e é a razão mesma de o espaço territorial ser compreendido como uma extensão da personalidade estatal; e *d)* território-competência: firmada na teoria do Estado, de Kelsen, que identifica a ordem estatal com a ordem jurídica e para quem o território seria o espaço de validade de tal ordem.

Também se debateu se o território é elemento essencial ou acidental do Estado. Alguns autores de renome invocam o direito internacional para demonstrar sua desnecessidade. À guisa de exemplo, o Estado do Vaticano – desde a unificação italiana até o Tratado de Latrão, de 1929 – por longos anos persistiu sem território. Em verdade, foram momentos anômalos. Exceções à normalidade. Sua existência foi em caráter precário e temporário. Hodiernamente, ao menos por enquanto, o Estado moderno é subsumido ao princípio da territorialidade.[4]

Essa grandeza, onde é exercido o poder soberano, possui três dimensões (na quase totalidade dos ordenamentos), correspondente ao solo, ao subsolo e ao espaço aéreo, e possível de serem desmembrados em: *a)* solo contínuo onde uma organização política exerce o seu *imperium; b)* rios, lagos, mares interiores, golfos, baias, ilhas costeiras, lacustres e fluviais; *c)* navios e aeronaves em alto-mar ou espaço aéreo internacional; *d)* navios e aeronaves de guerra onde quer que se encontrem; *e)* espaço destinado em território de outro Estado aos serviços das embaixadas e legações. Em relação ao mar territorial, anteriormente, vigia a compreensão de que sua extensão se vinculava ao poder das armas para protegê-lo *(terrae potestas finitur ubi finitur armorum vis).* Inicialmente o limite era de três milhas; ulteriormente, foi estendido para doze. Hoje, quer por razões de política externa, quer por motivos de exploração econômica, quer mesmo pela tecnologia empregada, que aumentou o poder de defesa das armas, esses limites acabaram por subsumirem-se a maiores e relativas dimensões.

---

4. MALUF, Sahid. *Teoria Geral do Estado.* 30. ed. São Paulo: Saraiva, 2010.

1.2.3. Poder soberano

O poder é a função social que consiste em estabelecer, manter, sancionar, aplicar os modelos de conduta vigentes em seu grupo social global. É fenômeno presente em qualquer agrupamento social jurídico. Obrigatoriamente, o poder pressupõe uma relação humana. Relação humana que não é inteiramente objetiva, mas, sobretudo, subjetiva, por implicar a vontade de um agente que sujeita outrem a sua vontade, bem como exigir a adesão consensual desse terceiro, ainda que sob pressão da ameaça do exercício da violência física. Ainda que, em grande parte dos fenômenos, haja a adesão consensual do submetido ao comando do agente do poder, o exercício da violência é elemento integrante dessa relação. É ele que garantirá a efetividade da submissão. Nesse tópico, importante destacar que a violência exercida pelo poder estatal é legítima; logo, coerção. Fosse ilegítima, seria exclusivamente "coação".

É verdade que não existe sociedade humana sem uma manifestação política. Em contraposição, essa tomou características de seu momento histórico e do desenvolvimento da sociedade humana. É possível identificar linhas gerais nesse desenvolvimento.

Em um primeiro momento, as civilizações, geralmente aquelas correspondentes às sociedades antigas do crescente fértil, organizavam-se em tribos, com uma estrutura política despótica. Essa fase antecedeu o aparecimento de uma monarquia mais ou menos definida. Posteriormente, ainda nessa mesma época, em territórios menores, outras tribos organizaram-se em assembleias nas quais todos os cidadãos dispunham do poder de decisão. As diversas leis e costumes não se diferenciavam, pois emanavam da mesma fonte jurídica: assembleia. Mas, séculos após, houve a distinção entre a esfera de poder do povo e a de seus representantes, entre o titular do poder e aquele investido em seu exercício. Assim, pôde-se falar em Estado.

A característica do poder do Estado é ser soberano. Por soberania, compreenda-se em sentido lato o poder de mando de última instância. É essa qualidade que torna diferente o poder do Estado do poder de outras organizações políticas.

Para Hermman Heller,

> a soberania consiste na capacidade tanto jurídica quanto real, de decidir de maneira definitiva e eficaz todo conflito que altere a unidade da cooperação social territorial, inclusive contra o direito positivo, se necessário, além da

capacidade de impor a decisão a todos, não só aos membros do Estado, mas, em princípio, a todos os habitantes do território.[5]

O seu aparecimento coincide com o século XVI, enquanto poder estatal, sujeito único da política. O seu fim era impor-se à organização política medieval. Submeter as particularidades feudais e a universalidade do Império e da Igreja. Acha-se, já nesse momento, relacionada com a feitura da paz e da guerra. A soberania, identificada com a figura do soberano, aparecia quando necessária a reunião de esforços para fazer a guerra externa. Internamente, nesse momento, o soberano destrói privilégios, elimina coesões, unifica. Externamente, declara a guerra e promove a paz.

Os autores clássicos divergiram sobre a essência da soberania. Bodin a identificava com o poder de fazer ou desfazer lei e, com isso, de criar o direito e tendo por característica ser absoluta, perpétua, indivisível, inalienável e imprescritível. Thomas Hobbes a compreendia como força necessária para imposição da ordem e do comando. Nesse ponto, enquanto para o primeiro o soberano detém o monopólio do direito, para o segundo, ele detém o monopólio da força.

Rousseau identificava a soberania com a vontade geral. Todavia, insistia que a vontade geral somente pode expressar comandos gerais e abstratos, o que equivaleria a suprimir as demais funções pertencentes aos outros poderes. A finalidade dessa conotação era mostrar que a soberania é um poder originário, e não derivado. Absoluta, não sofre a soberania limitações por parte da lei; perpétua, é um atributo intrínseco ao poder, e não a uma pessoa. Não pertencer a pessoas, é o que marca sua diferença, mostrando que é inalienável e imprescritível.

Se a soberania sempre foi absoluta e indivisível, nem sempre foi admitida como ilimitada. Assim, para os jusnaturalistas estava limitada pela lei divina e pela lei natural, bem como pelas leis fundamentais do reino que estabeleciam os poderes de investidura da coroa.

O próprio Hobbes insistia que o "absoluto" da soberania estava na ausência de limites jurídicos ou éticos, e não na arbitrariedade. Estava cingida a uma racionalidade técnica. Seu objetivo era permitir a paz geral. Já para Rousseau a soberania é ética. Não é expressão do utilitarismo, da vontade individual, mas da vontade geral, que deve buscar o bem público. O bem coletivo é de todos.

---

5. HELLER, Hermann. *Op. cit.* p. 289.

As teorias que explicam a soberania podem ser acomodadas em dois grupos: as realistas e as abstratas. Por teoria realista compreenda-se aquela que identifica a soberania como a força social, o agente que o exerce efetivamente, enquanto as teorias abstratas o despersonalizam. Inicialmente, os teóricos identificavam a soberania real com a soberania abstrata. A necessidade de unidade recomendava que fosse ela conferida ao rei, ainda que houvesse uma tentativa de criar, ao menos por necessidades teóricas, uma soberania de assembleias aristocráticas ou populares. Ulteriormente, a teoria jurídica iria despersonalizar essa soberania. Cada vez mais ela passa a ser identificada com o Estado, e este acaba sendo identificado com o Direito (entre outros por Kelsen e pela produção teórica que permite a criação do Estado de direito). Outros autores, ao contrário, procurariam um critério mais realista e sua identificação com o elemento que titulariza seu exercício: a burguesia, para Marx; as elites, para Gaetano Mosca; e aquele que cabe decidir sobre o Estado de exceção, para Schmitt.

Hodiernamente, a soberania está cada vez mais identificada com o poder constituinte e não são poucos os que anunciam seu eclipse ou minoração de importância. Teórica e pragmaticamente, são fatos de relevo: *a)* o novo caráter das relações internacionais (interdependência jurídica, econômica e política dos Estados); *b)* organismos supranacionais e criação de cortes de justiças; *c)* ênfase na proteção dos direitos humanos em âmbito internacional (a reconstrução dos direitos humanos); *d)* diminuição do poder de impor tarifas e emitir moeda; *e)* empresas supranacionais com amplo poder de decisão; *f)* meios de comunicação em massa; e *g)* o pluralismo provocado por uma sociedade multifacetada, com interesses distintos, organizada em partidos, agremiações, sindicatos, ONGS etc.

1.3. HISTÓRIA DO ESTADO

Embora o Estado seja uma instituição moderna, que a Antiguidade e a Idade Média não conheceram, o homem sempre esteve submetido a uma forma ou outra de organização política. É pressuposto da vida em sociedade. Ocorre que as organizações políticas nem sempre foram as mesmas e, ainda hoje, os mais distintos Estados guardam as circunstanciais especiais de um povo, sua cultura, sua história, sua ordem econômica. É a razão que se procurará, ainda que com breves pinceladas, tecer considerações sobre os mais distintos arquétipos.

1.3.1. Organização política antiga

Historicamente, o modelo ateniense é exemplo mais lembrado entre as formas distintas de organização política antiga. Ao menos em seu período áureo, conhecido como o século de Péricles, foi quando se desenvolveu e amadureceu a democracia. O poder era exercido de forma direta, com os cidadãos reunidos em assembleia para decidirem as questões fundamentais da sociedade. Pode-se conceituá-la como o sistema político em que havia identificação entre governantes e governados, e a coisa pública era gerenciada (legislação, jurisdição e administração) conjuntamente.

Suas instituições estavam lastreadas nos princípios da isonomia, isagoria e isotimia. Por isonomia, entendia-se a igualdade de todos na elaboração legislativa e na submissão à norma produzida que, por sua vez, não agasalhava o privilégio ou a discriminação de que não fosse fundada em mérito ou desmerecimento do contemplado, e concedido a todos que, reunidos, se encontrassem em praça pública, sendo vedado qualquer tipo de diferenciação, a não ser nas hipóteses já referidas. Por intermédio da isotimia, o acesso a cargo, ou a contemplação com títulos, estava aberta a qualquer cidadão grego, inexistindo funções granjeadas com a hereditariedade, raça ou sangue. A isagoria era o direito de todo cidadão fazer uso da palavra na assembleia, sendo comparada em dias atuais com a liberdade de imprensa.[6]

Institucionalmente, Esparta e Atenas diferenciavam-se quanto à estruturação do poder político. Em Esparta, a participação política era veiculada por meio da Assembleia Popular (Apella), do Conselho de Anciãos (Gerúsia), dos comissários e dos reis. O Conselho de Anciãos, formado por vinte e oito cidadãos com mais de sessenta anos, e ainda os dois reis, elaboravam as proposições que deveriam ser apresentadas à assembleia. Na Apella, presidida por cinco comissários, em que compareciam todos os cidadãos com mais de trinta anos, as decisões eram tomadas por maioria de votos, sem direito a debates ou discussão. O sistema político apresentava um caráter oligárquico,

---

6. BONAVIDES, Paulo. *Ciência Política*. São Paulo: Malheiros, 1994. p. 270-1.

visto que, por vezes, as decisões da Apella eram desrespeitadas pelos reis e pelo Conselho de Anciãos.[7]

Em Atenas, o órgão central da vida política era o Conselho Popular (Boulè), formado por 500 (quinhentos) membros, sorteados anualmente entre as tribos da polis. Sua função principal era preparar os projetos que seriam apreciados pela Assembleia Popular (eclésia). No entanto, seus membros eram investidos em outras funções públicas, a saber: controlar a reunião da eclésia com a entrega de senhas (syllogeis), fiscalizar a construção naval e verificar contas (trieropoioi), receber reclamações contra magistrados (euthynes) e promover sacrifícios (hieropoioi). Na eclésia, as propostas eram não só votadas, mas discutidas por todos os cidadãos com idade superior a 21 anos, que tinham direito ao uso da tribuna, segundo a ordem de idade.

Peculiares circunstâncias possibilitaram o florescimento da democracia grega: *1)* grande número de mão de obra escrava, permitindo que seus cidadãos, diuturnamente e com exclusividade, se ocupassem da função pública; *2)* diminuto espaço territorial onde a dominação política era exercida; e *3)* forte dose de civismo incutida desde tenra idade.

De qualquer forma, o modelo grego é reminiscência da história dos sistemas políticos, não sendo praticada, modernamente, em Estado algum, com exceção de alguns diminutos cantões suíços. As condições que possibilitaram o surgimento e manutenção da participação direta do povo nos afazeres público desapareceram, tornando-se impossível a existência do modelo em dias atuais.

1.3.2. Organização política medieval

A organização política medieval tem características que lhe são próprias. Não deve ser analisada como uma Antiguidade tardia, ainda que houvesse um esforço teórico do período em adaptar o Direito romano aos costumes e instituições bárbaras, em especial à organização administrativa do império franco. Também não se trata de uma antecipação da modernidade, mesmo que se tenha buscado o fundamento das constituições escritas em algumas de suas instituições.

---

7. SGARBI, Adrian. *O Referendo*. Rio de Janeiro: Renovar, 1999. p. 92-5.

A era medieval cobre um longo período de tempo, desde o ocaso das instituições romanas pelas invasões bárbaras, passando pela interiorização e o decrescer das cidades, até o revigoramento do comércio e o aparecimento do Estado absolutista.

A característica principal da organização política era a fragmentação e a descentralização. Em um mesmo território, centros distintos disputavam o poder de decisão: reis, senhores, comunas, corporações de ofício e congregações religiosas. Não existia um único centro decisório; ao contrário, coexistiam: *a)* soberanias que se pretendiam universais, infalíveis e incontrastáveis como a Igreja e o Império, mas de pouca efetividade e de duração efêmera; *b)* poderes de barões, nobres e senhores, de pouca amplitude territorial, mas de incontrastável concreção; e *c)* as comunas.

Cada um – reis, senhores, comunas, corporações de ofício e congregações religiosas – teve a característica comum de não ser soberano nem único, e é o que diferencia a organização política medieval do Estado moderno. Também a faz diferente da unidade indivisível política da *polis*, que não conhecia dissociação entre governantes e governados. E foi nessa estrutura complexa – de ordens, instituições, corporações e comunas – que predominou a organização senhorial de vassalagem.

O poder público era detido por particulares, que aparelhavam seus próprios exércitos e estabeleciam sua própria justiça. Recebiam o poder de senhores maiores, por tempo determinado, enquanto lhes dedicassem certas contraprestações, geralmente serviços militares. O vínculo de fidelidade entre senhor e vassalo devia ser respeitado. Tamanha era a sua importância que mesmo vassalos inimigos tinham de unir esforços, quando chamados por senhor comum, para fazer guerra a um terceiro. O feudalismo, nos dizeres de Max Weber, significa uma "divisão de poderes". Ocorre que, enquanto para Montesquieu seria uma divisão qualitativa, a coexistência de diversos centros decisórios consistia em uma separação quantitativa. O poder estava dividido territorialmente e em diversos agentes que se restringiam mutuamente.[8]

Mas toda essa rede de relações não dispunha de um direito público único e ordenador. Não havia sequer uma perfeita dicotomia com o Direito privado, o que fazia com que a vida econômica se desenvolvesse fora de um centro

---

8. WEBER, Max. *Economia e Sociedade*. Brasília (DF): Editora Universidade de Brasília, São Paulo: Imprensa Oficial de São Paulo, 1999. p. 299. v. 2.

produtor de normas e de estabilidade. Isso acontecia porque a multiplicidade de centros de poder tornava impossível uma única ordenação. Poderes concretos e distintos eram uma limitação natural, um limite a qualquer pretensão a um Direito público único.

Em resumo, a característica marcante da organização era a multiplicidade. Coexistiam ordens distintas de poder, firmadas em contratos, pactos e avenças. Ainda que futuramente essa multiplicidade viesse a dar lugar à supremacia de um dos poderes sobre os demais, estabelecendo uma ordem jurídica una, essa tessitura múltipla perdurou por quase dez séculos.

1.3.3. Estado Absoluto

A expressão que adjetiva o Estado vem do latim *absorvere,* que significa irrestrito, desligado, desprovido de vinculação, que existe por si. Logo é poder que se legitima, existe e se exerce por si.

O Estado absoluto, sinônimo de Estado de polícia ou Estado de poder, parte do antes suposto de que o fim justifica os meios, e, assim, o governante é livre para agir, em relação aos indivíduos, como melhor lhe apetecer, sem qualquer freio, muito menos de ordem legal. Basta que a atuação atenda aos interesses públicos, que, não raro, se confundem com seus próprios interesses.[9]

É o reverso do "Estado de Direito". O próprio termo, que tem uma forte carga pejorativa, foi cunhado para se contrapor ao vocábulo "Direito", estando ligado à palavra força. Nele se tem um instrumento poderoso nas mãos do detentor do poder, empregado na consecução egoística de seus objetivos políticos.

O Estado absoluto tem em Hobbes o seu teórico por excelência. Parte do pressuposto de que no Estado de Natureza os homens são vis. A astúcia, a ambição pelo poder e o egoísmo é o que os anima, o que, por consequência, pressupõe a "guerra de todos contra todos". É por esse motivo que o homem é o lobo do próprio homem (*homo homini lupus).* Ocorre que esse estado é incerto, instável e sem segurança. Os homens, para obtê-lo, renunciam ao seu poder em favor de um terceiro (rei, assembleia, comitê). A questão é que o poder é transferido, por um pacto, para ser exercido de forma ilimitada. O limite

---

9. CARRAZA, Roque Antônio. *Curso de Direito Constitucional Tributário.* 16. ed. São Paulo: Malheiros, 2001. p. 338.

a que estava adstrito o "soberano" era de caráter funcional: a manutenção da paz. Deveria, por isso, exercê-lo para evitar a guerra de todos contra todos.

Seu elemento nuclear está na centralização política, cada vez mais ampla e que absorveu os diversos organismos políticos que antes coexistiam na Idade Média. Esse poder, livre de limitações (logo, inaceitável falar em separação em moldes de Montesquieu) era fundado em uma legitimidade monárquica que era exercida de forma hereditária, vitalícia e em nome da vontade divina (a coroa era envergada pela "graça de Deus"). O rei francês Luís XIV foi quem cunhou a expressão característica dessa organização política: *L'État c'est moi*, ou seja, o monarca era a principal fonte do direito. Sua vontade fazia o "Direito". Logo, a soberania era monárquica.

1.3.4. Estado Liberal de Direito

O Estado de Direito, basicamente concebido, é um modelo organizativo que surge e se constrói como resposta a certas demandas, necessidades, interesses e exigências éticas, socioeconômicas e culturais. Práxis e teoria, suporte fático e valores conjugam-se para se ter o que aqui se discorre.[10] Dessa feita, despropositado descobri-lo somente no texto das diversas constituições, analisá-lo na estrutura social e econômica dos diversos períodos, conhecê-lo nos debates. É da conjugação de todos esses elementos que se terá uma breve noção do que se trata.

Manoel Gonçalves Ferreira Filho aponta que o termo é recente. Afirma que a expressão foi inicialmente cunhada na Alemanha, em uma obra de Wecker, publicada em 1813. Fê-lo em uma classificação tripartida dos tipos de governo, contrapondo-o a outros dois que chamou de despotismo e teocracia.[11] De qualquer forma, mesmo que a denominação tenha surgido nesse momento, o objeto designado já tinha existência há tempos.

Surgido em cenário econômico e político liberal, daí inicialmente ser tido como Estado Liberal de Direito.

---

10. DÍAZ, Elias. "Estado de derecho". In: DÍAZ, Elías; MIQUEL, Alfonso Ruiz [Org.]. *Filosofia Política II – Teoria do Estado*. Madrid: Editorial Trotta, 1996.
11. FERREIRA FILHO, Manoel Gonçalves. *Estado de Direito e Constituição*. 3. ed. São Paulo: Saraiva, 2004. p. 5.

O Estado de Direito tem como pressuposto a obediência dos governantes ao império da lei. O poder público em suas relações, em especial com os governados, age *secundum legem*, por meio de um regime de direito, pautando seus atos por regras, outorgando e garantindo direitos individuais. A lei estabelece os meios à disposição do Estado para atingir seus objetivos.

Inicialmente o conceito do Estado de direito tinha um cunho liberal, apresentando-se hodiernamente com uma feição diversa. Isto porque,

> o Estado move-se, do século XVI aos nossos dias, num mundo em transformação e ele próprio é um poderoso agente de transformação do mundo. Sofre o influxo das condições espirituais, socioeconômicas e internacionais, mas também vai tentar pô-las a seu serviço.[12]

O Estado de Direito Liberal nasceu sob a voga das correntes filosóficas do contratualismo, do individualismo e do iluminismo. O ponto culminante da viragem foi a Revolução Francesa, não podendo ser esquecido que, quando a ela se faz menção, se está referindo a todas as revoluções liberais. Justifica-se o emprego daquela, por haver sido a mais divulgada de todas. Logo surgido, ainda que inspirado em uma nova corrente de pensamento, o Estado de Direito houve por se apropriar dos instrumentos institucionais do Estado de polícia.

Tendo por valor preponderante a liberdade, o Estado Liberal de Direito teve por empenho limitar o poder político, quer internamente (pela sua repartição entre órgãos distintos); quer externamente (com a redução de suas funções sociais). Concebido por filósofos em termos racionais, projetado e desejado com características universais, consistiu, entretanto, em um Estado de cunho burguês. Daí o realce nas liberdades jurídicas do *indivíduo*, como a liberdade contratual; a absolutização da propriedade privada; o cerceamento dos princípios democráticos, como a limitação censitária do sufrágio. De qualquer maneira, para o momento histórico foi revolucionário, e suas conquistas foram permanentes para a humanidade. Lembre-se assim da supressão dos privilégios de nascimento, a liberdade de imprensa, a reformulação do Direito penal em bases racionais, e outras conquistas.[13]

José Afonso da Silva aponta que o "Estado Liberal de Direito" detinha as seguintes características: *a)* submissão ao império da lei, norma geral e abstrata, entendendo esta como o ato formalmente emanado do Poder Legislativo

---

12. MIRANDA, Jorge. *Teoria do Estado e da Constituição*. Rio de Janeiro: Forense, 2002. p. 39.
13. MIRANDA, Jorge. *Op. cit.* p. 8-9.

(no qual se encontravam representantes eleitos pelo voto censitário); *b)* divisão de poderes de modo a atingir a independência e harmonia entre Legislativo, Executivo e Judiciário, com forte predominância do primeiro, que representava a soberania popular; e *c)* enunciado e garantia de direitos individuais.[14]

O Estado Liberal de Direito apresentava uma esquemática de atributos e déficits, que para sua compreensão deverão ser analisados em seus diversos setores:[15]

— Sendo liberal, e havendo sido implementado e erigido pela burguesia, estabelecia uma baixa participação política, com posições receosas e mesmo contrárias ao sufrágio universal. Ainda que se apresentasse como abstencionista, ao menos no campo do trabalho e da propriedade privada sua presença era marcante. Intervencionista em prol da propriedade privada, presente no campo da burocracia e do aparato militar. Exemplo marcante é a repressão das greves, protestos e algazarras, e o projeto colonialista (que seria inexequível sem o aparato burocrático militar).

— Mesmo que surja com a superação de uma sociedade estatal, consagra outra de caráter individualista e elitista, de natureza classista, com uma ausência quase por completo de mobilidade social. É o resultado do contrato de trabalho individual e da liberdade de contratar em prol da burguesia. O Estado Liberal de Direito termina com a sociedade estamental, para inaugurar a de classes.

— No âmbito econômico, a sacralização da propriedade privada (art. 17 da Declaração dos Direitos do Homem e do Cidadão) firma o sistema de produção que passará a ser identificado com o capitalismo, com uma economia competitiva, livre mercado, forte acumulação privada de capital, baixos salários, subconsumo e pobreza em amplos setores sociais.

O estabelecimento de uma série de liberdades e direitos políticos não era endereçado a toda população. Sociedades completas, setores sociais em particular, estavam alijadas.

---

14. SILVA, José Afonso da. *Curso de Direito Constitucional Positivo*. São Paulo: Malheiros, 2011. p. 112.

15. DÍAZ, Elias. "Estado de derecho". In: DÍAZ, Elías; MIQUEL, Alfonso Ruiz [Org.]. *Filosofia Política II – Teoria do Estado*. Madrid: Editorial Trotta, 1996. p. 71-2.

1.3.5. O Estado Social de Direito

Mas a despeito de seu papel revolucionário e inovador do início, essa forma de organização política houve por sucumbir com o advento do século XX. As diversas pressões sociais, econômicas, culturais e políticas desse novo século trouxeram-lhe outra silhueta. Atitude essa marcada por características diferentes daquelas inicialmente pensadas, a saber: *a)* a par das liberdades individuais, uma promessa de direitos econômicos, sociais e culturais; *b)* sufrágio universal; *c)* partidos de massa; *d)* substituição de formas monárquicas por formas republicanas; *e)* generalização das Constituições e enriquecimento de seu conteúdo por novos valores; *f)* alargamento dos fins do Estado; *g)* multiplicação dos grupos sociais e de interesse, e sua intenção de influenciar as decisões políticas; e *h)* crescimento da função administrativa, a despeito daquela conferida ao Legislativo.[16]

É que diante das transformações experimentadas pela sociedade, causadas por aquilo que ficou conhecido como questão social, o "Estado de Direito" acabou ganhando uma nova compreensão. Ele deixou de ser formal, neutro, transformando-se em um "Estado Material de Direito", cujo objetivo era a realização da 'justiça social', com a concretização de direitos econômicos e sociais.

---

16. DÍAZ, Elias. "Estado de derecho". In: DÍAZ, Elías; MIQUEL, Alfonso Ruiz [Org.]. *Filosofia Política II – Teoria do Estado*. Madrid: Editorial Trotta, 1996. p. 91.

2

CONSTITUCIONALISMO

2.1. NOÇÕES GERAIS

Constitucionalismo é um daqueles conceitos plurívocos. Para uns, consiste no movimento político e jurídico, temporalmente datado e que teve por fim estabelecer governos limitados pelo uso de constituições escritas.[17] Para outros, a significação de constituição e de constitucionalismo deve ser buscada nos princípios básicos deduzidos das instituições político-sociais: a ideia do governo limitado, submetido ao direito, o contrário do arbitrário ou despótico. Não são meras "receitas de pudim", passíveis de serem repetidas, desde que utilizados determinados "ingredientes", mas produto da herança histórica, da qual as constituições escritas são a etapa final.[18] Por constitucionalismo, pode-se também entender qualquer forma limitada de organização política.[19]

Deve-se sua incerteza semântica à novidade do conceito, ainda não consolidado em definitivo na doutrina[20] e também à confusão com outros conceitos de mesma raiz etimológica.

---

17. FERREIRA FILHO, Manoel Gonçalves. *Curso de Direito Constitucional.* 28. ed. São Paulo: Saraiva, 2002. p. 7. No mesmo sentido: COSTA, José Manuel Cardoso da. In: Sociedade Científica da Universidade Católica Portuguesa. *Polis: enciclopédia verbo da sociedade e do Estado.* 2. ed. Lisboa/São Paulo: Editorial Verbo, 1997. p. 1.165-70. v. 1 (verbete: *constitucionalismo*).

18. MCILWAIN, Charles Howard. *Constitucionalismo Antiguo y Moderno.* Madrid: Centro de Estudios Constitucionales, 1991. p. 15-37.

19. LOEWENSTEIN, Karl. *Teoria de la Constitución.* 2. ed. Barcelona: Editorial Ariel, 1976. p. 154.

20. BOBBIO, Norberto; MATTEUCCI, Nicola; PASQUINO, Gianfranco. *Dicionário de Política.* 4. ed. Brasília: Editora Universidade de Brasília, 1992. p. 246. 2 v. (verbete: *constitucionalismo*).

Constitucionalismo é formado pela adição do sufixo *ismo* ao vocábulo constitucional. Esse sufixo guarda o sentido de doutrina, teoria, posição partidária ou estado de algo. É, portanto, a doutrina, a posição partidária ou estado do que é constitucional, do que se refere à Constituição. Não só de constituições escritas, e sim de toda qualquer organização do poder político.

Todavia, por existirem concepções diversas de Constituições, também há diferentes conceitos de constitucionalismo. Pode-se muito bem descobrir um constitucionalismo liberal, um constitucionalismo do Estado social de direito, ou ainda, um constitucionalismo do porvir.[21] Também, é conceito determinado por instituições, doutrinas e pensamentos de épocas distintas e de nações diferentes, o que acertadamente exige que se fale em constitucionalismos (ou *movimentos constitucionais*) e não constitucionalismo no singular.[22] Assim, há um constitucionalismo da Antiguidade, outro da Idade Média, um terceiro da Idade Moderna e das revoluções liberais e um das reivindicações sociais e do pós-guerra.

De qualquer forma, essa riqueza de significados pode ser reconduzida a um denominador comum: a limitação do poder político e a constitucionalização de direitos fundamentais. Daí que constitucionalismo é a doutrina – ou o conjunto de doutrinas – definida no espaço, no tempo e em uma dada cultura, com extensa carga valorativa, cujo objeto é a organização, a limitação do poder político e a preservação de liberdades públicas. Goza das caracterís-

---

21. Para Dromi, o constitucionalismo do porvir, aquele que deverá ser adotado nesse novo milênio, seria caracterizado por um Estado de justiça. Dotado de uma axiologia peculiar, consistiria em um constitucionalismo da verdade, da solidariedade, do consenso, participativo, integracionista, universalista e continuador. Mesmo que se trate de um texto marcadamente idealista, prejudicando uma análise aceitável, entre outras tantas coisas preconiza o autor um constitucionalismo continuador. As reformas em casos tais seriam uma ligação entre o passado e o presente. Não implicariam rupturas, mas continuação política, histórica e jurídica do Estado e dos direitos já garantidos. Afinal, reformar a Constituição não seria desfazer o realizado, mas avançar sobre isso. (Cf. DROMI, José Roberto. "La Reforma Constitucional: el constitucionalismo del 'por venir'". In: El *Derecho Público de Finales de Siglo: Una perspectiva Iberoamericana*. Madrid: Fundación BBV, 1997. p. 107-16).

22. "O movimento constitucional gerador da constituição em sentido moderno tem várias raízes localizadas em horizontes temporais diacrônicos e em espaços históricos, geográficos e culturais diferenciados. Em termos rigorosos, *não há um constitucionalismo mas vários constitucionalismos* (o constitucionalismo inglês, o constitucionalismo americano, o constitucionalismo francês)". (CANOTILHO, José Joaquim Gomes. *Direito Constitucional e Teoria da Constituição*. 6. ed. Coimbra: Almedina, 2002. p. 51).

ticas de seu espaço, do seu tempo e da sua cultura, justamente por serem essas variantes que lhe imprimem identidade.

Modernamente – nessa compreendidas somente as doutrinas de limitação que se estabelecem a partir das revoluções liberais – para o estudo do constitucionalismo, enquanto teoria normativa do governo limitado e das garantias individuais, segundo Canotilho, nada mais recomendável do que a abordagem por meio de *modelos*, estruturas teóricas capazes de explicar o desenvolvimento da ideia constitucional. Conjugados, por isso, no constitucionalismo três paradigmas.

2.2. PARADIGMA HISTORICISTA OU INGLÊS

Seu influxo foi para a institucionalização de direitos adquiridos (em especial a liberdade e a propriedade). Direitos, entretanto, cuja estrutura estava vinculada a uma dimensão corporativa, ou seja, pertenciam aos indivíduos enquanto membros de um dado estamento e que eram formalizados e garantidos por pactos (a exemplo da Magna *Charta Libertatum*). Esse modelo – institucional, pois estabelecido por um conjunto assistemático de costumes, práticas políticas e textos escritos – teve sua cristalização normativa na *Magna Charta Libertatum* (1215), no *Petitions of Rights* (1628), no *Habeas Corpus Act* (1679), no *Bill of Rights* (1689), no *Act of Settlement* (1701) e em outros textos ou momentos de igual importância. Ao final, esse evoluir histórico silencioso permitiu a limitação do poder político pela vedação da supressão de liberdades sem o *due process of law*, pela sua implementação por juízes que aplicam o direito costumeiro (*laws of land*) e pela ideia de *representação* do povo pela soberania do Parlamento, *locus* de fiscalização e restrição do poder monárquico.

2.3. PARADIGMA FRANCÊS OU INDIVIDUALISTA

A experiência francesa é a segunda herança do constitucionalismo moderno. Suas marcas são a ruptura revolucionária com o modelo absolutista, o estabelecimento de direitos e garantias abstratas de cunho universalista e a positivação de constituições escritas.

Assim, o constitucionalismo revolucionário francês tinha os homens como livres por nascimento. A defesa dos direitos era um ato de revolta contra o poder político, por isso, um ato de ruptura, a que a expressão *Ancien Régime* ilustraria tão bem, pois, em sentido contrário, significava também o nascimento de algo novo. Ao reverso, nas ilhas britânicas, os homens eram livres somente dentro de uma ordem jurídica estamental, reminiscência de uma ordem medieval. As mudanças empreendidas pela Revolução Gloriosa foram compreendidas como um simples ajustamento da história.

Essa concepção inovadora do constitucionalismo francês trouxe ao debate a questão da fundação do poder político. Em outros termos, podem os homens dar a si uma organização política segundo a sua vontade? O Abade de Sièyes respondeu afirmativamente ao dar contornos à concepção de poder constituinte em seu opúsculo "O que é o Terceiro Estado?" (*Qu'est-ce que le Tiers État?*).

Esse constitucionalismo revolucionário, além da concepção do poder constituinte, também era original por estar lastreado em um regime de direitos e garantias individuais de natureza abstrata, e pela ideia de Constituição escrita enquanto conjunto das conquistas obtidas no processo revolucionário. Assim, todos os homens dispunham dos mesmos direitos porque lhes eram concedidos com o nascimento, direitos que precediam a própria existência da organização política e, por precederem, eram gerais e abstratos. Já a Constituição escrita representava não somente a consolidação formal do projeto revolucionário, como pressupunha a norma geral e abstrata enquanto modelo ordenador.

O constitucionalismo francês foi um forte elemento de propaganda, divulgando não somente a ideia de ruptura e de transformação de relações existentes, mas também estabelecendo outras firmadas pela razão, como a propagação de novos valores liberais.

2.4. PARADIGMA AMERICANO OU ESTADUALISTA

Os Estados Unidos da América do Norte regem-se pela Constituição de 17 de setembro de 1787, que entrou em vigor em 1790. A estabilidade dessa obra constitucional retira sua força dos princípios e concepções presentes em seu passado colonial e, ainda, do ato de independência das treze colônias britânicas na América.

O constitucionalismo nascente trouxe de forma inovadora uma separação de poderes (*checks and balances*), uma república presidencialista, um federalismo e uma democracia representativa. Mas a contribuição mais importante – que a práxis constitucional desenvolveria nos anos seguintes – foi a ideia de supremacia da Constituição, concretizada pelo controle judicial de constitucionalidade. Para que isso acontecesse, mostrou-se necessário o desenvolvimento de dois pontos: *a)* o primeiro foi a compreensão de um momento fundacional de difícil reprodução e de indiscutível superioridade quando contrastado com a dinâmica rotineira dos poderes constituídos; e *b)* o segundo foi uma visão peculiar da separação de poderes, que permitiu o controle de constitucionalidade e a noção de supremacia formal.

Em resumo, dois elementos tornaram paradigmático o constitucionalismo americano: a coexistência de um procedimento dificultoso de reforma constitucional, conjugado com uma atualização empreendida por instrumentos de mutação constitucional.

Daí que, estruturalmente, o constitucionalismo americano está assentado sobre: *a)* um momento fundacional ímpar, de impossível reprodução; *b)* um procedimento de limitações solenes para modificação formal de seu texto; e *c)* um instrumento de abertura a novas exigências por meio da interpretação jurisdicional. Quanto a esse primeiro aspecto, se os ingleses dispõem de um passado antigo, de onde nascem as raízes de suas liberdades políticas, os americanos contam com a independência e com promulgação de sua Constituição como o seu correspondente. A despeito da ruptura provocada pela independência, a gênese da Constituição é sempre invocada como lembrança para preservação e desenvolvimento de suas instituições.

2.5. PARADIGMA NEOCONSTITUCIONALISTA OU PRINCIPIALISTA

O constitucionalismo europeu atual – modelo para as experiências constitucionais do resto do mundo – definiu-se nos últimos sessenta anos com a consolidação em definitivo da democracia liberal de tipo ocidental. Em sua gênese, confluíram diversos fatos políticos importantes: *a)* a vitória Aliada; *b)* o desmoronamento do fascismo e do nazismo; *c)* a constitucionalização tardia de Estados como Espanha e Portugal; e *d)* a queda do muro de Berlim e o soçobrar do Estado socialista soviético.

Caracteriza-se ainda pelo compromisso entre os povos – de maneira a evitar o retorno à barbárie – de reafirmarem os direitos humanos. A importância conferida aos direitos humanos – quer por uma proteção internacional, quer por sua incorporação valorativa nos novos textos constitucionais – é indicativa do que se afirma.[23]

Hodiernamente, compartilha-se, entre os povos ocidentais, um idêntico modelo de Constituição e de problemas, questões e assuntos constitucionais. A constitucionalização implica a extensão de normas constitucionais para ambientes antes intocados e a impregnação pela força normativa da Constituição da organização política e social e de todo o ordenamento jurídico. Experimenta-se, em quase todos os quadrantes, uma Constituição invasora que condiciona a legislação, jurisprudência, doutrina, questões sociais e políticas.[24]

Nesse fenômeno – que alguns preferem chamar de neoconstitucionalismo – confluem instituições e um caldo de cultura jurídica. Estruturalmente, em primeiro lugar, nota-se a presença de uma Constituição rígida e escrita, protegida, por isso, contra a legislação ordinária. A rigidez constitucional advém da previsão de um processo especial e dificultoso de reforma, e também, da positivação de princípios materiais intangíveis. Em segundo lugar, quase todas as Constituições preveem um controle de constitucionalidade – estruturado diferentemente do que se desenvolveu na América – segundo a concepção teórica de Kelsen. Também, observa-se uma peculiar postura metodológica jurídica nas questões constitucionais: *a)* a compreensão da força vinculante da Constituição, que tem por pressuposto o seu alargamento de tessitura, com a disciplina dos diversos setores da vida social e da relação cidadão-Estado. Daí que a norma constitucional é vinculante, bastante em

---

23. SILVA NETO, Francisco da Cunha; IORIO FILHO, Rafael M. "A nova tríade constitucional de Erhard Denninger". In: DUARTE, Fernanda; VIEIRA, José Ribas [Org.]. *Teoria da Mudança Constitucional: sua trajetória nos Estados Unidos e na Europa*. Rio de Janeiro: Renovar, 2005. p. 264.

24. GUASTINI, Ricardo. "La 'Constitucionalización' del Ordenamiento Jurídico: el caso italiano". In: CARBONELL, Miguel [Org.]. *Neoconstitucionalismo(s)*. 2. ed. Madrid: Editorial Trotta, 2005. p. 49.

si para produzir efeitos e reger relações sociais, a despeito de sua estrutura formal, ou seja, norma programática ou de aplicação direta; *b)* o emprego de uma interpretação extensiva, de forma que se possibilite uma submissão total do legislador às normas constitucionais. Ainda que não exista uma norma constitucional específica para o tema tratado pela lei, é incumbência do intérprete fazer ilações e extrair princípios, de maneira a vincular o legislador ao espírito da Constituição; *c)* o emprego da legislação como desenvolvimento e concretização da norma constitucional. Em outros termos, a mediação legislativa para tratamento e disciplina das relações sociais com previsão na Constituição; *d)* a preservação da legislação por uma metodologia exegética que prefira o sentido que aperfeiçoa o mandamento constitucional àquele que a invalide pela inconstitucionalidade; e *e)* uma práxis jurisdicional de controle da discricionariedade legislativa e das opções políticas do governo, ainda que não inteiramente inconstitucionais, pelo emprego de cláusulas abertas como o princípio da isonomia ou da razoabilidade.[25]

---

25. GUASTINI, Ricardo. "La 'Constitucionalización' del Ordenamiento Jurídico: el caso italiano". In: CARBONELL, Miguel [Org.]. *Neoconstitucionalismo(s)*. p. 50-8.

3

ESTABILIDADE E TRANSFORMAÇÃO CONSTITUCIONAL

3.1. NOÇÕES GERAIS

Uma das características das Constituições rígidas é sua imutabilidade relativa, conceito para o qual convergem ideias antitéticas. De um lado, a concepção de mudança, modificação e, sobretudo, adaptação constitucional a uma realidade política, econômica e social cambiante; de outro lado, a noção de entraves, impedimentos, limites à mesma mudança.

O constitucionalismo clássico compreendia as Constituições como imutáveis, imodificáveis, produto que eram do direito natural. A noção de direito natural, pelo liberalismo clássico, contribuiu em grande parte para isso, porque apreendido pela razão, por seus instrumentos de lógica. Logo, as Constituições eram um produto acabado e perfeito que não comportava se sujeitar aos reveses do cotidiano.[26]

Mesmo nesse período, essa crença não foi unânime. Ciente de que as Constituições deviam se amoldar à sua época, Sieyès lembrava que "a nação pode sempre reformar sua Constituição. Sobretudo, ela não pode abster-se de reformulá-la quando é contestada".[27] Da mesma maneira, a Constituição

---

26. Raul Machado Horta compreende essa questão ideológica de forma diferente: "Nas manifestações ideológicas do constitucionalismo revolucionário de 1789, a religiosidade impregnou a Constituição e conduziu ao seu culto. A permanência se aliava à transcendência, infundindo na Constituição a sobrenaturalidade da criação divina". (HORTA, Raul Machado. *Direito Constitucional*. 3. ed. Belo Horizonte: Del Rey, 2003. p. 98).

27. SIEYÈS, Emamanuel Joseph. *A Constituinte Burguesa – Qu'est-ce que le TiersÉtat?*. 4. ed. Rio de Janeiro: Lumen Juris, 2001. p. 55.

francesa de 1793 positivou essa diretriz em seu art. 28: "um povo tem sempre o direito de rever, reformar e mudar sua Constituição. Uma geração não pode sujeitar às suas leis as gerações futuras".[28] (tradução nossa).

Em resumo, a mudança nas Constituições, ainda que rígidas, é um fenômeno indiscutível. *Tão indiscutível que as Constituições não são modificáveis, mas modificadas.* A mudança nesse caso não é uma faculdade, mas uma necessidade imposta pela alteração dos pressupostos fáticos – políticos, sociais, econômicos e culturais – que estiveram em sua gênese. Por esse prisma, há de se convir que nenhuma Constituição é resultado de um momento único, mas decorrência de sua aplicação, da dinâmica impressa pelos entes imbuídos e participantes da vida constitucional.[29]

Por essa razão, a história incumbiu-se de demonstrar a falsidade da crença na imutabilidade das Constituições liberais. Respeitados os obstáculos apontados a essa dinâmica, as mudanças aconteceram e ainda acontecem. Modificações – frisem-se uma vez mais – que acontecem sob uma disciplina especial. Doutrina tão especialíssima, que justifica todo um capítulo no âmbito do direito constitucional. Tão peculiar que se erige enquanto objeto autônomo de investigação.

Conhecedor dessas particularidades, Miranda elaborou uma taxonomia que cabe ser mencionada aqui como instrumento útil de análise. Pressupondo a existência de mudanças constitucionais ontologicamente distintas e objetivando uma expressão abrangente da diversidade e complexidade desses eventos, faz uso da palavra "vicissitude".[30] *Para o propósito, ora tratado, pode-se em resumo insistir que as mudanças nas Constituições rígidas operam-se de duas formas*: de forma expressa, pela revisão constitucional, que é o procedimento obstaculizado de alteração normativa; pela mutação constitucional, que é a alteração do sentido de um dispositivo constitucional, sem afetar-lhe a identidade do suporte linguístico.

---

28. *"Article 28 – Um peuple a toujours lei droit de revoir, de réformer et de changer sa Constitution. Une génération ne peut assujettir à ses lois les générations futures".*
29. MIRANDA, Jorge. *Manual de Direito Constitucional: constituição e inconstitucionalidade.* 3. ed. Coimbra: Coimbra Editora, 1996. p. 129-30. v. 2.
30. MIRANDA, Jorge. *Manual de Direito Constitucional: constituição e inconstitucionalidade.* p. 130. v. 2.

3.2. PODER CONSTITUINTE ORIGINÁRIO

A concepção de uma força social com atribuições de estabelecer e instituir uma organização política tem em Sièyes seu primeiro e principal doutrinador e ideólogo. No capítulo V, de seu opúsculo, discute a formação das sociedades, e, por final, discorre sobre a vontade da nação. Segundo seu ensinamento, as sociedades passam por estágios distintos. No primeiro deles, existem na comunidade determinados indivíduos que desejam se reunir e, ao desejarem, constituem uma nação. Em um segundo momento, a vontade deixa de ser individual e torna-se comum. Para dar consistência a essa união, a vontade comum dispõe sobre os bens públicos e a forma de obtê-los. Em um terceiro momento, em razão da complexidade e do tamanho do Estado, a vontade comum passa a ser exercida por representantes. O seu titular, a nação, não conta com meios de exprimi-la diretamente, precisando de quem o faça em seu nome. Como conclusão dessas premissas: *a)* a vontade comum é inalienável, sendo possível transferir somente o seu exercício; *b)* os representantes recebem o exercício suficiente e bastante para manter a boa ordem; e *c)* o delegado não pode alterar os limites dos poderes conferidos pelo delegante. A teoria de Sièyes era revolucionária, entre outros motivos, porque criava categoria conceitual que possibilitava aos homens investirem-se na atribuição de construírem sua própria ordem constitucional.

E, nessa toada, para Carl Schmitt, decisionista, o poder constituinte "é a vontade política cuja força ou autoridade é capaz de adotar a concreta decisão de conjunto sobre modo e forma da própria existência política, determinado assim a existência da unidade política como um todo".[31]

Por essência, pela própria natureza, é um fato social e o sendo não está submetido às regras de direito. Hans Kelsen, senhor de uma rigorosa prática metodológica de criar uma ciência jurídica pura, eliminando qualquer influência exógena, reduzindo o seu objeto a normas jurídicas e a relações intrassistêmicas reconhece que o Direito é complexo, para o qual convergem dimensões distintas, objeto de estudo da Sociologia, Filosofia, Ética, História, Psicologia etc. Mas, enquanto disciplina com pretensões a autonomia científica, o seu objeto exclusivo de estudo é o que lhe é essencial: seu aspecto

---

31. SCHMITT, Carl. *Teoria de la Constitución*. Madrid: Editorial Revista de Derecho, [s.d.]. p. 86.

normativo. Fiel a essa pureza metodológica, não se predispunha a buscar a validade do ordenamento na realidade política. Para justificar e travar sua tese, fundava as Constituições em uma norma pressuposta.

Por óbvio não é fato qualquer, afinal, estabelece a ideia de direito vigente que opera com alguns desdobramentos. O primeiro consiste no estabelecimento e criação da ideia de direito dominante, que orienta o fim do Estado. Cabe ressaltar que em um sistema pluralista não é a única ideia existente, e a oficial não suprime as rivais; entretanto, obriga-as a se submeter aos procedimentos que a Constituição coloca para que possam ser debatidas. O segundo desdobramento é a criação e delimitação de competências. O terceiro é que a qualidade dessa força social será transferida para a ordem constitucional instaurada e, desse ponto de vista, acaba por ser uma noção de legitimação.[32]

De um ponto de vista exclusivamente dogmático (em oposição a uma compreensão zeetética), da essência acima extraem-se suas características principais. É *inicial*, pois o primeiro ato de uma dada ordem jurídica e política, é *ilimitado*, porquanto adstrito exclusivamente à vontade de seu titular, e *incondicionado* porque livre das regras e condicionamentos anteriores para o estabelecimento do direito.

A despeito de tudo quanto colocado, o poder constituinte não deve ser compreendido como um fenômeno de existência concreta ou um modelo a ser empregado para toda e qualquer organização constitucional. Enquanto construção teórica, nada mais é do que uma hipótese, criada por Sièyes, para justificar a possibilidade de representantes extraordinários – em uma determinada conjuntura – assumirem o poder de recriar racionalmente sua organização política e social.[33]

---

32. BÖCKENFÖRDE, Ernst-Wolfgang. "Le pouvoir constituent du people, notion-limite du droit constitutionnel". In: JOUJANJAN, Olivier (réunion et présentation). *Le Droit, l'État et la constitution démocratique*. Paris: Librairie Générale de Droit et de Jurisprudence, 2000. p. 205-8.
33. FERREIRA FILHO, Manoel Gonçalves. *O Poder Constituinte*. 3. ed. São Paulo: Saraiva, 1999. p. 17.

3.3. PODER CONSTITUINTE REFORMADOR

O poder constituinte, ao estabelecer uma dada Constituição, organiza e positiva os poderes do Estado – Legislativo, Executivo e Judiciário, segundo a concepção tripartite de Montesquieu – e suas mais diversas atribuições e órgãos. Juntamente com esses poderes, cria outro, de natureza especial, cuja atribuição primeira é modificar ou complementar as normas constitucionais.

Já houve quem denominasse essa atribuição de poder constituinte secundário, porque pressupõe uma Constituição em vigor e a obediência ao procedimento nela prescrito. Mas subsistem nomenclaturas das mais distintas, quer se deseje frisar ou reforçar uma nuance ou outra. Assim, existem aqueles que o denominam de poder constituinte instituído ou derivado, enquanto outros preferem remanescente, de segundo grau ou poder constituinte constituído.[34]

Segundo Sampaio, a competência constitucional reformadora, juntamente com a constituinte, forma um conjunto de círculos concêntricos de atribuições. O primeiro deles – de maior amplitude, o poder constituinte – representa a faculdade de organizar o Estado sem limitação alguma, ao menos no que se refere ao direito positivo. O segundo círculo – colocado logo abaixo do poder constituinte – pertence a um poder constituído, pois retira seu fundamento da Constituição, que lhe traça as condições e os limites de exercício. Sua função – submetida às condições e limites constitucionais – é modificar a própria Constituição. O exercício desse poder constitucional é confiado ao Poder Legislativo – segundo um procedimento especial diverso do processo legislativo ordinário – ou a outro órgão especial.[35]

Por se postar sob o poder constituinte, sendo por ele estabelecido, o poder reformador é constituído por natureza. Suas características principais são extraídas de sua natureza jurídica. O poder reformador é derivado, porque decorre do poder constituinte. Subordinado, porque é limitado pelas regras de fundo estabelecidas pelo poder constituinte; condicionado, porque a sua expressão é restringida por regras de forma.[36]

---

34. LOPES, Maurício Antônio Ribeiro. *Poder Constituinte Reformador: limites e possibilidades da revisão constitucional brasileira*. São Paulo: Revista dos Tribunais, 1993. p. 117-8.

35. SAMPAIO, Nelson de Sousa. *O Poder de Reforma Constitucional*. 3. ed. Belo Horizonte: Nova Alvorada Edições, 1994. p. 40-6.

36. FERREIRA FILHO, Manoel Gonçalves. *O Poder Constituinte*. 3. ed. São Paulo: Saraiva, 1999. p. 112.

Submetida à Constituição, a competência reformadora esbarra nos mais distintos obstáculos que, analisados sob diversos enfoques, permitem várias classificações. Há os expressos, formalizados em disposições normativas e que podem ser procedimentais, temporais, circunstanciais e materiais, e implícitos, os deduzidos indiretamente, por operação lógica.

3.3.1. Limitações procedimentais

Os limites procedimentais equivalem aos obstáculos colocados ao rito empregado para expressão da atribuição reformadora. Existe uma tipologia rica de limitações procedimentais, que se expressa diferentemente conforme a diversidade de valores ou o momento histórico-político, ou ainda, de um ordenamento constitucional para outro. Os limites procedimentais classificam-se segundo diferentes critérios: *a)* o órgão com competência constitucional para empreender a reforma; *b)* o ente legitimado para a propositura da alteração constitucional; *c)* o quórum exigido de aprovação; *d)* a necessidade de manifestação popular por meio do *referendum* ou do plebiscito.

3.3.2. Limitações temporais

Às limitações procedimentais há de se acrescerem as temporais. Também de natureza formal, mas que, devido a suas peculiaridades, costumam ser analisadas em capítulos em separado.

Os limites temporais, quando ocorrem, são justificados pela exigência de uma estabilidade às instituições constitucionais. Visam a vincular a permanência de uma Constituição a um determinado período de tempo.

Esse limite pode suceder à promulgação de uma Constituição e seu objetivo é protegê-la do grupo vencido nos debates constituintes. Com o término dos trabalhos, sob o argumento de uma crise interna ou da necessidade de atualização, não são raras as tentativas de rediscutir os temas superados e resolvidos pela Constituinte. A cláusula temporal, ao menos por um período de tempo, coloca um óbice a esse intento, protegendo a ideologia, os valores e os institutos positivados na Constituição.

3.3.3. Limitações circunstanciais

Existem situações excepcionais, anormais, que não recomendam a manifestação do poder reformador. O exercício da atribuição reformadora nessas circunstâncias põe em risco a sobrevivência da Constituição. Por essa razão, a boa técnica utiliza prever um rol dessas circunstâncias − a ocupação do território por tropa estrangeira, a decretação da guerra, do estado de sítio e da lei marcial − vedando expressamente a alteração constitucional. São, por isso, limitações circunstanciais.

Em ocasiões desse jaez, os órgãos encarregados da reforma estão de tal forma constrangidos ou ameaçados que a liberdade de suas manifestações está comprometida. Também acontece, nesses momentos, de suspender-se o exercício das liberdades públicas, o que torna inconveniente a mudança, sob pena de pesar-lhe a pecha de antidemocrática.

Embora seja verdade que, quando de situações excepcionais, esses limites não se mantêm e cedem à força ou à vontade do fato operante que deseja empreender a reforma, também é certo que o seu desrespeito quase sempre é um indício incontestável de ilegitimidade da mudança, pela presença do arbítrio, e não do direito.

3.3.4. Limitações materiais

Os limites materiais − o conteúdo intocável das Constituições rígidas − existem desde o constitucionalismo clássico. A Declaração de Direitos do Homem e do Cidadão, de 1789, em seu art. 16, estabelece que a sociedade que não tem assegurada a garantia dos direitos e a separação de poderes, não dispõe de uma Constituição; por lógica inversa, faz entender que onde existe uma Constituição, a separação de poderes e a garantia de direitos não podem ser suprimidas. Nada obstante, será no século XX, após a Segunda Guerra Mundial, que as cláusulas materiais intangíveis ganharão importância e difusão.

As cláusulas pétreas, limites materiais intangíveis, encontram-se difundidas com diferentes conteúdos nas várias Constituições, o que faz com que parcela considerável da doutrina insista em sua acidentalidade. Segundo os autores, os limites materiais justificam-se por necessidades contingentes, motivações circunstanciais de ordem histórica e política, e não por um princípio maior de direito constitucional. A despeito dessa corrente doutrinária, toda a construção teórica sobre o assunto é firmada no pressuposto de que são cristalizações dos princípios ideológicos e valorativos do poder constituinte. Guardam, ao menos em tese, sua essência valorativa e o núcleo legitimador das Constituições pode ser encontrado nas limitações materiais expressas.[37]

A partir dessa inflexão, da vinculação das cláusulas pétreas com o valor legitimador de uma Constituição, é que se discute a inalterabilidade dos limites intangíveis. Seria possível uma geração privar a futura da liberdade de livremente decidir sobre sua organização constitucional?

Sobre o tema, Miranda identifica três interpretações. A *primeira* tem as cláusulas pétreas como limites intransponíveis, consequência do caráter limitado da atribuição reformadora. A *segunda* não identifica diferença entre o poder reformador e a função constituinte, por isso, compreende as normas materiais intangíveis como tentativas retóricas e ineficazes de estancar o exercício da soberania. Uma *terceira* interpretação, intermediária, compreende as cláusulas pétreas como limites relativos, não absolutos, com eficácia para incidir sobre a normatividade constitucional, impedindo a atribuição reformadora. Todavia, reconhece também a possibilidade de suprimir sua eficácia pelo exercício da dupla reforma: uma primeira para eliminar a cláusula intangível e uma segunda para alterar a disposição constitucional antes protegida.[38]

A crítica mais ferrenha às normas materiais intangíveis parte de Jorge Reinaldo Vanossi. Tece diversos argumentos contrários à sua previsão: *a)* de forma paradoxal, sua positivação priva a atribuição reformadora de sua função principal, que é evitar o surgimento do poder constituinte; *b)* sua sobrevivência é exclusiva nos momentos de normalidade, sucumbindo nos de crise; *c)* sua teoria é uma revitalização do direito natural ante o positivismo jurídico; *d)* trata-se de uma questão de crença, absurda, porque permite a geração constituinte privar a vindoura da faculdade de ser o artífice da política de seu tempo; *e)* se o Estado pode decidir por sua própria supressão, não há porque impedi-lo de efetuar mudanças substanciais; e *f)* as cláusulas pétreas

---

37. VEGA, Pedro de. *La Reforma Constitucional y la problemática del Poder Constituyente.* Madrid: Tecnos, 2007. p. 247-8.
38. Cf. MIRANDA, Jorge. *Manual de Direito Constitucional: Constituição e inconstitucionalidade.* p. 188-96. v. 2.

não dispõem de eficácia jurídica em face das violações constitucionais, das revoluções e da derrogação da própria norma constitucional.[39]

Parece, entretanto, que as cláusulas pétreas subsistem no texto das Constituições modernas e sua previsão faz crer, ao menos em um primeiro momento, não se tratar de mero equívoco ou de tentativa fadada ao insucesso de possibilitar a permanência das Constituições rígidas.[40]

É inadmissível que, adotados determinados valores ou princípios pelo constituinte, venha-se, no dia posterior, quando já encerrados os trabalhos da assembleia, modificar a obra produzida, quando existe proibição expressa para a reforma. A dinâmica da normalidade jurídica, pressuposto para validade e eficácia das Constituições rígidas, exige um ambiente de respeito na interpretação, aplicação e concretização das normas constitucionais e, nesse ambiente, o respeito pela validade das cláusulas pétreas é indispensável.

Por fim, é por demais atribuir às cláusulas pétreas o rompimento das Constituições e a qualidade de elemento catalisador do poder constituinte. Não se fecha com elas a manifestação do poder reformador – enquanto instrumento de abertura constitucional – e não há Constituição em que isso aconteça, conforme reconhece o próprio Vanossi. Elas somente fornecem disciplina jurídica ao trato de algumas matérias constitucionais. A isso, lembre-se de que sua finalidade é outorgar *permanência* aos valores e institutos constitucionais, nunca *eternidade*, que são qualidades distintas.

3.3.5. Limitações implícitas

Nas Constituições que preveem a reforma total e não dispõem de limites materiais expressos, posta-se com maior intensidade o debate sobre as limitações implícitas ao poder reformador. É o caso da atual Constituição espanho-

---

39. VANOSSI, Jorge Reinaldo A. *Teoría Constitucional. Teoría Constituyente. Poder Constituyente: fundacional; revolucionário; reformador.* Buenos Aires: Ediciones Depalma, 1975. p. 188-92. v. 1.

40. São vários os exemplos que podem ser reportados. À guisa de exemplo Cf. art. 112 da Constituição do Reino da Noruega de 1814, art. 79, (3) da Lei Fundamental da República Federal Alemã; art. 288 da Constituição portuguesa; art. 89, última parte, da Constituição francesa de 1958; art. 139 da Constituição da República italiana; art. 110, 1, da Constituição grega de 1975; art. 60, § 2º da nossa Constituição Federal de 1988.

la (art. 168, 1, primeira parte), e da Constituiçao da República Helvética (art. 193), cuja única restrição é a proibição da reforma que afronte normas de direito internacional. Em tais casos, há a possibilidade formal de se destruir o núcleo identificável da Constituição. A previsão da revisão total, sem uma limitação material expressa, ao menos em tese, oferece ao poder reformador a possibilidade de revogar a obra do poder constituinte: a autofagia constitucional.

Diante da falta de limites materiais expressos à reforma constitucional, a doutrina questiona se a atribuição reformadora pode tocar em princípios basilares do Estado: o regime político, a forma de governo, a forma de Estado, a titularidade do poder constituinte etc. Admitindo-se a negativa à primeira questão, pergunta-se ainda quais são esses princípios, não expressos, mas intocáveis.

Sampaio argumenta que existe uma corrente doutrinária que não admite limites materiais implícitos. Entretanto, outro grupo – que tem em suas fileiras Story, Cooley e Carl Schmitt – reconhece a importância dos limites implícitos ao poder reformador, sob pena de não se ter reforma, e sim revolução.[41] A clareza dessa ideia em Schmitt decorre da diferença entre as decisões políticas fundamentais e as leis constitucionais.

O problema, entretanto, sempre esteve na identificação e particularização desses princípios implícitos. A prática política e a doutrina têm-se ressentido de um rol incontroverso. Existem opiniões de todos os matizes e classificações distintas. Para Sousa Sampaio seriam: *a)* os direitos fundamentais, podendo a reforma ampliá-los, mas nunca diminuí-los; *b)* a titularidade do poder constituinte; *c)* a titularidade da atribuição reformadora; *d)* o próprio procedimento de reforma.[42]

Em linhas gerais, quase todos estão concordes com a existência de limites implícitos à atribuição reformadora. Há divergência, entretanto, no que se refere a quais são os limites implícitos e quais os critérios para sua identificação.[43] Para tanto, nenhuma classificação é melhor do que a outra.

---

41. SAMPAIO, Nelson de Sousa. *O Poder de Reforma Constitucional*. 3. ed. Belo Horizonte: Nova Alvorada Edições, 1994. p. 90.
42. SAMPAIO, Nelson de Sousa. *Op. cit.* p. 95-108.
43. "Evidentemente, dizer que esses limites implícitos são limites naturais que condicionam a eficácia da Constituição seria formular uma observação aceitável para praticamente todos, mas muito pouco esclarecedora da realidade concreta dos fatos". FERREIRA FILHO, Manoel Gonçalves. *Poder Constituinte*. p. 122.

Jorge Miranda, com razão, trata conjuntamente a questão dos limites materiais, quer sejam expressos ou implícitos. Admite a possibilidade de sua alteração, pela via da dupla revisão, mas com argumentos que parecem corretos, e de difícil enfrentamento.

Segundo esse autor, algo são os limites materiais à reforma constitucional, outra a forma como se expressam. Os limites materiais – enquanto núcleo intangível de uma Constituição – podem estar relacionados com um dispositivo normativo explícito ou não. De outro lado, podem existir disposições normativas que expressem limites verdadeiros ou falsos, sem guardar o núcleo duro das Constituições. Os limites ao poder constituinte e os da atribuição reformadora são de *primeiro grau*. Mas acontece também de o legislador constituinte positivar outros preceitos que não guardam relação com a essência da Constituição material e, por isso, são limites de *segundo grau*.[44]

Em resumo: *a)* os limites materiais fazem parte de uma Constituição e, geralmente, são identificados com seu núcleo essencial, com a ideia de direito; *b)* acidental, e não essencial, é sua positivação em norma explícita, porque podem ser deduzidos dos valores, princípios, normas e institutos constitucionais; *c)* os limites materiais não contam com a mesma estatura axiológica, havendo uma rica tipologia que, identificada, permite esclarecimentos quanto ao alcance da competência reformadora.

Por essa razão, os limites materiais de primeiro grau, ou seja, os limites ao poder constituinte ou à atribuição reformadora – quer sejam expressos ou implícitos – nunca poderão ser suprimidos. Os limites materiais de segundo grau – ainda que explícitos – poderão ser revogados e sua eficácia de garantia da Constituição eliminada pela dupla revisão, ou seja, primeiro extrai-se o dispositivo constitucional que o expressa e, depois, revoga-se a Constituição antes protegida. Não são barreiras verdadeiras.

3.4. MUTAÇÃO CONSTITUCIONAL

Sendo rígida a Constituição, havendo inúmeros obstáculos à sua transformação formal, os instrumentos informais de atualização assumem maior

---

44. MIRANDA, Jorge. *Manual de Direito Constitucional: constituição e inconstitucionalidade*. 3. ed. Coimbra: Coimbra Editora, 1996. p. 201-2. v. 2.

importância. Mutação constitucional é todo e qualquer processo que altere ou modifique o sentido, o significado ou alcance de suas disposições, sem contrariá-la e transformar-lhe o texto.[45] Uma das características desse processo é não ser intencional ou, ao menos, não existir uma consciência expressa do que se modifica.[46]

Seu pressuposto, como o é da atribuição reformadora, é a alteração do substrato fático que justificou a promulgação de um texto constitucional. Nesse sentido, a mudança fática justifica o exercício da reforma ou da mutação constitucional. São mecanismos que se complementam, mas não é raro excluírem-se. Quando uma Constituição é frequentemente reformada, não há espaço para as mutações constitucionais, mas, quando o exercício do poder reformador é moderado, a mutação constitucional é o meio por excelência de seu aprimoramento.

Todavia, como ocorre com a alteração formal, a mutação está adstrita à Constituição e dela não pode se desviar, sob pena de incorrer em inconstitucionalidade. "A inconstitucionalidade desses processos, nesses casos, decorre principalmente da ideia de que a Constituição nasce para ser aplicada e que qualquer obstáculo que se anteponha à sua efetiva aplicação é incompatível com ela".[47]

As tipologias sobre as transformações indiretas são as mais distintas. Meirelles Teixeira classifica-as em três: a interpretação, as leis complementares e os costumes.[48] Paolo Biscarettidi Ruffia inicialmente as divide em emanações do Estado – de natureza normativa e jurisdicional – e alterações fáticas que, por sua vez, são de natureza jurídica – costumes constitucionais – ou de natureza política – as convenções.[49]

---

45. FERRAZ, Anna Cândida da Cunha. *Processos Informais de Mudança na Constituição*. São Paulo: Max Limonad, 1986. p. 10.
46. JELLINEK, Georg. *Reforma y Mutación de la Constitución*. p. 7.
47. FERRAZ, Anna Cândida da Cunha. *Op.cit.* p. 13. Cf. ainda "[...] a mutação constitucional deve considerar-se admissível quando se reconduz a um problema *normativo-endogenético*, mas já não quando ela é resultado de uma evolução normativamente *exogenética*" (grifado no original) (CANOTILHO, José Joaquim Gomes. *Op. cit.* p. 1.215).
48. CAMPANHOLE, Hilton Lobo et CAMPANHOLE, Adriano [Cop.]. *Constituições do Brasil*. 13. ed. São Paulo: Atlas, 1999. p. 143.
49. RUFFIA, Paolo Biscaretti Di. *Introducción al derecho constitucional comparado*. México: Fondo de Cultura Econômica, 1979. p. 347.

Em monografia pioneira na doutrina nacional, firmada em Biscaretti Di Ruffia, Anna Cândida da Cunha Ferraz classifica os processos informais em mutações constitucionais e inconstitucionais. Os primeiros, divididos em interpretação e costume constitucional e os segundos, em processos anômalos de mudança da Constituição e processos manifestamente inconstitucionais. Estudar-se-ão somente os primeiros, pois práxis acobertada pelo direito na evolução semântica das Constituições rígidas.

3.5. RECEPÇÃO

O fenômeno da *recepção* ocorre quando estamos diante de uma nova ordem constitucional. Todas as normas infraconstitucionais que não se conflitarem com a nova ordem serão *recepcionadas*, isto é, continuarão a ter validade e eficácia. Já as normas que se conflitarem serão revogadas.

Como regra geral, não é possível no direito constitucional brasileiro a *repristinação*. Este fenômeno corresponde ao seguinte: dadas três ordens constitucionais sucessivas, se uma norma, embora vigente quanto ao período da primeira e não recepcionada quanto à segunda, não ganha vigência ante a terceira, mesmo se guardar com essa adequação. Há possibilidade, se a última Constituição expressamente determinar.

Também não é possível, como regra geral, a *desconstitucionalização*, que é permanência em vigor de norma, pertencente à Constituição anterior, na nova ordem constitucional, mas com status de lei infraconstitucional. Seria possível, se houvesse manifestação expressa nesse sentido.

4

NORMAS CONSTITUCIONAIS E METODOLOGIA JURÍDICA

4.1. NORMAS JURÍDICAS

Podemos definir normas jurídicas como proposições de linguagem incluídas nas fontes do Direito válidas em determinado país e lugar, objetivando regulamentar o comportamento social de forma imperativa, estabelecendo proibições, obrigações e permissões.[50] Correspondem a um dever-ser, à conformação da realidade a alguma vontade jurídica. Seu significado, pressupostos, elementos e requisitos são os mais diferentes. A disputa doutrinária e conceitual dificulta um sentido unívoco, mas, a proposta ora apresentada recomenda ao menos um conceito provisório, que fica sendo aquele já enunciado.

4.1.1. Norma e enunciado normativo

Uma primeira diferenciação para a compreensão de norma é a que se faz entre *enunciado normativo* e *norma* propriamente dita, que não se confundem. *Enunciado normativo* consiste na proposição jurídica textual, na expressão linguística, enquanto *norma,* no produto da incidência desse enunciado sobre os fatos, fruto da interação entre texto e realidade.[51] Não se confunde, assim, o texto (enunciado) com o que se extrai dele (a norma).

---

50. DIMOULIS, Dimitri. *Manual de Introdução do Estudo do Direito.* 2. ed. rev. atual. e ampl. São Paulo: Revista dos Tribunais, 2008. p. 67.
51. BARROSO, Luís Roberto. *Curso de Direito Constitucional Contemporâneo: os conceitos fundamentais e a construção do novo modelo.* São Paulo: Saraiva, 2009. p. 194.

Essa diferenciação é importante para a ciência jurídica, pois ela distingue dois momentos: um relativo à *interpretação*, em que se extrai o significado do enunciado; o outro, à *aplicação*, que se aplica a norma aos fatos. Atualmente, prefere-se na doutrina tratar desses dois momentos como apenas um processo.

4.1.2. Tipos de normas

Quanto à sanção, as normas podem ser:

a) *mais do que perfeitas*: sua violação ocasiona a nulidade do ato praticado, além da imposição de uma penalidade ao indivíduo que o praticou;

b) *perfeitas*: estabelecem apenas a nulidade de um ato praticado, sem uma respectiva sanção;

c) *menos do que perfeitas*: estabelece apenas uma sanção, sem se referir à nulidade do ato;

d) *imperfeitas*: sua violação não ocasiona nenhuma sanção.

Quanto à imperatividade, falamos em normas *cogentes*, quando a norma proíbe ou obriga a algo, e *dispositiva*, quando estabelecem uma permissão.

4.2. NORMAS CONSTITUCIONAIS

Normas constitucionais são todas aquelas que disciplinam a organização do Estado ou que estão contidas num documento solene, a Constituição.

Na verdade, essa concepção compreende dois tipos de normas que se distinguem: as normas materialmente constitucionais e as normas formalmente constitucionais.

4.2.1. Normas material e formalmente constitucionais

As *normas materialmente constitucionais*, no dizer de Ferreira Filho, são todas aquelas que, por seu conteúdo, se referem diretamente à forma do Estado (federal ou unitário), forma de governo (como a democracia e a monarquia), ao modo de aquisição de poder (sistema eleitoral) e seu exercício (atribuições dos órgãos), estruturação dos órgãos de poder (separação dos poderes) e aos limites de sua ação (direitos fundamentais).[52] São, dessa maneira, todas aquelas que se referem à disciplina e limitação do poder político, mesmo que não se encontrem positivadas num documento solene (Constituição). Numa perspectiva da estrutura jurídica, pois encontramos normas materialmente constitucionais estabelecidas por meio de legislação ordinária, como o Código Eleitoral, as leis de inelegibilidades etc.

As *normas formalmente constitucionais* são aquelas que integram um documento escrito e solene, a Constituição, embora seu conteúdo não corresponda sempre à organização e limitação do poder político. Seu diferencial em relação às demais normas do ordenamento jurídico encontra-se no procedimento dificultoso para sua elaboração.

4.2.2. Aplicabilidade das normas constitucionais

As normas constitucionais podem ser classificadas quanto à produção imediata ou não de efeitos. Algumas são imediatamente aplicadas, contam com suporte normativo suficiente para regular situações fáticas, outras exigem integração pelo legislador ordinário.

4.2.2.1. Normas autoexecutáveis e normas não autoexecutáveis

A tipologia tradicional de origem norte-americana divide as normas em:[53]

a) **Normas autoexecutáveis:** são aquelas que se aplicam imediatamente, já que definidas quanto às suas hipóteses e disposições. Não necessitam de legislação extra para sua eficácia.

b) **Normas não autoexecutáveis:** são aquelas que não bastam a si mesmas, exigindo um regramento ulterior. Podem ser: *1) normas incompletas*, que são aquelas não suficientemente definidas, por exemplo, a norma que disciplinou a Arguição de Descumprimento de Preceito

---

52. FERREIRA FILHO, Manoel Gonçalves. *Curso de Direito Constitucional.* 28. ed. atual. São Paulo: Saraiva, 2002. p. 11.
53. Cf. FERREIRA FILHO, Manoel Gonçalves. *Op. cit.* p. 12.

Fundamental; *2) normas condicionadas*, que embora definidas quanto à hipótese e à disposição, exige lei que precise seus elementos; e *3) normas programáticas*, que indicam planos ou programas para atuação governamental.

O modelo de *Constituição dirigente*, que traça objetivos ao Estado, é composto, em grande parte, por normas programáticas. Esse modelo de Constituição caracteriza-se por traçar metas a serem atingidas pela comunidade política. Contrapõe-se à ideia de *Constituição garantia*, que se cinge à limitação e organização do poder político.

4.2.2.2. Tipologia de José Afonso da Silva

Silva distingue três tipos de normas:

a) **Normas de eficácia plena**: são "aquelas que, desde a entrada em vigor da Constituição, produzem, ou têm possibilidade de produzir, todos os efeitos essenciais, relativamente aos interesses, comportamentos e situações, que o legislador constituinte, direta e normativamente, quis regular".[54] Não há nesta categoria margem para atuação restritiva por parte do poder público. Por exemplo, a disposição do art. 2º da Lei Maior, que determina: "São Poderes da União, independentes e harmônicos entre si, o Legislativo, o Executivo e o Judiciário". Tal dispositivo possui aplicabilidade direta e imediata.

b) **Normas de eficácia contida**: são "aquelas em que o legislador constituinte regulou suficientemente os interesses relativos a determinada matéria, mas deixou margem à atuação restritiva por parte da competência discricionária do poder público, nos termos que a lei estabelecer ou nos termos de conceitos gerais nelas enunciados".[55] O poder público pode, pois, restringi-las. Por exemplo, temos o art. 5º, VIII, que estabelece que "ninguém será privado de direitos por motivo de crença religiosa ou por convicção filosófica ou política, salvo se as invocar para eximir-se de obrigação legal a todos imposta e recusar-se a

---

54. SILVA, José Afonso da. *Aplicabilidade das Normas Constitucionais*. 7. ed. São Paulo: Malheiros Editores, 2007. p. 101.
55. SILVA, José Afonso da. *Op. cit.* p. 116.

cumprir prestação alternativa, *fixada em lei*". Possuem aplicabilidade direta e imediata, mas é dado ao legislador *complementá-la* para sua melhor aplicação.

c) **Normas de eficácia limitada**: são as normas que não produzem, com sua entrada em vigor, seus efeitos essenciais, porque o constituinte, não estabeleceu sobre a matéria normatividade suficiente, deixando essa tarefa para o legislador ordinário ou outro órgão do Estado.[56] Como exemplo, temos o art. 90, § 2º, que estabelece que "a lei regulará a organização e o funcionamento do Conselho da República". As normas programáticas são exemplos de normas de eficácia limitada. Possuem aplicabilidade indireta e mediata.

4.2.3. Estrutura da norma

Quanto à estrutura, as normas constitucionais apresentam-se ora como regras, ora como princípios. Enquanto as regras são normas que se realizam em definitivo e plenamente, os princípios se realizam dentro da maior medida possível, a depender das possibilidades jurídicas e fáticas existentes. Enquanto as regras se realizam por completo, os princípios dependem de outros fatores, principalmente quando outros princípios disputam idêntica incidência. Trataremos dessa distinção no item 6.6.1.

4.2.4. Normas de organização, normas definidoras de direitos e normas programáticas

Luís Roberto Barroso distingue as normas constitucionais, quanto ao seu conteúdo material em:[57]

a) **Normas de organização**. Estas normas têm por objeto estrutural e disciplinar o exercício do poder político. Dirigem-se aos próprios poderes do Estado e a seus agentes. Como exemplo, temos as normas sobre procedimento.

---

56. SILVA, José Afonso da. *Aplicabilidade das Normas Constitucionais*. 7. ed. São Paulo: Malheiros Editores, 2007. p. 82-3.
57. BARROSO, Luís Roberto. *Curso de Direito Constitucional Contemporâneo: os conceitos fundamentais e a construção do novo modelo*. São Paulo: Saraiva, 2009. p. 200-3.

b) **Normas definidoras de direitos.** Estas normas são as que geram direitos subjetivos, por exemplo, os direitos fundamentais em geral.

c) **Normas programáticas.** Estas normas, como já apontamos, traçam linhas para atuação do poder público.

4.2.5. Preâmbulo da Constituição

O preâmbulo da Constituição trata de seu plano de intenções. Consiste em uma certidão de origem e legitimidade do novo texto e uma proclamação de princípios, demonstrando ruptura com o ordenamento constitucional anterior e surgimento jurídico de um novo Estado.[58]

Encontra-se na Constituição e, por isso, tem estatura constitucional. Lembre-se que o preâmbulo da Constituição francesa de 1958 é empregado dentro do Bloco de Constitucionalidade como parâmetro para controle dos demais atos normativos da República francesa. Entre nós, sem um caráter normativo vinculante, o preâmbulo é utilizado como parâmetro hermenêutico das normas constitucionais.

O preâmbulo da Constituição brasileira foi assim lavrado:

> Nós, representantes do povo brasileiro, reunidos em Assembleia Nacional Constituinte para instituir um Estado Democrático, destinado a assegurar o exercício dos direitos sociais e individuais, a liberdade, a segurança, o bem-estar, o desenvolvimento, a igualdade e a justiça como valores supremos de uma sociedade fraterna, pluralista e sem preconceitos, fundada na harmonia social e comprometida, na ordem interna e internacional, com a solução pacífica das controvérsias, promulgamos, sob a proteção de Deus, a seguinte CONSTITUIÇÃO DA REPÚBLICA FEDERATIVA DO BRASIL.

4.2.6. Ato das Disposições Constitucionais Transitórias (ADCT)

O Ato das Disposições Constitucionais Transitórias corresponde a normas de transição, como o seu próprio nome diz, não tendo um caráter de permanência. Apesar de sua transitoriedade – visa a acomodar as relações

---

58. MORAES, Alexandre de. *Direito Constitucional.* 19. ed. São Paulo: Atlas, 2006. p. 15.

jurídicas nascidas sob a égide de outra ordenação constitucional com as disposições da Constituição que se promulga, forma essa de se evitarem inseguranças jurídicas – mais de vinte anos de vigência fê-lo o espaço preferido para o constituinte reformador inserir as mais diferentes e esdrúxulas matérias. Foi no Ato das Disposições Constitucionais Transitórias que primeiro se positivou a Contribuição denominada de início IPMF e, posteriormente, CPMF (art. 74 do ADCT).

Suas normas têm natureza de norma constitucional. Assim, têm estatura superior e só podem ser alteradas por emenda à Constituição.

4.3. INTERPRETAÇÃO

Interpretação, no dizer de Dimitri Dimoulis, é o "processo de determinação do sentido dos enunciados normativos jurídicos (textos de norma) ou, mais concretamente, de atribuição de um sentido aos enunciados normativos jurídicos".[59] É extrair o significado do texto normativo, obtendo as normas propriamente ditas.

Como se verá, há certas peculiaridades quanto à atividade interpretativa. Em relação às normas constitucionais, essa atividade se torna ainda mais complexa, tendo em vista o seu caráter aberto, que permite uma plurivocidade de significados.

4.3.1. Interpretação tradicional de normas

Apontar uma interpretação tradicional é afirmar a existência de uma interpretação moderna que se contraponha àquela. Realmente, muitos afirmam existir uma interpretação constitucional moderna que possui métodos e princípios distintos daqueles tradicionalmente apontados. Quanto à existência de uma interpretação moderna, entretanto, há críticas que apontaremos em momento específico, mas adotaremos a divisão para uma melhor exposição.

---

59. DIMOULIS, Dimitri. *Manual de Introdução do Estudo do Direito*. 2. ed. rev. atual. e ampl. São Paulo: Revista dos Tribunais, 2008. p. 172.

4.3.1.1. Métodos de interpretação

Há quatro métodos de interpretação das normas jurídicas principais:[60]

1) *Interpretação literal ou gramatical*. Este método tem como objetivo captar o sentido das normas na própria literalidade dos textos, no limite do significado das palavras.

2) *Interpretação lógica ou sistemática*. Esta tem como finalidade integrar e harmonizar as normas. A norma é extraída conforme sua integração com todo o ordenamento.

3) *Interpretação teleológica subjetiva ou histórica*. Este método visa a buscar o sentido das normas, a finalidade que justificou sua elaboração. Compreende, assim, o estudo das discussões, polêmicas quanto à época de edição do texto normativo.

4) *Interpretação teleológica objetiva*. Este método consagra a interpretação das normas, conforme o seu fim social. Visa a adequar a finalidade histórica com uma finalidade a ser buscada na data da interpretação.

Nenhum desses métodos é por si só completo. Devem ser aplicados conjugados, de forma a captar o melhor sentido. Esse é um grande desafio para o intérprete, visto que as normas não apresentam um significado único.

4.3.1.2. Modos de interpretação

A interpretação clássica também consagra cinco modos interpretativos.[61] Esses modos referem-se às possibilidades de interpretação de um texto. São eles:

a) *Interpretação declarativa*. Corresponde à interpretação normal do texto. Não se amplia ou restringe o significado dos termos. É um meio-termo entre a interpretação extensiva e a restritiva.

b) *Interpretação extensiva*. O intérprete abrange o significado do termo sem, no entanto, desprezá-lo. Deve demonstrar que o legislador disse menos do que pretendia, corrigindo-se o problema.

---

60. DIMOULIS, Dimitri. *Manual de Introdução do Estudo do Direito*. 2. ed. rev. atual. e ampl. São Paulo: Revista dos Tribunais, 2008. p. 175.
61. DIMOULIS, Dimitri. *Op. cit.* p. 185.

c) *Interpretação restritiva.* Este modo corresponde ao contrário da interpretação extensiva. O intérprete restringe o significado dos termos, adequando o sentido buscado pelo legislador.

d) *Analogia.* Não é forma de interpretação, mas, sim, de *integração normativa*. Desenvolve-se não na presença de norma, mas na sua ausência. Logo, a analogia pode ser compreendida como a operação lógica que consiste em solucionar um vazio normativo pela aplicação de outra norma que regula uma situação fática semelhante. Diferencia-se da interpretação extensiva, pois esta não extrapola o texto, enquanto a analogia o faz, tendo em vista a razão jurídica.

e) *Restrição de sentido.* Neste modo, o intérprete atua semelhantemente à analogia, porém restringe o significado ao invés de expandi-lo. A finalidade da lei se impõe ao significado do texto, restringindo-o.

4.3.2. Aplicação clássica das normas

Na doutrina clássica, o processo de interpretação ocupa uma fase distinta da aplicação. Primeiro extraem-se os sentidos das normas, para depois utilizá-los na solução dos casos. Mais, a aplicação, em alguns momentos, confundia-se com o processo lógico do silogismo.

No silogismo lógico, encontramos três premissas: a premissa maior, a premissa menor e a conclusão. Num exemplo clássico, temos: *a)* Todo homem é mortal (premissa maior); *b)* Sócrates é homem (premissa menor); *c)* Logo, Sócrates é mortal (conclusão). A doutrina clássica concebe o momento da aplicação do direito como um silogismo. Assim, o silogismo no direito identifica a norma como premissa maior, a descrição do caso, como premissa menor e ato decisório como conclusão.[62]

4.3.2.1. Conflitos entre regras

Na doutrina clássica, as normas, *em tese ou em abstrato*, conflitam ao incidir sobre as mesmas situações. Esse conflito normativo, diga-se, aparente,

---

62. Cf. FERRAZ JUNIOR, Tércio Sampaio. *Introdução ao Estudo do Direito: Técnica, Decisão, Dominação.* 4. ed. São Paulo: Atlas, 2003. p. 316.

pode ser solucionado de três formas: pelo critério cronológico, pelo critério hierárquico e pelo critério da especialidade.

Pelo *critério cronológico*, a norma posterior prevalece sobre a norma anterior. Se duas normas regulam a mesma situação, prevalecerá a mais recente.

Pelo *critério hierárquico*, a norma com superioridade hierárquica tem primazia sobre a norma inferior.

Por fim, o *critério da especialidade* determina que uma norma especial prevalece sobre norma geral.

São critérios válidos e empregados na solução dos mais distintos conflitos normativos. Todavia, a moderna doutrina constitucional, principalmente a que trabalha com princípios, apresenta um regime todo especial, que tem o sopesamento e o princípio da proporcionalidade como notas marcantes.

4.3.3. Interpretação constitucional

Atualmente, alguns conceitos da teoria clássica vêm sendo questionados. Primeiro, propõem-se novas formas de interpretação constitucional, segundo, a aplicação não é compreendida mais como silogismo puro, e sim com outras formas de lógica jurídica. Por fim, mesmo os momentos de interpretação e aplicação não são vistos mais como separados, mas, sim, como interligados.

4.3.3.1. Princípios de interpretação constitucional

Reconhecendo a natureza particular das normas constitucionais, visto sua superioridade, seu alto grau de abstração e seu conteúdo valorativo, temos que são necessários novos meios interpretativos, distintos dos clássicos, para a interpretação constitucional. A doutrina geralmente aponta um catálogo de princípios que devem orientar essa interpretação. São os seguintes:[63]

a) *Unidade da constituição*. Este princípio corresponde à ideia de que as normas constitucionais não devem ser interpretadas de maneira iso-

---

63. Cf. SILVA, Virgílio Afonso da. *Interpretação Constitucional*. São Paulo: Malheiros Editores, 2007.

lada, mas de maneira integrada e que todas as normas presentes em um texto constitucional têm a mesma hierarquia (não existem normas constitucionais inconstitucionais).

b) *Concordância prática,* correspondente à ideia de que as disposições constitucionais devem ser interpretadas de maneira que se harmonizem.

c) *Conformidade funcional.* Este princípio proclama que a interpretação constitucional, sobretudo pelos órgãos judiciários, não devem alterar o esquema de organização determinado pela Constituição. Visa principalmente a impedir o ativismo judicial.

d) *Efeito integrador.* Segundo este princípio, a solução dos problemas constitucionais deve dar primazia à unidade político-constitucional.

e) *Força normativa da constituição.* Deve ser dada preferência a interpretações que garantam maior aplicabilidade às normas constitucionais.

f) *Máxima efetividade.* As normas constitucionais devem ser interpretadas de forma que se lhes dê o máximo de eficácia.

4.3.4. Interpretação conforme à Constituição

A chamada "interpretação conforme à Constituição" corresponde a método utilizado, sobretudo,quanto ao controle de constitucionalidade. Traz a ideia de que as normas possuem várias significações possíveis e, entre essas, deve ser dada preferência àquela mais adequada à Constituição. Pode ocorrer em três hipóteses:[64]

— Interpretação conforme com redução do texto.

— Interpretação conforme sem redução do texto, conferindo à norma interpretação que lhe preserva a constitucionalidade.

— Interpretação conforme sem redução do texto, excluindo da norma interpretação que lhe ocasione a inconstitucionalidade.

---

64. Cf. MORAES, Alexandre de. *Direito Constitucional.* 19. ed. São Paulo: Atlas, 2006. p. 12-3.

5

Princípios fundamentais da Constituição

Princípios fundamentais da Constituição são aqueles que traçam as bases da organização e estrutura do poder político: princípio democrático, republicano, do Estado federativo e do Estado Democrático de Direito. Abrem a Constituição e estão sistematizados em seu Título I. Ao lado, encontra-se uma série de disposições, também de natureza principiológica, que consistem nos fundamentos, nos objetivos da República Federativa do Brasil e na disciplina que regerá suas relações internacionais.

Os princípios federativo e da separação dos poderes serão também tratados no pórtico dos capítulos sobre a Organização do Estado e a Organização dos Poderes.

5.1. FUNDAMENTOS DA REPÚBLICA FEDERATIVA DO BRASIL

São fundamentos da República Federativa do Brasil (art. 1º e incisos I a V):

a) A **soberania**. Trata-se de pressuposto do próprio conceito de Estado. O poder do Estado é soberano, pois não admite outro poder de mesma estatura tanto interna quanto externamente. É pressuposto da independência do Estado brasileiro quando em suas relações de direito internacional. No Estado constitucional, compreende-se que a soberania é popular, no sentido de que ela encontra seu fundamento no próprio povo. Nesse sentido, estabelece o parágrafo único do art. 1º que todo o poder emana do povo.

b) A **cidadania**. Corresponde tanto à ideia de participação política, como ao conjunto de direitos fundamentais que lhe titulariza (não apenas direitos políticos). Em feliz definição, a cidadania é o "direito de ter direitos".

c) **A dignidade da pessoa humana** Corresponde ao fundamento básico de todos os direitos fundamentais e do próprio Estado. A organização política deixa de ser um fim em si mesma, mas se torna um meio para consecução do valor maior do ser humano, independente de sua origem, condição social e econômica, gênero, idade e raça. É não só um dos fundamentos da República Federativa do Brasil, como é o ancoradouro de todos os direitos fundamentais em suas mais diferentes dimensões (direito à vida, à liberdade, à igualdade, à segurança e à propriedade) – (art. 5, *caput*, da CF/1988).

d) Os **valores sociais do trabalho e da livre iniciativa:** são as diretrizes de nossa ordem econômica e social, contextualizando uma forma de produção capitalista, que dá prioridade à livre iniciativa, com o valor social do trabalho. Trabalho que deve ser compreendido como a base da produção, que outorga dignidade ao trabalhador e, por isso, deve ser protegido para permitir-lhe uma vida digna.

e) O **pluralismo político**. A República Federativa do Brasil não professa somente uma ideologia política. Ao contrário, preconiza o pluralismo político, ideológico e dessa feita é guardiã dos valores e princípios das minorias, que ao lado das maiorias, realizam-se em um ambiente democrático.

5.2. PRINCÍPIO REPUBLICANO

A *República* consiste na forma de governo que estabelece a periodicidade e alternância dos governantes no exercício do poder. Contrapõe-se a outras formas como a monarquia, na qual a investidura no exercício do poder ocorre pelo critério dinástico e hereditário. Enquanto na República há alternância periódica na ocupação poder, na monarquia o exercício é de caráter vitalício.

A forma republicana de governo foi inicialmente adotada na Constituição de 1891. As demais Constituições brasileiras a seguiram, sempre resguardando-a como cláusula pétrea. Disposição sobre a qual não se admite reforma.

A Constituição de 1988 não previu o princípio republicano nas disposições no art. 60, § 4º, e incisos da Constituição federal. Isso não significa que é dado ao constituinte reformador alterar a forma de governo. Em verdade, quando da promulgação de nossa atual Carta, o constituinte originário estabeleceu que caberia ao povo, por meio de plebiscito, decidir sobre a forma e o sistema de governo (art. 2º do ADCT). O povo exerceu sua opção e, após o exercício dessa faculdade constitucional, deve ser compreendido como uma limitação implícita ao poder constituinte reformador. Feita a escolha, não é possível alteração pelos meandros do poder constituinte reformador.

O princípio republicano é consagrado pela Constituição vigente pela atribuição de eleições periódicas para chefes do Poder Executivo e para membros do Poder Legislativo, pelo exercício periódico das funções e pela previsão de uma série de outros princípios a regulamentar a administração pública (verdadeira ideia de *res publica*) (art. 37, *caput* da CF/1988).

5.3. PRINCÍPIO DEMOCRÁTICO

Pouca não é a controvérsia quando o assunto é democracia. Conceitos e qualificativos existem de todos os matizes, não sendo um somente o autor que frisa essa pluralidade significativa e designativa que, na verdade, se encontra no âmago de toda incerteza sobre o assunto.[65]

Na verdade, a democracia não é um conceito estático, acabado, possível de ser transplantado e exportado como modelo para os males dos diversos tipos de Estado. É um processo e, enquanto tal, implica um constante evoluir, um permanente acrescer, uma mutação qualificada pela busca da autodeterminação e liberdade do homem, ideal de submissão exclusiva às regras que tenham sido conjuntamente criadas, fruto da contribuição de cada um no produto coletivo, por intermédio da participação política.

Ciente da dificuldade, mas necessitando de um conceito, preferimos aquele de José Afonso da Silva, que, amparado em Lincoln, enfrentou o tema com sucesso:

(...) processo de convivência social em que o poder emana do povo, há de ser exercido, direta ou indiretamente, pelo povo e em proveito do povo. Diz-se que é um processo de convivência, primeiramente para denotar sua historicidade, depois para realçar que, além de ser uma relação de poder político, é

---

65. Cf. FERREIRA FILHO, Manoel Gonçalves. *Curso de Direito Constitucional*. São Paulo: Saraiva, 1990. p. 84.

também um modo de vida, em que, no relacionamento interpessoal, há de verificar-se o respeito e a tolerância entre os conviventes.[66] Sendo um processo histórico, é dotado da singularidade de seu tempo, das características impressas por cada ordenamento, e pela universalidade do que há de comum no fenômeno jurídico político. Exemplificando e, fazendo uso do princípio democrático tal qual norma do na Constituição Federal de 1988, não pode ser olvidado que, como enunciado, o princípio democrático é guardião da evolução dos regimes políticos que se sucederam na história constitucional brasileira. Seus sucessos e fracassos, avanços e retrocessos. É reflexo igualmente da evolução jurídico-política da humanidade.

Juridicamente conformado, talhado em norma, com capacidade de vincular comportamentos e orientar na interpretação de outras normas, servindo como síntese, fecho e fundamento dessas.

Trata-se de princípio complexo no sentido de que ostenta um aspecto substancial normativo, enquanto conjunto de valores condicionantes do exercício do poder político, e procedimental normativo, vinculado a uma série de regras e procedimentos de manifestação da vontade política.[67] O aspecto substancial normativo consubstancia-se não só nos valores que a condicionam, mas no fim buscado pelo governo do povo, pelo povo e para o povo. Por sua vez, o campo procedimental normativo do princípio estaria nas normas disciplinadoras da exteriorização da decisão política, com a participação menor ou maior da vontade popular.

Sem desmerecer o aspecto substancial, de considerável importância na evolução das instituições, que por vezes se sucederam no privilégio de portar a fórmula do regime constitucional democrático, na análise procedimental do princípio, as formas históricas que vieram confluir naquilo que hoje, historicamente, é conhecido por *democracia participativa* são de importância ímpar. A transformação das instituições, superando-se e sucedendo-se no porvir histórico, não no sentido da negação pura do passado, mas na conservação dos elementos positivos, e acompanhada de uma substituição dos negativos, afluíram no atual regime constitucional.[68]

---

66. SILVA, José Afonso da. *Curso de Direito Constitucional Positivo*. 35. ed. São Paulo: Malheiros Editores, 2011. p. 130.
67. SILVA, José Afonso da. *Op. cit.* p. 415.
68. "As instituições jurídico-políticas, como expressões da vida cultural, só adquirem sentido quando examinadas no contexto da História. Para esse exercício de compreensão históri-

Assim, temos que, historicamente, três regimes constitucionais foram tidos como democráticos: *a)* democrático direto: o povo, por ele mesmo, dirige o negócio público, existindo identidade entre o titular do poder político e aquele encarregado de exercê-lo; *b)* democrático indireto ou representativo: no qual as decisões fundamentais do Estado são tomadas por mandatários que, periodicamente, são nomeados para o exercício desse mister; e *c)* democrático participativo: aliado a uma base decisória representativa ou indireta; admitem-se institutos que permitem a intervenção direta e eventual do povo nos negócios públicos.

5.3.1. Princípios da democracia

A democracia, como estabelecida na Constituição, compreende uma série de valores:

a) **Soberania popular:** trata-se da ideia de que todo o poder emana do povo, que o exerce diretamente ou por seus representantes.

b) **Eleições livres.** Traduz-se na ideia de livre concorrência entre candidatos pelo voto dos eleitores. Há duas liberdades: a dos eleitores, de não se sentirem constrangidos em sua participação, e a dos candidatos, de livremente apresentar sua candidatura, sem impedimentos, exceto aqueles necessários ao funcionamento da própria democracia.

c) **Igualdade de participação.** A igualdade de participação é a tradução do princípio da igualdade em relação à participação política. Esse valor corresponde à ideia de que as preferências de um cidadão não terão primazia sobre as preferências de outro. Também compreende a ideia de igualdade de voto, a igualdade de oportunidade para fazer os outros conhecerem as suas posições políticas e igualdade de entendimento.

---

ca, é importante destacar as três grandes etapas em que se desenvolveu a cidadania, numa espécie de evolução dialética: a fase exclusivamente política das origens, a da reação individualista – a partir da revolução inglesa e do estalar da 'crise de consciência europeia', segundo a feliz expressão de Paul Hazard – e a fase atual, onde já desponta o mundo futuro. O esquema, tomado como simples chave de interpretação histórica, simplifica obviamente a realidade, mas apresenta a grande vantagem de fazer ressaltar o essencial, sem que o observador se perca na multidão dos fatos" (Cf. COMPARATO, Fábio Konder. *Direito Público: Estudos e Pareceres*. São Paulo: Saraiva, 1996. p. 3).

d) **Regra da maioria.** A democracia se instrumentaliza pela decisão, em última instância, da maioria. A maioria escolhe o presidente, as maiorias do Congresso aprovam os projetos de lei, as maiorias dos tribunais decidem quanto à constitucionalidade de leis. Essa regra não é absoluta, no sentido de que a democracia exige muitas das vezes meios consensuais preferivelmente. O problema da *ditadura da maioria,* que corresponde à ideia de imposição da vontade da maior parte de um grupo à menor parte, é um problema clássico da teoria política.

e) **Proteção das minorias.** Embora a democracia consagre a regra da maioria, a fim de se impedir que degenere numa ditadura da maioria, como afirmado, são protegidos direitos das minorias, que não poderão ser aviltados mesmo por decisão da maior parte da sociedade. São garantidos, assim, direitos fundamentais a todas as pessoas, direitos esses que serão assegurados, sobretudo, pela participação do judiciário. Nesse sentido, a atuação judicial em assuntos de constitucionalidade e direitos fundamentais é tomada como *contramajoritária.* A democracia não se fundamenta cegamente na maioria, devendo garantir a proteção da minoria.

5.3.2. Democracia representativa

A democracia representativa é o regime de governo titularizado pelo povo, cujo exercício do poder se dá por representantes em nome do povo, para o povo e pelo povo. É solução moderna para a incapacidade de reunir o povo em praça pública para deliberar e decidir as questões de Estado.

Os fundamentos da *democracia representativa* já se encontravam na obra de Montesquieu, *O Espírito das Leis*.[69] Nela o autor argumenta que os homens em geral são incapazes de discutir os negócios públicos e, por isso, decidir os afazeres da coletividade. Haveria a necessidade, dessa maneira, de se confiar o poder a homens capazes. Mas, se o homem médio não dispõe de capacidade para melhor decidir as questões do Estado, em contraposição, sabe ele escolher quem melhor o faça em seu nome.

---

69. FERREIRA FILHO, Manoel Gonçalves. *Princípios Fundamentais de Direito Constitucional.* 2. ed. São Paulo: Saraiva, 2010. p. 60.

A ideia de democracia representativa ou indireta conflita com a ideia de democracia direta, isto é, o povo decidindo os rumos políticos por sua participação direta nos órgãos de deliberação. A representação foi inicialmente advogada, tendo em vista o argumento de que, no Estado moderno, pela grandeza de população e território, seria praticamente impossível estabelecer mecanismos de participação direta e periódica do povo para todos os assuntos do governo.

A primeira parte do art. 1º, parágrafo único, da Constituição, consagra a ideia de representação, ao afirmar que "todo poder emana do povo, que o exerce por meio de representantes eleitos (...)".

5.3.3. Democracia participativa

A Constituição de 1988, em verdade, positiva uma democracia participativa. Compreenda-se, por essa expressão, o regime de governo que, sob uma base de representação política, prevê de forma conjugada instrumentos de participação direta. Em resumo, ao lado dos representantes eleitos, sem intermediários e diretamente, por meio de alguns instrumentos, é dado ao povo intervir nos negócios de Estado.

Tais instrumentos são: a ação popular, as audiências públicas, os meios de participação na administração pública (como o orçamento participativo), entre outros. Mas, mirando exclusivamente os instrumentos que promovem a contribuição popular no âmbito legislativo, temos que o constituinte de 1988 visou a estabelecer a prática popular do referendum (aportuguesado no texto constitucional para referendo), do plebiscito e da iniciativa popular legislativa (art. 14, incisos I à III, da CF/1988).

O plebiscito é o primeiro mecanismo de ingerência direta listado pela norma constitucional (art. 14, I, da CF/1988). Sua origem remonta à República romana, quando se designava por *plebiscitum* a reunião popular convocada pelo tribuno, para deliberação sobre assuntos previamente relacionados. Hodiernamente, ostenta o significado de consulta popular sobre algo de importância para os negócios do Estado.

Entretanto, névoas aparecem quando colocam o plebiscito junto ao referendo. Divergem autores sobre os seus elementos distintivos, havendo aqueles que encontram no plebiscito a consulta efetivada antes de qualquer ato do Estado, e no referendo a consulta após sua produção. No plebiscito, o povo autorizaria a realização ou o conteúdo de um ato do poder público, enquanto no referendo aquiesceria ou não com o que foi realizado. Para outros, o elemento contrastivo estaria no objeto da deliberação, sendo o plebiscito consulta sobre fatos ou acontecimentos, e o referendo, pronunciamento sobre ato normativo. Autores não faltam a entrever no plebiscito instrumento de escolha de líderes políticos, e no referendo manifestação sobre assuntos de interesse do Estado.

O legislador pátrio enfrentou o assunto quando da Lei nº 9.709/1998, que regulamentou o art. 14, e incisos da Constituição federal. Tratando a ambos os institutos como consultas sobre matéria constitucional, legislativa ou administrativa, dotada de acentuada relevância, utilizou o critério da anterioridade para diferenciá-los. O plebiscito seria promovido sempre antes da elaboração do ato administrativo ou legislativo, e o referendo após esses (art. 2º, §§ 1º e 3º da Lei nº 9.709/1998).

Já pela *iniciativa popular de leis* abre-se ao cidadão a faculdade de apresentação de projetos de lei à Câmara dos Deputados, subscritos por, no mínimo, um por cento do eleitorado nacional, distribuído pelo menos por cinco Estados, com não menos de três décimos por cento dos eleitores de cada um deles (art. 61, § 2º, da CF). Haverá também a possibilidade de iniciativa popular no processo legislativo dos Estados, Distrito Federal e Municípios. Nos Estados-membros e no Distrito Federal é matéria a ser disciplinada pelas Constituições estaduais e leis orgânicas. Nos Municípios, a Constituição desde já estabelece a cifra de 5% do eleitorado para assuntos de interesse local.

5.4. PRINCÍPIO FEDERATIVO

O Estado federal deve ser compreendido na lógica do constitucionalismo de limitação do poder. Uma das configurações para essa limitação é a *divisão territorial do poder*, que ocorre quando, num mesmo Estado, coexistem núcleos de poder espacialmente limitados – assim, com eficácia em âmbitos territoriais limitados – com um Poder central, cuja autoridade se estende a todo o território.[70] Assim, temos, num mesmo território, núcleos periféricos dotados de *autonomia* que acabam coexistindo com um núcleo centralizado.

---

70. FERREIRA FILHO, Manoel Gonçalves. *Princípios Fundamentais de Direito Constitucional*. 2. ed. São Paulo: Saraiva, 2010. p. 273.

Essa configuração facilita a limitação política, pois impede a concentração de poder em um único ente através da repartição de competências.

O federalismo é uma espécie de divisão territorial do poder. Existem diversos tipos de Estados federais, a depender da maior ou menor desconcentração política, de sua origem histórica e da divisão de competência e cooperação maior ou menor entre os entes federados.

De acordo com Manoel Gonçalves Ferreira Filho, na antiguidade helênica, já identificávamos uma singela manifestação do que se chama federalismo.[71] Tratava-se, na verdade, de uma associação de Estados para a busca de objetivos comuns, no mais das vezes, para prover defesa contra um ameaça provinda de outro Estado ou de outra associação de Estados. Como exemplo, temos a Liga marítima, formada pela cidade-estado de Atenas, que veio durar de 478 a.C. até 404 a.C. com o fim da Guerra do Peloponeso. Ainda podemos citar os exemplos da Confederação Helvética (1291), que reuniu os cantões de Uri, Schwyz e Unterwalden, e na Idade Moderna, as Províncias Unidas (1579), confederação composta por províncias existentes nos Países Baixos, lideradas pela Holanda.[72]

Entretanto, o federalismo propriamente dito surge com a experiência política e constitucional norte-americana. Com o objetivo de garantir a emancipação recém-conquistada, os treze Estados surgidos com a proclamação da independência das colônias inglesas na América ratificaram, em 1781, o tratado conhecido como *Artigos da Confederação*.[73] Essa Confederação, porém, logo se mostrou ineficaz, em face dos problemas de ordem interna e externa que os novos Estados precisavam enfrentar. A crítica principal era levantada contra a fraqueza do governo central.

Reuniu-se em Filadélfia, entre maio e setembro de 1787, a Convenção Federal, que veio a elaborar uma nova Constituição para os Estados Unidos. Essa nova Constituição proposta defendia a criação de uma nova forma de governo, até então não experimentada por qualquer povo ou defendida por

---

71. FERREIRA FILHO, Manoel Gonçalves. *Princípios Fundamentais de Direito Constitucional*. 2. ed. São Paulo: Saraiva, 2010. p. 274.
72. FERREIRA FILHO, Manoel Gonçalves. *Op. cit.* p. 276.
73. Cf. ALMEIDA, Fernanda Dias Menezes de. *Competências na Constituição de 1988*. 2. ed. São Paulo: Atlas, 2000. p. 20-1.

qualquer autor.[74] Não seria uma Carta estritamente nacional ou federal, mas uma composição de ambos os princípios. A partir dessa nova forma, o governo central não se relacionaria apenas com os Estados, de soberania interna intacta, mas também com todos os indivíduos.

A Constituição dos Estados Unidos da América foi a primeira a estabelecer o modelo de Estado federal que hoje se conhece, composto por unidades periféricas de poder autônomas coexistindo com um governo central, capaz de impor leis diretamente aos indivíduos e fazê-las cumprir.

A *Confederação de Estados* está relacionada com o Estado federal – em muitas situações está em sua gênese histórica, como no exemplo das federações por agregação – todavia, em verdade, é forma de distribuição espacial do poder que dele (Estado federal) muito difere:[75] *a)* em primeiro lugar, trata-se de um ente vinculado ao ordenamento internacional, não à ordem interna e, por isso, ao direito constitucional; *b)* em segundo lugar, constitui-se por meio de um pacto ou tratado entre Estados que *conservam sua soberania*; *c)* o direito de secessão é da essência desse arranjo espacial político; e *d)* o seu órgão *deliberativo* coordena a relação entre os diversos Estados soberanos e geralmente exige a unanimidade para tomada decisão.

Em contraposição, são *características fundamentais do Estado Federal*:[76]

— a *união, que* gera um novo Estado e suprime a soberania de seus entes políticos componentes, que guardam somente a nomenclatura de "Estados", sem realmente o serem;

— a base jurídica do Estado federal é a *Constituição,* não um tratado, que regulamenta as diferentes relações entre suas entidades componentes;

— a *secessão é expressamente vedada* e sancionada com a penalização máxima dentro da federação: a supressão momentânea da autonomia até que se restabeleça a ordem federativa;

---

74. LIMONGI, Fernando Papaterra. "O Federalista: remédios republicanos para males republicanos". In: WEFFORT, Francisco C. *Os Clássicos da Política*. 14. ed. São Paulo: Ática, 2006. p. 248.

75. FERREIRA FILHO, Manoel Gonçalves. *Princípios Fundamentais de Direito Constitucional*. 2. ed. São Paulo: Saraiva, 2010. p. 277.

76. DALLARI, Dalmo de Abreu. *Elementos de Teoria Geral do Estado*. 25. ed. São Paulo: Saraiva, 2005. p. 258-60.

— somente o *Estado federal* – compreendido como a reunião constitucional de diversos entes políticos autônomos – é *soberano*. As entidades componentes são *autônomas* (compreendida como auto-organização e autogoverno, nos termos da Constituição);

— as *atribuições* da União e das unidades federativas estão distribuídas em competências constitucionalmente tarifadas. É a razão pela qual não se permite falar em hierarquia entre entes federativos, mas coexistência de competências distintas;

— há um regime de atribuição e distribuição de *rendas próprias* entre as unidades que compõem o arranjo federativo, forma essa de assegurar a autonomia política para custeio da autogestão;

— *coexiste* de forma compartilhada o poder político da *União* – ente federado representativo do todo – e das *unidades federadas*, cuja orientação é adotada pelo interesse a ser atingido;

— há uma única nacionalidade e cidadania dentro do Estado federal, que não admite diferenciação qualquer entre os habitantes das diferentes entidades componentes.

Na gênese da forma de Estado federativa podem ser encontrados dois processos. Ora diversos Estados soberanos e independentes se associam para realização de finalidades comuns, *chamado* de *processo agregativo ou centrípeto*, ora um Estado unitário se descentraliza por opção de seu órgão central, criando por iniciativa própria autonomias regionais ou locais. Diretamente vinculada a essa perda de soberania ou outorga de autonomias, temos tradições de federalismo com maiores ou menores autonomias de seus entes componentes. Maior autonomia naquele primeiro processo, menor nesse.

É também questão tocante dentro dos mais distintos Estados federais saber quais e quantas entidades federativas o compõem. Fala-se, por isso, em *federalismo de primeiro grau*, quando ao lado da União se encontram entes federativos regionais dotados de autonomia e federalismo *de segundo grau*, quando além dos entes regionais são acrescentadas unidades autônomas locais. O Estado brasileiro é um caso de federalismo de segundo grau, digno de menção que, ainda hoje, José Afonso da Silva entenda que, em relação aos municípios, não se trata de entidades federativas, embora conservem uma autonomia político-constitucional.⁷⁷Argumenta, para esposar sua tese, que não existe uma federação de municípios, existe, sim, federação de Estados. Se houvesse federação de municípios, esses assumiriam a natureza de Estados-membros dentro de Estados federados, havendo, nesse caso, um problema, pois não haveria autonomia federativa, que exige território próprio e não compartilhado a cada um. Do mesmo modo, dizer que a República Federativa do Brasil é formada da união indissolúvel dos municípios é algo sem sentido, visto que, se assim fosse, ter-se-ia de admitir que a Constituição está provendo contra uma hipotética secessão municipal. Ocorre que a sanção correspondente a essa hipótese seria a intervenção federal, que não existe quanto ao ente. A criação, fusão e desmembramento dos municípios são feitos por meio de lei estadual. Logo, eles seriam meras divisões políticas do território dos Estados.

5.5. PRINCÍPIO DA SEPARAÇÃO DOS PODERES

O princípio da separação dos poderes implica divisão de funções entre órgãos estatais. Sua finalidade é a limitação do poder político. Tenciona, assim, eliminar o "despotismo", que decorreria da concentração de várias funções num órgão só.

A Constituição brasileira consagrou o princípio, em sua forma clássica (tripartida), no art. 2º, que dispõe: "são Poderes da União, independentes e harmônicos entre si, o Legislativo, o Executivo e o Judiciário".

A origem da separação dos poderes remete-se a Antiguidade Clássica, especificamente a Aristóteles. Na verdade, sua contribuição vem pela classificação das funções pertencentes aos órgãos políticos de Atenas.⁷⁸ Ele as dividia em deliberação, execução e judicial. Essa sistematização encontra parâmetro na doutrina clássica, embora não tenha passado disso. Como se verá, a separação dos poderes assoma como uma recomendação política, tendente a garantir a liberdade.

---

77. SILVA, José Afonso da. *Curso de Direito Constitucional Positivo*. 35. ed. rev. e atual. São Paulo: Malheiros Editores, 2012. p. 475.
78. FERREIRA FILHO, Manoel Gonçalves. *Princípios Fundamentais de Direito Constitucional*. 2. ed. São Paulo: Saraiva, 2010. p. 252.

Uma contribuição moderna à doutrina vem de John Locke.[79] Esse pensador veio esboçar uma teoria de separação dos poderes, que ele dividia três funções. Malgrado ter dado esboço a uma teoria de separação de funções, foi com o francês Montesquieu que a ideia tomou uma forma mais completa e se tornou verdadeiro dogma para as doutrinas políticas posteriores.

Temos de nos centrar na doutrina iniciada a partir da obra de Montesquieu, *O Espírito das Leis*, já que foi a que deitou raízes no direito constitucional. Ao analisar a questão da liberdade política, no livro XI de sua obra, argumenta: "Para que não se possa abusar do poder é preciso que, pela disposição das coisas, o poder freie o poder".[80] O que se buscava era a limitação do poder, e para isso, desenvolveu-se uma série de técnicas de controle, no pensamento político da época, entre elas, a outorga de funções estatais distintas a órgãos diferentes. E, prossegue o autor: "Uma Constituição pode ser de tal modo que ninguém será constrangido a fazer coisas que a lei não obriga e não fazer as que a lei permite". Para se preservar a liberdade,[81] assim, o poder deveria ser racionalizado de sorte que freasse a si mesmo, por meio de uma Constituição. Em cada Estado há *três espécies de poder*: *o* Poder Legislativo, *o Poder Executivo das coisas que dependem do direito das gentes* e o *poder executivo das que dependem do direito civil*[82] (isto é, o atual Poder Judiciário). Em um governo moderado deveriam se encontrar separados. Afinal, se o poder de julgar estivesse ligado ao Poder Legislativo, o poder seria arbitrário, pois o juiz seria legislador; se estivesse ligado ao Poder Executivo, o juiz poderia ter a força de um opressor, e se o Poder Legislativo estivesse reunido ao Poder Executivo, poder-se-ia temer que o governante estabelecesse leis tirânicas para executá-las tiranicamente. A finalidade do princípio assoma: evitar o governo arbitrário.

Como formulado por Montesquieu, o princípio da separação de poderes agregou-se à doutrina do constitucionalismo. Hoje, entretanto, muitas transformações, alteraram alguns traços do princípio. Manoel Gonçalves Ferreira Filho lembra-nos que, em meados do século XVIII, na época em que Mon-

---

79. LOCKE, John. *Dois Tratados sobre o Governo*. São Paulo: Martins Fontes, 1988. p. 514-6.
80. MONTESQUIEU, Charles Louis de Secondat. *O Espírito das Leis*. Brasília: Editora da Universidade de Brasília, 1982. p. 186.
81. Tomada como "o direito de fazer tudo que as leis facultam". In: MONTESQUIEU, Charles Louis de Secondat. *Op. cit.* p. 185.
82. MONTESQUIEU, Charles Louis de Secondat. *Op. cit.* p. 187.

tesquieu escreveu, já não havia mais na Grã-Bretanha a "separação" nos termos em que a descreve, pois nesse tempo já se praticava o parlamentarismo.[83] Em verdade nunca houve uma divisão tripartida e rígida de funções, mas uma recomendação para que os órgãos se encontrem separados.

Reconhece-se, hoje, a existência e a necessidade de divisão entre mais poderes. Na Hungria, por exemplo, temos o reconhecimento de um quarto poder, independente do legislativo, do executivo e do judiciário, referente a uma função de acusador público. Essa função é semelhante à desempenhada no Brasil pelo Ministério Público, que muitos defendem se tratar de um verdadeiro poder.[84]

A separação de poderes em sua moldura clássica é objeto de severas críticas dos mais distintos matizes, ao menos enquanto elaboração doutrinaria. É digno de nota:

1) Karl Loewenstein lembra que nos sistemas de governo parlamentar os poderes legislativo e executivo estão unidos pessoal e funcionalmente.[85] Os membros do governo são membros do Parlamento o que implica concluir faltar uma divisão de fato. Trata-se, em verdade, de uma constatação empírica a desnudar que a doutrina tripartida de poderes remanesce mais como mito. É que, após o "Espírito das Leis", se criou a ideia, errônea de que as funções do Estado deveriam ser separadas de modo rigoroso, de sorte que uma não tocasse a outra. Não parece, contudo, que tal organização fosse possível e nem que Montesquieu a desejasse. O que parece que se buscou foi uma recomendação de uma possível separação, objetivando a liberdade política. Ressalta Georges Vedel propriamente que a separação dos poderes não era um princípio jurídico propriamente dito, mas um preceito de arte política.[86]

2) De ponto de vista ideológico, a separação dos poderes jamais conseguiu assegurar a liberdade dos indivíduos ou o caráter democrático do Estado, sendo construída à sua sombra uma sociedade plena de injus-

---

83. FERREIRA FILHO, Manoel Gonçalves. *Curso de Direito Constitucional.* 28. ed. São Paulo: Saraiva, 2002. p. 105.
84. Cf. MORAES, Alexandre de. *Direito Constitucional.* 19. ed. São Paulo: Atlas, 2006. p. 377-8.
85. LOEWENSTEIN, Karl. *Teoria de La Constitución.* Barcelona: Ediciones Ariel, 1976. p. 55.
86. VEDEL, Georges, *Manuel Élémentaire de Droit Constitutionnel.* Paris: Librairie du Recueil Sirey, 1949. p. 157.

tiças, com acentuadas desigualdades e a efetiva garantia de liberdade apenas para um pequeno número de privilegiados.[87] É crítica que se dirige mais às concepções liberais do que ao princípio propriamente dito. O que se deve levar em conta aqui é uma valoração do instituto. Não parece duvidoso que, inserido em seu contexto, correspondeu a uma verdadeira transformação do Estado em direção à democracia.

3) A separação dos poderes, embora vise a assegurar a liberdade, pode contrastar com a eficiência nas funções do Estado. Sobretudo em tempos de um Estado mais intervencionista, postula-se que o poder político deveria ser mais centralizado, o que o capacitaria a exercer de maneira mais adequada suas atribuições, sem lentidões.[88] Não foi sem sentido, pois, que as principais críticas quanto a esse ponto ganharam força, no século XIX, período de desenvolvimento de ideias de cunho socialista.[89] Com razão, uma divisão mais exacerbada do poder realmente seria capaz de engessar as atribuições do Estado. Há necessidade de reconhecer, pois, uma situação-limite entre o princípio da separação e a busca de eficiência. De qualquer forma, não há motivo para se abandonar o primeiro. Temos que os dois podem conviver harmonicamente, dentro do Estado.

4) A separação dos poderes trata de uma atribuição de funções do Estado a órgãos autônomos do legislativo, do executivo e do judiciário. O problema surge quando o critério adotado não é suficiente para distinguir bem as três esferas. Ferreira Filho nota bem duas dificuldades: as funções administrativa (executiva) e judiciária têm no fundo a mesma essência, que é a aplicação a casos particulares da lei, e a função legislativa não esgota a edição de regras gerais e impessoais.[90] Quanto a esta, parece-nos que se trata apenas de interpenetração dos poderes, já prevista na doutrina. Já aquela nos traz um problema mais árduo, pois se não se distingue entre as duas funções, a "Separação dos Poderes",

---

87. DALLARI, Dalmo de Abreu. *Elementos de Teoria Geral do Estado*. 25. ed. São Paulo: Saraiva, 2005. p. 221.
88. DALLARI, Dalmo de Abreu. *Op. cit.* p. 217.
89. VILLE, M. J. C. *Constitutionalism and Separation of Powers*. 2. ed. Indianápolis: Liberty Fund, 1998. p. 4.
90. FERREIRA FILHO, Manoel Gonçalves. *Curso de Direito Constitucional*. 28. ed. São Paulo: Saraiva, 2002. p. 118.

como concebida, é falha em si mesma. Entretanto, podemos vislumbrar aspectos que os diferenciam. O próprio autor reconhece uma distinção, se não substancial, pelo menos, acidental entre as funções. Isso nos basta para reconhecer a consistência lógica do princípio.

Em resumo, não há como se pensar em Estado constitucional sem se pensar em separação dos poderes. O princípio se tornou verdadeiro dogma e não deve ser abandonado, embora tenha suas limitações.

E, nessa toada, decorrente ainda do princípio, encontramos a doutrina dos *freios e contrapesos*. Nada mais é do que uma tentativa de se controlar a dinâmica de cooperação e conflito entre os poderes, de modo que cada um deles possa prevenir abusos dos outros. Em Montesquieu, já encontramos um esboço dessa doutrina: por exemplo, quando trata do controle do legislativo pelo executivo, através da estipulação do momento das sessões e o de duração das assembleias, ou do executivo pelo legislativo, através da faculdade que tem este de examinar de que modo as leis estão sendo executadas por aquele.[91] Cada poder não se deve sobressair sobre o outro, mas os três devem se resguardar, preservando uma igualdade que preenche de sentido o *princípio da harmonia entre si*.

Ocorre que, embora haja essa garantia, na história vislumbramos sempre um predomínio de um dos poderes. No Estado liberal, havia o realce claro do Poder Legislativo. Já, dada a ascensão do Estado-providência, tivemos um predomínio do Poder Executivo diante da falência dos Parlamentos em atenderem aos reclamos sociais de natureza urgente. Hodiernamente, há uma nítida ascensão do Poder Judiciário, tendo em vista o fenômeno do ativismo judicial, permitindo que os órgãos jurisdicionais, ao decidir casos concretos, venham a cuidar de assuntos e questões que tradicionalmente não são de sua alçada.

A depender da relação mantida entre os poderes do Estado, temos sistemas de governo com as mais distintas nuances: sistema de governo presidencialista, com uma separação pura de poderes (a monarquia limitada e o presidencialismo nos Estados Unidos da América e nas Repúblicas latino-americanas); o sistema de governo parlamentarista de Westminster em que há colaboração de alguns poderes (Inglaterra), o sistema de governo semipre-

---

91. MONTESQUIEU, Charles Louis de Secondat. *O Espírito das Leis*. Brasília: Editora da Universidade de Brasília, 1982. p. 189.

sidencial ou semiparlamentarista, com a colaboração entre poderes, mas com uma predominância do chefe de Estado (República Francesa) e o sistema diretorial, no qual se identifica uma confusão de poderes (Suíça).[92] O *sistema presidencialista* tem como modelo a Constituição dos Estados Unidos de 1787. Sua característica principal é a atribuição da chefia do Executivo a um presidente da República. Como sistema de governo de separação pura, temos os três poderes (Legislativo, Executivo e Judiciário) bem definidos e independentes. Esse é o sistema adotado pela Constituição brasileira de 1988.

A *monarquia limitada* tem como característica fundamental a identificação do Poder Executivo com a figura do monarca, cujo poder é limitado pela coexistência dos poderes legislativo e judiciário independentes. Aqui o sistema de governo também tem uma separação pura. Como modelos, temos a Constituição francesa de 1791 e a Constituição brasileira de 1824.

Já o *sistema parlamentar* consiste em uma arquitetura de governo em que o legislativo (Parlamento) vem a se entrelaçar com o executivo (Gabinete). O governo, para manter-se no poder, precisa do apoio da maioria parlamentar. Há uma interdependência entre esses poderes. O modelo clássico de parlamentarismo é o sistema de Westminster.

Também podemos ter um *sistema misto*, combinando o parlamentarismo com o presidencialismo. Esse sistema prevê um presidente da República independente, eleito pelo povo, ao lado de um governo parlamentar. É o modelo da Constituição francesa de 1958 e chamado de *semipresidencial* ou *semiparlamentar*.

Por fim, quanto ao sistema de governo com confusão entre os poderes, temos o **sistema diretorial**, tendo como exemplo a Constituição da Suíça de 1874. Nesta, há divisão de funções, embora não haja uma separação delas, exceto quanto ao judiciário, que é independente.

Feita essa distinção, cabe ressaltar que a Constituição brasileira de 1988 adotou o sistema de governo presidencialista, com um presidente da República, chefe do Executivo, compreendendo as funções de chefe de Estado e chefe de Governo.

---

92. Cf. FERREIRA FILHO, Manoel Gonçalves. *Princípios Fundamentais de Direito Constitucional*. 2. ed. São Paulo: Saraiva, 2010. p. 261.

5.6. OBJETIVOS FUNDAMENTAIS DA REPÚBLICA FEDERATIVA DO BRASIL

Nos termos do art. 3º e incisos da Constituição, constituem-se objetivos fundamentais da República Federativa do Brasil:

a) construir uma sociedade livre, justa e solidária;

b) garantir o desenvolvimento nacional;

c) erradicar a pobreza e a marginalização e reduzir as desigualdades sociais e regionais;

d) promover o bem de todos, sem preconceitos de origem, raça, sexo, cor, idade e quaisquer outras formas de discriminação.

5.7. PRINCÍPIOS DAS RELAÇÕES INTERNACIONAIS

Os seguintes princípios devem reger as relações internacionais da República Federativa do Brasil (art. 4º e incisos):

a) independência nacional;

b) prevalência dos direitos humanos;

c) autodeterminação dos povos;

d) não intervenção;

e) igualdade entre os Estados;

f) defesa da paz;

g) solução pacífica dos conflitos;

h) repúdio ao terrorismo e ao racismo;

i) cooperação entre os povos para o progresso da humanidade;

j) concessão de asilo político.

Determina também o parágrafo único do art. 4º da Lei Maior que a República Federativa do Brasil buscará a integração econômica, política, social e cultural dos povos da América Latina, objetivando a formação de uma comunidade latino-americana de nações.

6

DIREITOS FUNDAMENTAIS

A Constituição federal estabelece os *direitos e garantias fundamentais*, no Título II, que compreende os capítulos referentes a: *a) direitos e deveres individuais e coletivos* (art. 5º); *b) direito sociais*(arts. 6º a 11); *c) da nacionalidade* (art. 12 e 13); *d) direitos políticos* (art. 14 a 16); e *e)* e *dos partidos políticos* (art. 17).

6.1. CONCEITOS DE DIREITOS FUNDAMENTAIS

Dada a semântica ampla dos direitos fundamentais, pretende-se, de início, realizar algumas distinções quanto a expressões comumente utilizadas. No sentido da obra de José Afonso da Silva, algumas expressões merecem maior densificação:[93]

Direitos naturais. Expressão correspondente à ideia de direitos inerentes à própria natureza do homem, em razão dos fundamentos de origem religiosa ou racional. Assim, falar em direitos naturais é falar em direitos que os homens têm, independente de positivação, embora possam ser *históricos,* pois decorrem das concepções de determinada cultura, em determinada época.

Direitos humanos ou dos homens. Essa é a expressão preferida em documentos internacionais, sendo também bastante utilizada, em países de cultura anglo-saxônica (a expressão em inglês é *Human Rights).* Corresponde, assim, à própria ideia de direitos fundamentais, em sentido geral. Há críticas à expressão, hoje elas partem, sobretudo, dos advogados dos chamados

---

93. SILVA, José Afonso da. *Curso de Direito Constitucional Positivo.* 35. ed. São Paulo: Malheiros Editores, 2011. p. 175.

"direitos dos animais" (por mais estranho que isso possa parecer em nossa dogmática).[94]

Direitos individuais. Correspondem aos direitos dos indivíduos isoladamente. É expressão que remota à primeira geração dos direitos fundamentais, como veremos, uma vez que tem a conotação de *individualismo*, contraposto aos direitos econômicos e sociais. Nossa Constituição se utiliza da expressão no Capítulo II do Título II.

Direitos públicos subjetivos. Relacionam-se também à ideia de individualismo e ao Estado liberal. É expressão de um conceito técnico, que alude à situação jurídica do indivíduo em relação ao Estado. Nada mais é que um *direito subjetivo*, compreendido como direito de um titular a determinado ato de um destinatário, que nesse caso, é o Estado.

Liberdades públicas ou liberdades fundamentais. São expressões também relacionadas às concepções de direitos individuais e de direitos públicos subjetivos. Geralmente são empregadas pela doutrina francesa, sobretudo a primeira, para se referir às ideias de liberdade-autonomia (autonomia do indivíduo ante o Estado) e liberdade-participação (referente ao gozo de direitos políticos). São conceitos pobres de conteúdo e insuficientes.

Direitos fundamentais do homem. É a expressão mais adequada, significando não apenas as liberdades públicas, mas também todos os direitos consagrados na Constituição. No dizer de José Afonso da Silva, no qualificativo "fundamentais", acha-se a indicação de que se trata de situações jurídicas sem as quais a pessoa humana não se realiza, não convive e não sobrevive, e no qualificativo "do homem", o sentido de que devem ser, não só reconhecidos, mas também efetivados a todos os homens por igual.[95]

6.2. CONCEPÇÕES E EVOLUÇÃO HISTÓRICA

Os direitos fundamentais sofreram transformações quanto ao seu conteúdo pela história. A doutrina marca pelo menos três gerações pelos quais os di-

---

94. V. sobre o tema SUNSTEIN, Cass; NUSSBAUN, Martha. *Animal Rights: current debates & new directions*. Oxford: Oxford University Press, 2004.
95. SILVA, José Afonso da. *Curso de Direito Constitucional Positivo*. 35. ed. São Paulo: Malheiros Editores, 2011. p. 178.

reitos se transformaram, correspondentes a concepções.[96] Em uma *primeira geração*, garantiram-se direitos de liberdade (civis e políticos), traduzindo-se em faculdades ou atributos próprios das pessoas. Já a *segunda geração* corresponde aos direitos sociais, culturais e econômicos, gerados na afirmação dos modelos de Estado Social. Os direitos de *terceira geração* aludem à afirmação do gênero humano, como valor supremo: são *direitos de solidariedade*, como o direito ao desenvolvimento e o direito ao meio ambiente. Ressaltaremos essa evolução histórica. Hodiernamente, tem-se preferido a nomenclatura dimensões a gerações, de maneira a evitar a compreensão errônea de que o advento de uma classe de direitos tenha implicado a supressão da anterior.

6.2.1. Direitos fundamentais de primeira geração ou dimensão

O constitucionalismo reconheceu a existência de uma série de direitos peculiares aos homens. A Declaração dos Direitos do Homem e do Cidadão já condicionava a proteção dos direitos individuais à própria existência da Constituição. A finalidade da garantia desses direitos era o estabelecimento de uma esfera autônoma de ação em favor do indivíduo, delimitando um campo de interferência legítima do Estado.

Conforme Manoel Gonçalves Ferreira Filho, algumas causas principais vieram a dar origem a esses direitos:[97]

1) Abusos do absolutismo: tanto a Declaração do Estado da Virgínia (1776) quanto a Declaração dos Direitos do Homem e do Cidadão buscavam enumerar direitos imemoriais que julgavam ter sido gozados e que haviam sido postergados pelos monarcas. Os direitos seriam respostas diretas a esses abusos.

2) Base filosófico-religiosa: o reconhecimento de direitos naturais e intangíveis em prol dos indivíduos se fundamenta em dogmas cristãos. Por exemplo, os princípios de igualdade fundamental entre todos os homens, criados à imagem e semelhança de Deus, e a liberdade fundamental de fazer o bem ou de não o fazer. Esses fundamentos religiosos

---

96. BONAVIDES, Paulo. *Curso de Direito Constitucional*. 5. ed. rev. e ampl. São Paulo: Malheiros Editores, 1994. p. 517.
97. FERREIRA FILHO, Manoel Gonçalves. *Curso de Direito Constitucional*. 28. ed. atual. São Paulo: Saraiva, 2002. p. 281-2.

foram substituídos sem modificação profunda pela obra dos racionalistas jusnaturalistas, como Pufendorf e Grócio.

3) *Contexto econômico*: o contexto econômico da época, estimulado pela evolução tecnológica, fizera surgir uma nova classe, a burguesia. O progresso se associava à ideia de garantias de direitos de liberdade, como forma de impulsioná-lo. Essa mudança se mostra evidente na obra de ideólogos do liberalismo econômico, como Adam Smith.

Esses direitos, ditos de *primeira geração,* assim, refletem um caráter individualista, no sentido de assegurar uma proteção do indivíduo diante do Estado. São os *direitos da liberdade*, como o direito à intimidade, à inviolabilidade de domicílio, entre outros.

6.2.2. Direitos fundamentais de segunda geração ou dimensão

Os direitos *de segunda geração* correspondem aos direitos econômicos e sociais, surgidos no contexto da afirmação do Estado social, em contraposição ao Estado liberal. Nesse sentido, são as seguintes suas causas:[98]

1) *Críticas às declarações individualistas:* o formalismo dos direitos de primeira geração, como busca de garantias materiais, passa a ser criticado. Por exemplo, as Constituições afirmavam a igualdade de todos perante a lei, porém qual o sentido da expressão para aqueles que não dispunham de meios materiais para exercê-la? Assim, não só garantias individualistas de direito seriam necessárias, mas também outros direitos que impusessem uma atuação do Estado para a proteção econômica e social.

2) *"Questão Social":* o desenvolvimento capitalista, apoiado na igualdade perante a lei e na liberdade de contratar, logo teve consequências negativas, como o aumento da miséria e da exploração. Inúmeros movimentos (*socialistas*) de crítica direta a esse modelo econômico assomaram, propugnando pela revolução, como o *comunismo,* referenciado pelo panfleto de Karl Marx, "Manifesto do Partido Comunista". O reflexo dessa causa no constitucionalismo acabou por exigir que se assegurassem direitos sociais, como o direito do trabalho, que impõe a intervenção estatal para dar meios ao desempregado de ganhar seu pão.

---

98. FERREIRA FILHO, Manoel Gonçalves. *Curso de Direito Constitucional*. 28. ed. atual. São Paulo: Saraiva, 2002. p. 282-3.

3) Extensão do sufrágio: por último, a extensão do sufrágio a outros elementos populacionais forçaram os atores políticos a adotar estratégia no sentido de se buscar a atuação estatal para proteção das massas, tendo em vista objetivos eleitorais. Esse fator vai ser influência direta da transformação de um Estado-mínimo a um Estado-providência, impulsionador de atividades econômicas e serviços públicos.

Surgiu, assim, a consagração, nas Constituição, de direitos, não só de autonomia individual ante o Estado, mas de proteção efetiva a grupos sociais específicos. Esses direitos, ditos de "igualdade", requerem prestações positivas do Estado, por exemplo, através da criação de serviços públicos. Nesse sentido, temos como exemplos a Constituição de Weimar, de 1919, e a Constituição mexicana de 1917.

6.2.3. Direitos fundamentais de terceira geração ou dimensão

Os chamados direitos fundamentais de terceira geração têm relação com o contexto do pós-guerra e se estendem a nossa contemporaneidade. Segundo Paulo Bonavides, são direitos dotados de altíssimo teor de humanismo e universalidade, tendendo a se cristalizarem enquanto direitos que não se destinam especificamente à proteção dos interesses de um indivíduo, de um grupo ou de um determinado Estado.[99] Têm como destinação o gênero humano mesmo, num momento de sua afirmação como valor supremo.

São direitos de "fraternidade", correspondendo ao direito ao desenvolvimento, à paz, ao meio ambiente, à propriedade sobre o patrimônio comum da humanidade, entre outros.

6.2.4. Evolução no constitucionalismo brasileiro

As Constituições brasileiras sempre reconheceram os direitos fundamentais. Na Constituição de 1824 e na de 1981, já encontramos os dispositivos relativos às liberdades públicas.

A primeira Constituição a reconhecer "direitos de segunda geração", estabelecidos por meio de princípios, foi a Carta de 1934. Essa evolução foi

---

99. BONAVIDES, Paulo. *Curso de Direito Constitucional*. 5. ed. rev. e ampl. São Paulo: Malheiros Editores, 1994. p. 523.

seguida por todas as Cartas posteriores (1937, 1946, 1967 e sua Emenda Constitucional nº 1/1969).

A Constituição de 1988 veio ainda assegurar também os direitos de terceira geração. Prescreve, por exemplo, normas relativas ao meio ambiente (art. 225).

6.3. NATUREZA JURÍDICA DAS NORMAS QUE DISCIPLINAM DIREITOS FUNDAMENTAIS

A natureza das normas que disciplinam direitos fundamentais não corresponde a valores extrajurídicos ou normas supraestatais ou suprapositivas. São *normas positivas constitucionais*, no sentido em que se inserem no texto constitucional ou constem de declarações solenes estabelecidas pelo poder constituinte.[100]

6.4. CARACTERÍSTICAS DOS DIREITOS FUNDAMENTAIS

Luiz Alberto David Araújo e Vidal Serrano Nunes Júnior apontam cinco características dos direitos fundamentais.[101] São as seguintes:

Historicidade. Em primeiro lugar, os direitos fundamentais são históricos, tiveram origem em certo ponto da história, transformaram-se e, nesse sentido, também podem desaparecer. Não são direitos inatos e eternos, como sustentam muitos.

Universalidade. Os direitos fundamentais se destinam a todos os seres humanos. Têm uma destinação generalizadora.

Limitabilidade. Não são absolutos. Pode haver colisão entre mais de um direito, o que ocorreria, no caso concreto, uma precedência de um sobre outro. Como exemplo, podemos apontar o caso clássico da limitação do direito de informação pelo direito à intimidade.

---

100. SILVA, José Afonso da. *Curso de Direito Constitucional Positivo*. 35. ed. São Paulo: Malheiros Editores, 2011. p. 179-80.

101. ARAÚJO, Luiz Alberto David; NUNES JÚNIOR, Vidal Serrano. *Curso de Direito Constitucional*. 7. ed. rev. e ampl. São Paulo: Saraiva, 2003. p. 87-91.

Concorrência. Os direitos fundamentais podem ser acumulados. Numa determinada situação, pode uma mesma pessoa ser titular de vários direitos. Podemos citar como exemplo o caso de jornalista que agrega em sua pessoa direitos de informação e de opinião. **Irrenunciabilidade.** Não se pode renunciar a direitos fundamentais, embora se possa deixar de exercê-los. No mesmo sentido aqui apontado, José Afonso da Silva fala em mais duas características: a *inalienabilidade*, visto serem os direitos intransferíveis, inegociáveis, por não terem conteúdo econômico patrimonial, e *imprescritibilidade,* uma vez que não existem critérios que importem em sua prescrição.[102]

6.5. CLASSIFICAÇÕES DOS DIREITOS FUNDAMENTAIS

Há inúmeras classificações quanto aos direitos fundamentais. Uma delas corresponde às gerações ou dimensões dos direitos fundamentais (primeira, segunda e terceira geração ou dimensão), conforme já exposto em tópico próprio. Existem outras, a depender de sua operacionalidade.

Quanto à *fonte*, isto é, à circunstância de a Carta admitir outros direitos e garantias fundamentais não enumeradas, falamos em: *a)* direitos *expressos*: aqueles expressamente enumerados pela Constituição; *b) decorrentes dos princípios e regime adotado pela Constituição* (o sentido do § 2º do art. 5º); *c) decorrentes de tratados e convenções internacionais adotados pelo Brasil,* no sentido do § 3º do art. 5º.[103]

Já quanto ao *conteúdo*, José Afonso da Silva fala de: *a) direitos individuais* (art. 5º), que reconhecem autonomia aos particulares; *b) direitos à nacionalidade* (art. 12), que são os que definem a nacionalidade e suas faculdades; *c) direitos políticos* (arts. 14 a 17), que estabelecem os direitos de participação democrática; *d) direitos sociais* (art. 6º), assegurados aos homens em suas relações sociais e culturais; *e) direitos coletivos* (art. 5º); e *f) direitos solidários* (arts. 3º e 225), fundamentais do gênero humano.[104]

---

102. SILVA, José Afonso da. *Curso de Direito Constitucional Positivo*. 35. ed. São Paulo: Malheiros Editores, 2011. p. 181.
103. SILVA, José Afonso da. *Op. cit.* p. 182-3.
104. SILVA, José Afonso da. *Op. cit.* p. 183-4.

Manoel Gonçalves Ferreira Filho, também quanto ao conteúdo, prefere uma tipificação tripla, referente às gerações, distinguindo: *a) liberdades*, que são direitos subjetivos de agir segundo a própria vontade; *b) direitos sociais*, que reclamam prestações concretas por parte do Estado para satisfação das necessidades humanas primordiais e prementes; e *c) direitos difusos*, que correspondem a interesses metaindividuais, isto é, relativos a todo um grupo de pessoas.[105] Dos últimos, ocupar-nos-emos em momento apropriado.

6.5.1. Direitos e garantias

Uma classificação tradicional é a que diferencia direitos e garantias fundamentais. Essa remonta a Rui Barbosa, que, ao analisar a Constituição de 1891, distinguia dois tipos de disposições: as meramente *declaratórias*, que são as que imprimem existência legal aos direitos reconhecidos, e as *assecuratórias*, que são as que limitam o poder, em defesa dos direitos.[106] Estas correspondem às *garantias*, enquanto aquelas, aos *direitos*.

Nesse sentido, direitos fundamentais são enunciados declarativos que impõem existência legal aos direitos; já garantias fundamentais são enunciados assecuratórios, que limitam o poder, em defesa dos direitos. Como exemplo, teríamos o *direito* de inviolabilidade da liberdade de consciência e crença, sendo assegurado o livre-exercício dos cultos religiosos (art. 5º, VI) de um lado e, do outro, a *garantia* de proteção aos locais de culto e suas liturgias, na forma da lei.

As garantias podem ser tomadas em quatro sentidos.[107] Num sentido *amplíssimo*, são dispositivos que se destinam a manter a harmonia entre os poderes (*freios e contrapesos*), também chamadas de *garantias constitucionais*. Já num sentido *amplo*, consistem em sistemas organizados pela Constituição por meio dos quais se opera a proteção de tais direitos, em alguns Estados um sistema judiciário, em outros, um sistema de contencioso administrativo. Existem, também, as *garantias institucionais* – terminologia que provém de

---

105. FERREIRA FILHO, Manoel Gonçalves. *Princípios Fundamentais de Direito Constitucional*. 2. ed. São Paulo: Saraiva, 2010. p. 92-3.
106. Cf. LENZA, Pedro. *Direito Constitucional Esquematizado*. 14. ed. rev. atual. e ampl. São Paulo: Saraiva, 2010. p. 741.
107. FERREIRA FILHO, Manoel Gonçalves. *Op. cit*. p. 94.

Carl Schmitt – e, que, segundo definição do mesmo autor, não se trata de direitos fundamentais propriamente ditos. Elas afetam diretamente uma dada instituição estatal a serviço de certos fins e tarefas. Ocorre que ao serem diretamente resguardadas, indiretamente acabam por preservar direitos titularizados pelo cidadão. À guisa de exemplo, a proibição de tribunais de exceção, as garantias da Magistratura, a proteção à entidade familiar. Num sentido *restrito*, chamadas *garantias-defesa*, são aquelas atribuídas a determinados direitos, por exemplo, a vedação de censura relativa à liberdade de expressão. Por fim, temos, num sentido *restritíssimo*, as *garantias instrumentais*, que são os meios ou instrumentos previstos para a defesa dos direitos fundamentais, como o mandado de segurança e o *habeas corpus*.

6.6. LIMITES DOS DIREITOS FUNDAMENTAIS

6.6.1. Distinção entre regras e princípios

A moderna dogmática dos direitos fundamentais consagrou, para sua operacionalização, a existência de dois tipos de normas: *as regras e os princípios*.

Há muitas distinções quanto a esses tipos e não pretendemos apresentar os vários critérios. Porém apresentaremos um traço distintivo bastante operacionalizável: o que leva em conta a *estrutura dos direitos* que essas normas garantem.[108] As *regras*, assim, são aquelas que garantem direitos definitivos, ao passo que os *princípios* são os que garantem direitos *prima facie*. Fazer essa diferenciação corresponde a dizer que, se uma regra garante um direito, no caso concreto, ele deverá ser realizado *totalmente*; para os princípios, não se pode falar em realização total, apenas em *parcial*. Robert Alexy fala em princípios como *mandamentos de otimização*, no sentido de que são caracterizados por poderem ser satisfeitos em graus variados e pelo fato de que a devida medida de sua satisfação não depende somente das possibilidades fáticas, mas também das possibilidades jurídicas.[109]

---

108. Cf. SILVA, Virgílio Afonso da. *Direitos Fundamentais: conteúdo essencial, restrições e eficácia*. São Paulo: Malheiros Editores, 2011. p. 45.
109. ALEXY, Robert. *Teoria dos Direitos Fundamentais*. São Paulo: Malheiros Editores, 2008. p. 90.

6.6.2. Colisões de direitos fundamentais

O tradicional conflito de normas, vistas como regras, não nos trazem problemas, uma vez que solucionado por critérios de anterioridade, especialidade ou hierarquia. Assim, se duas normas-regra regulam uma determinada situação, é questionável se uma delas tem superioridade hierárquica sobre a outra, se entrou em vigor em tempo anterior ou se regula mais especificamente a matéria. Isso decorre da própria estrutura das regras. Estas são realizadas totalmente e exigem uma aplicação tudo ou nada: se em conflito com outras, uma delas perderá sua vigência.

A dificuldade quanto aos princípios é que em um conflito, no caso concreto, a solução sobrevém com o principio da proporcionalidade. Se dada situação, assim, sofre a atuação de duas normas-princípio, uma delas terá precedência sobre a outra, apenas naquele caso, e atendidas certas condições.

Um exemplo seria o caso tradicional de colisão entre a liberdade de expressão e o direito à privacidade. Num caso específico, em que incidiriam os dois direitos, um teria precedência sobre o outro. Isso não significa, entretanto, que, em outros casos que contassem com a incidência das mesmas normas, a primazia seria a mesma.

6.6.3. Restrição de direitos fundamentais

O estudo das restrições e dos limites dos direitos fundamentais implica dois enfoques, que chamamos de teoria *externa e interna*.

A *teoria interna* corresponde à ideia de que o limite é intrínseco ao próprio direito (*limites imanentes*).[110] Assim, o direito contém seu próprio limite, que não é fixado por aspectos externos, como a colisão com outros direitos.

Já, para a *teoria externa*, existem dois objetos separados: o direito e suas restrições.[111] Compreendidos segundo essa teoria, os direitos fundamentais podem encontrar seus limites a partir de aspectos externos, que podem ser de dois tipos: *restrições por meio regras* e *restrições por meio de princípios*.

---

110. SILVA, Virgílio Afonso da. *Direitos Fundamentais: conteúdo essencial, restrições e eficácia*. São Paulo: Malheiros Editores, 2011. p. 128.
111. SILVA, Virgílio Afonso da. *Op. cit.* p. 138.

As restrições de primeiro tipo, conforme indicado pelo próprio nome, compreende os casos em que os direitos são limitados através de concretizações por meio de regras. Esse tipo ocorre, sobretudo, por legislação infraconstitucional. Como exemplo, podemos citar o caso do art. 76 da Lei nº 8.069/1990 (Estatuto da Criança e do Adolescente), que exige que as emissoras de TV, no horário recomendado para o público infanto-juvenil, exibam apenas programas com finalidades educativas, artísticas, culturais e informativas, norma essa que estabelece uma restrição à liberdade de imprensa.[112] Ao contrário do que poderia parecer, *a priori*, se considerarmos a teoria externa, não teríamos aqui uma inconstitucionalidade, a partir da pressuposição de que a restrição se está fundando em outro direito fundamental.

As *restrições por meio de princípios* ocorrem quando um direito fundamental, visto como princípio, encontra limites na colisão com outros princípios.[113] Em verdade, a restrição por regras é *materialmente* uma restrição por princípios empreendida pelo legislador, que, ao editar a lei, realiza um sopesamento entre dois princípios. O caso que chamamos de *restrição por meio de princípios*, entretanto, ocorre formalmente pela jurisdição, que, no caso concreto, decide qual dos princípios deve prevalecer. O método que utiliza o juiz para analisar a colisão de direitos fundamentais é o chamado *princípio da proporcionalidade*.

6.6.4. Princípio da proporcionalidade

O princípio da proporcionalidade é utilizado pelos órgãos jurisdicionais para analisar a restrição de um direito fundamental por uma medida estatal. Implica a análise da adequação, da necessidade e da proporcionalidade em sentido estrito.[114]

Inquirir a *adequação* do ato corresponde a questionar se o ato estatal é *adequado* para fomentar um objetivo legítimo. Inquirir a *necessidade* significa

---

112. Exemplo retirado de SILVA, Virgílio Afonso da. *Direitos Fundamentais: conteúdo essencial, restrições e eficácia*. São Paulo: Malheiros Editores, 2011. p. 131.
113. SILVA, Virgílio Afonso da. *Op. cit.* p. 142.
114. Cf. SILVA, Virgílio Afonso da. "O proporcional e o razoável". *Revista dos Tribunais* 798/23-50, 2002.

questionar se há outra medida que realize na mesma intensidade o fim perseguido, mas que limite, em menor medida, o direito fundamental atingido.

Por fim, a análise da *proporcionalidade em sentido estrito* consubstancia um juízo sobre a restrição de um direito fundamental e a consequente realização do objetivo legítimo.

Julgar a proporcionalidade de uma medida significa, assim, verificar as três sub-regras apontadas.

6.7. DIMENSÕES OBJETIVA E SUBJETIVA DOS DIREITOS FUNDAMENTAIS

Os direitos fundamentais possuem duas dimensões a saber: uma *subjetiva* e outra *objetiva*.

A *dimensão subjetiva* consiste na potencialidade dos direitos de, em maior ou menor grau, ensejarem uma pretensão a que se adote um dado comportamento ou então no poder da vontade de produzir efeitos sobre certas relações jurídicas.[115] Por essa dimensão, correspondem os direitos fundamentais à exigência de uma ação negativa ou positiva de outrem ou a competências, para modificar posições jurídicas. Essa é a dimensão de maior destaque dos direitos.

Já os direitos fundamentais, compreendidos em sua *dimensão objetiva*, significam os princípios básicos da ordem constitucional.[116] Transcendem a perspectiva das posições individuais para atingir a estatura de fundamento da própria sociedade política, formando também a base do ordenamento jurídico. Representam o significado dos direitos para a vida social como um todo.

Algumas consequências da visão dos direitos fundamentais em sua dimensão objetiva são as seguintes:[117] *a)* primeiro, o direito não é visto apenas sob sua perspectiva individualista, mas o bem por ele tutelado é visto como

---

115. MENDES, Gilmar; COELHO, Inocêncio Mártires; BRANCO, Paulo Gustavo Gonet. *Curso de Direito Constitucional*. 2. ed. rev. e atual. São Paulo: Saraiva, 2008. p. 265.
116. MENDES, Gilmar; COELHO, Inocêncio Mártires; BRANCO, Paulo Gustavo Gonet. *Op. cit.* p. 266.
117. MENDES, Gilmar; COELHO, Inocêncio Mártires; BRANCO, Paulo Gustavo Gonet. *Op. cit.* p. 266-7.

um valor em si; *b)* segundo, as restrições aos direitos subjetivos individuais são justificadas no sentido da proteção de seus próprios titulares e de outros bens constitucionalmente protegidos, por exemplo, o caso da imposição do cinto de segurança, que limita o livre arbítrio do condutor do veículo pelo valor constitucional da vida e da integridade física dos indivíduos; e *c)* por fim, a dimensão objetiva também enseja um dever de proteção pelo Estado dos direitos fundamentais contra agressões dos próprios poderes públicos.

6.8. EFICÁCIA HORIZONTAL E VERTICAL DOS DIREITOS FUNDAMENTAIS

Quando falamos em *eficácia vertical* dos direitos fundamentais, estamos querendo ressaltar com isso as relações jurídicas entre os indivíduos e o poder público. Vê-se, quanto a essa verticalidade, a autonomia dos indivíduos ante o próprio Estado.

Entretanto, não incidem os direitos fundamentais apenas nesse tipo de relação. Também incidem nas próprias relações jurídicas entre particulares, o que chamamos de *eficácia horizontal*. Como lembra Wilson Steinmetz, a temática tem origem na jurisprudência e dogmática constitucionais da República Federal da Alemanha na década de 50.[118] Nesse ambiente, assomaram duas teorias quanto à vinculação dos particulares a direitos fundamentais, a teoria da eficácia mediata e a da eficácia imediata.

A primeira, a *teoria da eficácia mediata* ou *eficácia indireta,* foi formulada inicialmente por Günther Dürig, e, embora sob diversos matizes teóricos, apresenta um núcleo duro, composto das seguintes proposições:[119] *a)* as normas de direitos fundamentais produzem efeitos nas relações entre particulares por meio de normas e parâmetros de interpretação do direito privado; *b)* a eficácia de direitos fundamentais nas relações particulares está condicionada à mediação concretizadora do legislador de direito privado, em primeiro plano, e do juiz e dos tribunais, em segundo plano; *c)* ao legislador cabe o desenvolvimento legislativo dos direitos fundamentais por meio da criação

---

118. STEINMETZ, Wilson. "Princípio da Proporcionalidade e Atos de Autonomia Privada Restritivos de Direitos Fundamentais". In: SILVA, Virgílio Afonso da. *Interpretação Constitucional*. São Paulo: Malheiros Editores, 2007. p. 16.
119. STEINMETZ, Wilson. *Op. cit.* p. 19-20.

de regulações específicas que delimitem os direitos (condições de exercício e alcance; e *d)* à jurisdição cabe, no caso concreto, dar eficácia aos direitos fundamentais através da interpretação e aplicação das normas de direito privado. Para essa teoria, as normas de direitos fundamentais, nas relações entre particulares, incidem não como direitos subjetivos, mas como normas objetivas de princípio.

Já, para a *teoria da eficácia imediata*, as normas de direitos fundamentais são aplicáveis direta ou imediatamente às relações jurídicas entre particulares. O alcance desses direitos não depende das regulações legislativas de direito privado, nem de sua interpretação e aplicação pela jurisdição, incidindo diretamente.

6.9. DIREITOS FUNDAMENTAIS COMO DIREITOS SUBJETIVOS

Como anotamos, os direitos fundamentais podem ser vislumbrados sob uma dimensão subjetiva, o que significa poderem ser vistos como direitos subjetivos. Entretanto, o próprio conceito de direito subjetivo oferece dificuldades, o que acaba por se refletir quanto àqueles.

Importa centrar-se nas questões analíticas sobre direitos subjetivos. Quanto a essas, Robert Alexy distingue dois termos para o seu tratamento:[120] as *normas*, que são aquilo expresso por um enunciado normativo, como "Todos têm um direito de expressar sua opinião" e as *posições*, que serão expressas por meio de um enunciado de uma norma individual. Assim, "*a* tem, em face do Estado, o direito de expressar sua opinião" indica uma posição. Essa distinção se ressalta quando tratamos de *relações* que podem ser expressas por predicados como "... tem um direito a *x* em face de...". Essas posições que expressam relações podem ser divididas em três, que devem ser designadas como direitos: *1)* direito a algo; *2)* liberdades; e *3)* competências.[121]

---

120. ALEXY, Robert. *Teoria dos Direitos Fundamentais*. São Paulo: Malheiros Editores, 2008. p. 184.
121. ALEXY, Robert. *Op. cit.* p. 193. Alexy aponta que é recomendável que a expressão "direito subjetivo" seja utilizada como um supraconceito para posições em si bastante distintas.

Quanto às posições em que o indivíduo se pode encontrar em relação ao Estado, vale a pena ressaltar a teoria dos quatro *status* de Jellinek.[122] Para essa teoria, pode-se encontrar nas seguintes posições: *a) status* passivo: encontrando-se o indivíduo em posição de subordinação aos poderes públicos, caracterizando-se como detentor de deveres; *b) status* negativo: que reflete a situação de liberdade do indivíduo diante dos poderes; *c) status civitatis:* em que o indivíduo tem o direito de exigir do Estado que atue positivamente; e *d) status* ativo: em que o indivíduo desfruta de competência para influir sobre a formação da vontade do Estado.

Assim, podem os direitos fundamentais expressar uma relação jurídica entre o indivíduo com todos os seus elementos.

6.9.1. Espécies de direitos subjetivos

Podemos apontar os seguintes tipos de direitos:

— *Direitos de personalidade*: são aqueles direitos relacionados à própria pessoa, referentes a seu nome, imagem, intimidade, vida e honra.

— *Direitos absolutos e relativos:* aqueles que se referem aos direitos oponíveis a uma generalidade de indivíduos, enquanto estes são oponíveis a sujeitos determinados.

— *Direitos potestativos ou de conformação*: são direitos contra os quais não cabe contestação.

— *Direitos disponíveis e indisponíveis*: a disponibilidade aqui se refere à possibilidade de se dispor do direito por ato de vontade. Exemplo de direito indisponível é a vida.

---

122. Cf. MENDES, Gilmar; COELHO, Inocêncio Mártires; BRANCO, Paulo Gustavo Gonet. *Curso de Direito Constitucional*. 2. ed. rev. e atual. São Paulo: Saraiva, 2008. p. 255.

7

DIREITOS FUNDAMENTAIS EM ESPÉCIE

7.1. DIREITOS INDIVIDUAIS E COLETIVOS

7.1.1. Extensão da proteção (art. 5º, *caput*)

Os direitos fundamentais se estendem a todas as pessoas naturais, tanto brasileiros quanto estrangeiros residentes no país. Vários dos direitos arrolados no art. 5º também se estendem a *pessoas jurídicas*, como o princípio da isonomia, da legalidade, o direito de resposta, direito de propriedade, entre outros.[123]

7.1.2. Direito à vida

O direito à vida compreende os direitos a: *1)* continuar vivo; *2)* ter uma vida digna quanto à subsistência; e *3)* a proteção da vida uterina.

7.1.3. Princípio da igualdade

Esse direito é assegurado em vários momentos pela Constituição. Sem dúvida, o art. 5º, *caput*, o estabelece ao prescrever que "todos são iguais perante a lei, sem distinção de qualquer natureza". Esse dispositivo positiva a

---
123. SILVA, José Afonso da. *Curso de Direito Constitucional Positivo*. 35. ed. São Paulo: Malheiros Editores, 2011. p. 192.

igualdade formal, no sentido de que os indivíduos devem receber um tratamento isonômico pelo direito. Entretanto, uma segunda forma de igualdade, a *igualdade material*, corresponde à igualdade na sociedade, também é consagrada pela Constituição, ao assegurar uma série de direitos de natureza social e econômica.

A igualdade admite algumas diferenciações. Por exemplo, o próprio conceito de justiça exige que se devam igualar os iguais à medida que se igualam e desigualar os desiguais, na medida de sua desigualdade. Assim, são admitidas diferenciações, sobretudo quando visarem a corrigir alguma desigualdade. Por exemplo, teríamos casos da igualdade material restringindo a igualdade formal. Um caso específico são os das cotas raciais, admitidas pelo STF, que estabelece um tratamento diferenciado, objetivando corrigir uma distorção social. São permitidas discriminações, desde que fundadas em justificativa objetiva e razoável, de acordo com critérios valorativos genericamente aceitos.

Todavia, todos ostentam igualdade de direitos, segundo os critérios estabelecidos pela Constituição federal. São vedadas exclusivamente discriminações arbitrárias e irrazoáveis.

7.1.3.1. Igualdade entre homem e mulher

Estabelece o art. 5º, I, da CF que "homens e mulheres são iguais em direitos e obrigações, nos termos desta Constituição".

Conforme afirma José Afonso da Silva, trata-se de regra que resume décadas de lutas das mulheres contra discriminações.[124] Nesse sentido, não se trata apenas de igualdade formal, mas de apoiar ações que visem a combater essa diferença histórica entre gêneros.

A Carta contempla também a igualdade dentro da família. O art. 226, § 5º, determina que "os direitos e deveres referentes à sociedade conjugal são exercidos igualmente pelo homem e pela mulher". Assim, ficariam revogadas todas as normas ordinárias que contemplavam o varão com primazia.

Admitem-se discriminações e diferenciações quando razoáveis ou quando feitas pela própria Lei Maior.

---

124. SILVA, José Afonso da. *Curso de Direito Constitucional Positivo*. 35. ed. São Paulo: Malheiros Editores, 2011. p. 217.

7.1.3.2. Igualdade de orientação sexual

Também é compreendida, no princípio da igualdade, a vedação fundada em discriminação por orientação sexual. Assim, são vedadas as discriminações por orientações homoafetivas ou qualquer outra que possa assumir uma pessoa.

Quanto a esse princípio, o Supremo Tribunal Federal decidiu, na ADPF nº 132, que é possível haver a união estável entre pessoas do mesmo sexo.

7.1.3.3. Ações afirmativas

Ações afirmativas correspondem à atuação do Estado visando a concretizar a igualdade material, corrigindo distorções socioeconômicas e históricas. Isso justifica também atos que tenham como finalidade o reconhecimento e respeito às identidades étnicas, culturais e sexuais dos membros da sociedade. Como exemplo de ações afirmativas, podemos citar as cotas raciais nas universidades, julgadas constitucionais pelo Supremo Tribunal Federal, na ADI nº 3330.

7.1.4. Princípio da legalidade

Nos termos do art. 5º, II, "ninguém será obrigado a fazer ou deixar de fazer alguma coisa senão em virtude da lei". Consagra-se, assim, o *princípio da legalidade*. Pode-se fazer tudo o que a lei não proíbe.

O princípio da legalidade é mais uma garantia do que propriamente um direito, visto que através dele se evitam intromissões desarrazoadas do Estado, no âmbito de direitos pertencentes aos cidadãos. Evita que o Estado imponha obrigações, sem obediência ao processo legislativo constitucional. Não obstante, possui contornos diversos do princípio da reserva legal. Enquanto o primeiro é generalização maior, o segundo é um tanto mais concreto. Destarte, a abrangência do primeiro é maior que a do segundo. Ainda, a densidade significativa do segundo é maior que a do primeiro. Incide somente sobre campos materiais discriminados na Constituição.

7.1.5. Tratamento constitucional da tortura

A Constituição protege a integridade física e psíquica do ser humano (dimensões do direito à vida), vedando a prática de tortura. No seu art. 5º, inciso III, prescreve que "ninguém será submetido a tortura nem a tratamento desumano ou degradante".

Também no inciso XLIII, estabelece-se que a lei considerará crimes inafiançáveis e insuscetíveis de graça ou anistia *a prática da tortura*, o tráfico ilícito de entorpecentes e drogas afins, o terrorismo e os definidos como crimes hediondos, por eles respondendo os mandantes, os executores e os que, podendo evitá-los, se omitirem (é norma jurídica de eficácia limitada).

Há necessidade de norma descrevendo o crime de tortura em face do art. 5º, XXXIX). Nos termos da Lei nº 9.455/1997, art. 1º, constitui crime de tortura:

a) Constranger alguém com emprego de violência ou grave ameaça, causando-lhe sofrimento físico ou mental: com o fim de obter informação, declaração ou confissão da vítima ou de terceira pessoa; para provocar ação ou omissão de natureza criminosa; ou em razão de discriminação racial ou religiosa.

b) Submeter alguém, sob sua guarda, poder ou autoridade, com emprego de violência ou grave ameaça, a intenso sofrimento físico ou mental, como forma de aplicar castigo pessoal ou medida de caráter preventivo.

c) Submeter pessoa presa ou sujeita à medida de segurança a sofrimento físico ou mental, por intermédio da prática de ato não previsto em lei ou não resultante de medida legal.

Determina ainda o § 6º do art. 1º que o crime de tortura é inafiançável e insuscetível de graça ou anistia.

7.1.6. Liberdade de pensamento, direito de resposta e responsabilidade por dano material, moral ou à imagem (art. 5º, IV e V)

Estabelece o art. 5º, incisos IV e V, da Constituição que é *livre a manifestação do pensamento*, sendo vedado o anonimato, e é assegurado o direito de resposta, proporcional ao agravo, além da indenização por dano material, moral ou à imagem.

Embora seja livre a expressão daquilo que se pensa, vedado é que aquele que se expresse, esconda-se para subtrair-se responsabilidade pela expressão de pensamento. Portanto, vedado é o anonimato, e ainda a expressão do pensamento se injuriosa ou danosa, estará sujeita: *1)* ao direito de resposta, proporcional ao agravo ou dano, e *2) à* indenização, caso acarrete prejuízo de ordem material, moral ou então à imagem.

Veda-se a censura. O art. 5º, IX, determina que é livre a expressão da atividade intelectual, artística, científica e de comunicação, independentemente de censura ou licença.

Sobre o tema, trataremos no capítulo referente à Comunicação Social.

7.1.7. Liberdade de consciência e crença

É inviolável a liberdade de consciência e de crença, sendo assegurado o livre exercício dos cultos religiosos e garantida, na forma da lei, a proteção aos locais de culto e a suas liturgias, nos termos do inciso VI do art. 5º da atual Carta Magna.

Assegurado o exercício livre desse direito, através da liberdade de culto (a lei garantirá a proteção aos locais em que forem realizados e sua liturgia). Nem sempre foi assim, a Constituição do Império adotava a religião Católica como oficial. A liberdade de religião era permitida, mas o culto era doméstico.

A liberdade de crença não é absoluta. Não poderá ser erigida para descumprir obrigação legal a todos imposta, ou então obrigação alternativa. Quando se está referindo à obrigação a todos imposta, não quer se dizer tão só o serviço militar obrigatório. Outras obrigações igualmente poderão erigir-se nesse sentido. Como exemplos, o dever cívico de votar e de participar no Conselho do Tribunal do Júri.

É assegurada, nos termos da lei, a prestação de assistência religiosa nas entidades civis e militares de internação coletiva (art. 5º, VII).

Ninguém será privado de direitos por motivo de crença religiosa ou de convicção filosófica ou política, salvo se as invocar para eximir-se de obrigação legal a todos imposta e recusar-se a cumprir prestação alternativa, fixada em lei (art. 5º, VIII).

7.1.8. Inviolabilidade da intimidade, vida privada, honra, imagem das pessoas. Direito a indenização pelo dano moral e material a ela decorrente (art. 5º, X, XI e XII)

Assegura a Constituição a inviolabilidade da intimidade, da vida privada, da honra e da imagem das pessoas. (art. 5º, X). Estende-se tanto à pessoa natural como à jurídica. Tem os seguintes desdobramentos:

a) *Inviolabilidade do domicílio*: a casa é asilo inviolável do indivíduo, e ninguém pode penetrar nela sem consentimento do morador (art. 5º, XI). Não é direito absoluto. Não poderá ser escusa para a prática de ilícitos. A violação do domicílio ocorre quando não há consentimento do morador. Se houver consentimento, não haverá violação. As exceções à inviolabilidade são: durante o dia, por ordem judicial ou a qualquer hora do dia nos casos de flagrante delito, desastre ou para se prestar socorro.

b) *Sigilo de correspondência e interceptação telefônica*: é inviolável o sigilo da correspondência e das comunicações telegráficas, de dados e das comunicações telefônicas (art. 5º, XII). É possível a interceptação das correspondências e comunicações telegráficas e dados, sempre que as liberdades públicas estiverem em risco.

Os requisitos para a limitação do direito são: ordem judicial, fins de investigação criminal ou instrução processual e obediência aos requisitos previstos em lei.

7.1.9. Direito de reunião

Nos termos do art. 5º, XVI, da Constituição, todos podem reunir-se pacificamente, sem armas, em locais abertos ao público, independentemente de autorização, desde que não frustrem outra reunião anteriormente convocada para o mesmo local. O dispositivo, assim, expressamente estabelece que as reuniões deverão ser pacíficas.

Não se exige autorização, mas deverá haver prévio aviso à autoridade competente.

7.1.10. Direito de associação

O conteúdo do direito é a liberdade plena de associação. Ninguém poderá ser compelido a ingressar ou manter-se associado (art. 5º, XX). Com a Constituição federal de 1988, as associações recebem tratamento privilegiado. Indiretamente, reconhece-se a existência de direitos metaindividuais (aqueles de natureza indivisível, cujos titulares são indeterminados). Parte-se de uma abordagem individual para uma abordagem coletiva no exercício desses direitos. Reconhece-se que muitos direitos não são individualmente exercidos, mas implementados através de organizações coletivas.

Por assim ser, as associações ostentam legitimidade para defender o interesse de seus associados em substituição processual. Não há de ser confundido com a defesa dos interesses da própria associação, quando essa age em representação processual (art. 5º, XXI).

Para a tutela dos interesses dos associados, despicienda é a outorga de autorização individual. Bastante a autorização genérica contida em seus estatutos de criação.

Não há necessidade de autorização para criação e funcionamento das associações e cooperativas, sendo vedada a intervenção do poder público em suas atividades (respeitados o regime legal) (art. 5º, XVIII).

É vedada a associação para fins ilícitos ou as de caráter paramilitar (aquelas na qual vige hierarquia militar e em que seus membros são disciplinados no combate privativo das forças armadas e instituições de segurança do Estado; exemplo histórico: SS e SA nazistas) (art. 5º, XVII, *in fine*).

As associações que desrespeitem a norma supratranscrita poderão ter suas atividades suspensas, ou mesmo serem dissolvidas, desde que haja ordem judicial e, para dissolução compulsória, somente através de decisão transitada em julgado.

7.1.11. Princípio da indeclinabilidade da jurisdição

Toda lesão ou ameaça de direito poderá ser levada ao conhecimento do judiciário (art. 5º, XXXV). Seria inconstitucional a lei que restringisse essa garantia. Vedado é o *non liquet*. Para efetivação desse direito o Estado deverá prestar a assistência jurídica integral e gratuita, aos que comprovarem insuficiência de recursos (Lei nº 1.060, de 2 de fevereiro de 1950). As pessoas jurídicas encontram-se protegidas por essa disposição constitucional.

Entrementes, a Constituição federal não estabeleceu como garantia individual o duplo grau de jurisdição, razão pela qual admissível é a previsão de instância originária para algumas ações.

Não há necessidade de esgotamento da via administrativa para a busca de soluções junto ao Poder Judiciário. A exceção são as competições desportivas (art. 217, §§ 1º e 2º).

Desdobramento dessa garantia, intimamente relacionada com a cláusula do devido processo legal, existe o princípio do juiz natural, quando a Constituição estabelece que não haverá juízo ou tribunal de exceção (art. 5º, XXXVII e LIII). Em outros termos, todos terão o direito de serem julgados pelos órgãos do Poder Judiciário, a que a lei de organização judiciária tenha previamente outorgado competência. Não será admissível a criação desarrazoada de órgãos judiciários, para conhecer de fatos e de pessoas. Inadmissível ainda que essa criação seja feita *a posteriori*, não se esquecendo que as leis processuais não alcançam os fatos pretéritos. Isso não exclui a prévia criação de órgãos judiciários com competência específica, a exemplo da Justiça eleitoral, da Justiça federal e da Justiça trabalhista, bem como dos privilégios de foro especial para algumas autoridades.

Ainda, nessa seara, serão públicos os atos processuais (art. 5º, LX), com exceção daqueles que, segundo a lei, houver uma exigência de interesse social ou para defesa da intimidade.

Igualmente, é de estatura constitucional a previsão do Tribunal do Júri, com competência para conhecimento dos crimes dolosos contra a vida, obedecidos: *a)* a plenitude de defesa (inclusive com a possibilidade de inovar tese na tréplica); *b)* sigilo das votações; e *c)* soberania dos veredictos (art. 5º, XXXVIII).

Os tribunais de ética não são órgãos do Poder Judiciário e, por essa razão, não ofendem a garantia da indeclinabilidade da Jurisdição.

7.1.12. Proteção do direito adquirido, do ato jurídico perfeito e da coisa julgada

A lei não retroagirá para colher o direito adquirido, o ato jurídico perfeito e a coisa julgada. Em princípio, as leis são promulgadas para vigerem no futuro.

Direito adquirido é aquele que já foi incluído no patrimônio de seu titular.

Ato jurídico perfeito é o ato conformado com o direito que já ultrapassou seus requisitos formadores.

Coisa julgada é a imutabilidade do que fora decidido, sendo coisa julgada formal a que ocorre no interior de um processo, e coisa julgada material a que estende seus efeitos para processos outros.

7.1.13. Proibição da extradição de brasileiro

Extradição é a entrega, por um Estado a outro, e a pedido deste, de pessoa que em seu território deve responder a processo penal ou cumprir pena.[125] Não se confunde com a *deportação*, que é o envio de estrangeiro que se encontra irregularmente no Brasil. Regularmente aqui se encontrando, será possível o livre trânsito, inclusive com seus bens (art. 5º, XV). Igualmente é instituto diverso da *expulsão*, que é o envio de estrangeiro perigoso ou que seja indesejável em terras brasileiras (por atentado à ordem jurídica, à ordem nacional, social, com atos nocivos aos interesses nacionais). Não se confunde com o banimento, que é sanção penal, e não acolhido por nosso ordenamento.

Por assim ser, a extradição é admissível, como regra geral:

1. para os estrangeiros. Exceto no caso de cometimento de crimes políticos ou de opinião;

2. para os brasileiros naturalizados, desde que o cometimento do delito tenha antecedido a naturalização ou quando exista a comprovada participação em tráfico ilícito de entorpecentes ou drogas afins.

---

125. REZEK, Francisco. *Direito Internacional Público*. 11. ed. rev. e atual. São Paulo: Saraiva, 2008.

Os portugueses se submetem ao mesmo regime do brasileiro naturalizado, com a ressalva de que sua entrega deve ser feita a Portugal.

7.1.13.1. Asilo político

Asilo político é o acolhimento, pelo Estado, de estrangeiro perseguido, não necessariamente, em seu próprio país patrial, por causa de dissidência política, de delitos de opinião, ou por crimes que, relacionados com a segurança do Estado, não configuram quebra do direito penal comum.[126]

Estabelece o art. 4º, X, da Constituição que a República Federativa do Brasil rege-se nas relações internacionais pelo princípio, entre outros, da concessão de asilo político.

7.1.14. Direito de propriedade

É garantido o direito de propriedade (mais completo de todos os direitos reais). No direito de propriedade, estão enfeixados todos os poderes inerentes ao domínio: usar, gozar, dispor e exigir de quem injustamente ou detenha (art. 5º, XXII).

A propriedade atenderá, contudo, a sua função social (art. 5º, XXIII): a) propriedade imóvel rural – função social (art. 186 e incisos);[127] b) propriedade imóvel urbana: art. 182, § 2º).

A restrição do poder público ao direito de propriedade se dá, entre outros meios, por desapropriação. Estabelece o art. 5º, XXIV, que a "lei estabelecerá o procedimento para desapropriação por necessidade ou utilidade pública, ou por interesse social, mediante justa e prévia indenização em dinheiro, ressalvados os casos previstos nesta Constituição".

---

126. REZEK, Francisco. *Direito Internacional Público*. 11. ed. rev. e atual. São Paulo: Saraiva, 2008. p. 214.

127. *Constituição Federal*: "Art. 186. A função social é cumprida quando a propriedade rural atende, simultaneamente, segundo critérios e graus de exigência estabelecidos em lei, aos seguintes requisitos: I – aproveitamento racional e adequado; II – utilização adequada dos recursos naturais disponíveis e preservação do meio ambiente; III – observância das disposições que regulam as relações de trabalho; IV – exploração que favoreça o bem--estar dos proprietários e dos trabalhadores".

A Constituição federal protege a pequena propriedade, definida no Estatuto da Terra (Lei nº 4.504/1964). Deverá o legislador infraconstitucional dispor sobre os meios de financiar o seu desenvolvimento. Com o mesmo fim de implementar o desenvolvimento da atividade do pequeno proprietário, o imóvel não será objeto de penhora em execução de dívidas contraídas para o seu financiamento. Não obstante, para que isso ocorra, a propriedade deverá ser trabalhada pela família (art. 5º, XVI).

Existe a proteção constitucional do direito autoral (art. 5º, XXVII – regulamentado pela Lei nº 9.610/1998), inclusive quando houver participação individual em obras coletivas, em outros termos, àquelas produzidas com esforço conjunto de diversas pessoas (art. 5º, XXVIII, alínea 'a'). Protege-se o direito de herança (art. 5º, XXX), sendo a sucessão de bens de estrangeiros, localizados em terras pátrias, regulada pela lei nacional, salvo a hipótese de lei estrangeira (da pátria do *de cujus*) ser mais benéfica para os interesses do cônjuge ou dos filhos.

Na sociedade de massas o Estado promoverá a defesa do consumidor (art. 5º, XXXII), devendo esse ser entendido como aquele que obtém um serviço ou adquire um produto em caráter final (Lei nº 8.078/1990).

7.2. Remédios constitucionais

Também chamados de *writs,* os remédios constitucionais são meios postos à disposição dos indivíduos e cidadãos para provocar a intervenção das autoridades competentes, visando a sanar, corrigir, ilegalidade e abuso de poder em prejuízo de direitos e interesses individuais. Alguns desses remédios revelam-se meios de provocar a atividade jurisdicional e, então, têm natureza de ação: são ações constitucionais.

Decorrência do Estado de direito, prestam-se a sanar afronta às normas a que o Estado deve sujeição e, por isso, servem para reparar ilegalidade. Ilegalidade deve ser entendida como desrespeito a qualquer tipo de norma a que o Estado está afeto (sentido genérico), não só as normas oriundas do Parlamento (normas legais). Também tais remédios são de valia na proteção contra o abuso de poder, espécie de ilegalidade configurada quando a autoridade ultrapassa os limites de sua atribuição ou o fim da norma a que deve vassalagem. Por fim, eles ostentam um caráter reparatório, quando a lesão já ocorreu, e um fim preventivo, para reprimir ameaça de lesão.

7.2.1. Tipologia

7.2.1.1. Habeas corpus

Habeas corpus pode ser compreendido como a ação constitucional, de rito especial, com concentração de formas, isento de custas e emolumentos, cujo fim é tutelar a liberdade de locomoção, contra ilegalidade ou abuso de poder.

O direito tutelado é somente a liberdade de locomoção.[128] Na proteção da liberdade de ir e vir, os tribunais e órgãos do Poder Judiciário não estarão adstritos ao pedido e causa de pedir. Cumpre-lhes deferir a ordem, ainda que de ofício, desde que se convençam da presença de ilegalidade e abuso de poder (art. 654, § 2º, do CPP). Cumpre-lhes estender a ordem ao corréu (art. 580 do CPP).

O rito especial do *habeas corpus* não admite dilação probatória (rito sumaríssimo).

Podem ser de dois tipos: *1) Habeas corpus* preventivo (conhecido por salvo conduto): utilizado na tutela de ameaça do direito de ir e vir, por abuso de poder ou ilegalidade, e *2) Habeas corpus* repressivo: ação adequada para reparar lesão consumada ao direito de ir e vir do impetrante.

7.2.1.1.1. Legitimidade ativa

Na explicitação da *legitimidade* para propositura do *habeas corpus*, deve-se levar em conta que o impetrante não se confunde com o beneficiário da ordem (paciente). O primeiro é aquele que propõe a ação, sendo o segundo a pessoa que está sofrendo ou prestes a sofrer restrição ilegal em seu direito de ir e vir.

Pode impetrá-lo qualquer pessoa, nacional ou estrangeira, natural ou pessoa jurídica. A pessoa jurídica em favor de pessoa natural, haja vista que por si não ostenta o direito de ir e vir. O menor de idade e os loucos de todo o gênero poderão fazer uso desse instrumento. No que se refere ao analfabeto, a petição

---

128. Art. 5º, inciso XV – "é livre a locomoção no território nacional em tempo de paz, podendo qualquer pessoa, nos termos da lei, nele entrar, permanecer ou dele sair com seus bens;".

deverá ser assinada a rogo por outrem. Não se exige capacidade postulatória, sendo desnecessária a participação de advogados no acesso aos tribunais.

No exercício de sua função o Ministério Público poderá pleitear a ordem de *habeas corpus* em favor de outrem. Haverá necessidade que o paciente manifeste sua aquiescência com a pretensão, resguardando dessa feita que o remédio não sirva indiretamente aos fins da persecução penal, e não em favor do *status libertatis*.

Os membros do Poder Judiciário poderão conceder de ofício a ordem de *habeas corpus*, quando notarem nos autos a presença de ilegalidade ou abuso de poder. Não obstante, não ostentam legitimidade para figurarem como impetrantes.

Não se admite petição apócrifa.

7.2.1.1.2. Legitimação passiva

Figurará no polo passivo da ação a autoridade coatora, e não o ente de direito público em cujas funções encontra-se investido.

Excepcionalmente, é admitido contra particulares, nas situações em que o particular se vê privado de seu direito de locomoção, quando internado contra vontade em nosocômios ou clínicas psiquiátricas particulares.

7.2.1.1.3. Observações quanto ao habeas corpus

Admite-se liminar em *habeas corpus*, presentes os requisitos do *fummus boni iuris e periculum in mora*.

Não é dado excluir o *habeas corpus* por meio de emenda à Constituição (art. 60, § 4º, IV). Excepcionalmente admite-se a diminuição de sua abrangência, no caso de Estado de Defesa e Estado de Sítio, mas nunca sua exclusão pronta e simples.

Não se admite intervenção de assistente de acusação. Excepcionalmente, o STF admitiu a sustentação oral de credor fiduciário (prisão civil por depositário infiel).

Não cabe *habeas corpus* contra decisão de qualquer das Turmas do STF. Quando essas se pronunciam, representam o próprio STF.

Não se admite *habeas corpus* das decisões de mérito das punições disciplinares (art. 142, § 2º, da CF/1988). Excepcionalmente das questões afetas à adequação ou não da decisão, ao teor das normas e demais leis.

O empate em *habeas corpus* beneficia o paciente.

7.2.1.1.4. Competência

A competência para apreciação do *habeas corpus* é a seguinte:

Do Supremo Tribunal Federal: *a)* quando o coator for tribunal superior; *b)* quando o coator ou paciente for autoridade ou funcionário cujos atos estejam sujeitos diretamente à jurisdição do Supremo Tribunal Federal; e *c)* trata-se de crime sujeito à mesma jurisdição em única instância (art. 102, inciso I, alínea 'i', da CF/1988).

Do Superior Tribunal de Justiça, quando: *a)* coator ou paciente for qualquer das autoridades ou agentes elencados no art. 105, inciso I, alínea 'a'; *b)* quando autoridade coatora for tribunal sujeito à sua jurisdição, ministro de Estado ou comandante da Marinha, do Exército e da Aeronáutica (art. 105, I, alínea 'c').

Dos tribunais de Justiça ou tribunais regionais federais, quando de: atos de promotor de Justiça ou procurador da República (art. 96, III e 125, § 1º, ambos da CF/1988), de juiz estadual ou federal, no exercício da jurisdição comum e nos juizados especiais criminais.

7.2.1.2. Habeas data

É o *habeas data* ação constitucional, de natureza civil, de rito especial, cuja finalidade é: *1)* conhecer (natureza mandamental), e *2)* retificar (natureza constitutiva), informações ou registros sobre a pessoa do impetrante, presentes em repartições públicas ou particulares cujos dados sejam acessíveis ao público.

Estabelece o art. 5º, LXXII, da Constituição que se concederá *habeas data*: *a)* para assegurar o conhecimento de informações relativas à pessoa do impetrante, constantes de registros ou bancos de dados de entidades governamentais ou de caráter público; e *b)* para a retificação de dados, quando não se prefira fazê-lo por processo sigiloso, judicial ou administrativo.

A ação é regulamentada pela Lei nº 9.507/1997.

7.2.1.2.1. Legitimidade

A legitimidade *ativa* para o *habeas data* é da pessoa natural ou jurídica, nacional ou estrangeira, pessoas formais (herança, massa falida etc.), órgãos despersonalizados (Mesa da Câmara dos Deputados, do Senado Federal).

A legitimidade passiva é tanto das entidades públicas (administração direta ou indireta), quanto de entidades ou pessoas jurídicas de direito privado que prestem serviços para o público ou de interesse público (desde que detenham dados sobre o impetrante).

7.2.1.2.2. Requisitos

Os requisitos para o *habeas data* são, de acordo com o art. 8º da Lei nº 9.507/1997: *1)* comprovação de recusa administrativa em prestar as informações, retificá-las ou anotar-se explicação ou contestação sobre determinado dado, ainda que não seja inexato (justificando a existência de pendência sobre a exatidão da informação); *2)* comprovação do decurso de dez dias sem pronunciamento administrativo sobre o pedido de informações; e *3)* comprovação do decurso de quinze dias sem pronunciamento administrativo sobre o pedido de retificação dos dados ou anotar-se explicação ou contestação sobre determinado dado.

7.2.1.2.3. Observações

O *habeas data* tem *caráter personalíssimo*, isto é, não se admite a interposição em favor de terceira pessoa.

Prioridade do processo sobre todos os demais, exceto o *habeas corpus* e o mandado de segurança.

7.2.1.3. Mandado de segurança individual

Nos termos da Constituição, no art. 5º, LXIX, "conceder-se-á mandado de segurança para proteger direito líquido e certo, não amparado por *habeas corpus* ou *habeas data*, quando o responsável pela ilegalidade ou abuso de poder for autoridade pública ou agente de pessoa jurídica no exercício de atribuições do Poder Público".

Tem *caráter residual,* no sentido de que cumpre a tutela de direito individual, líquido e certo, não amparado por *habeas corpus* ou *habeas data*.

Há duas espécies: *1) repressivo*: em que há *lesão* a direito individual líquido e certo, e *2) preventivo*: em que há ameaça de lesão a direito líquido e certo.

Direito líquido e certo é o que se apresenta já comprovado, sendo bastante a adequação das normas aos fatos alegados. Não admite dilação probatória.

O objeto é contra ilegalidade ou abuso de poder veiculado por ato omissivo ou comissivo. Não se concederá mandado de segurança: *a)* do ato do qual caiba recurso administrativo com efeito suspensivo, independentemente de caução, *b)* da decisão judicial da qual caiba recurso com efeito suspensivo, *c)* ou de decisão judicial transitada em julgado (art. 5º, Lei nº 12.016/2009).

A legitimação passiva é da autoridade coatora, que é aquela que pratica ou ordena concreta e especificamente a execução ou inexecução de ato impugnado, respondendo por suas consequências administrativas, podendo corrigir a ilegalidade.[129] Poderá estar lotada na administração direta ou indireta, nas empresas públicas e sociedades de economia mista exercentes de serviços públicos, ou pessoas naturais ou jurídicas de direito privado, com delegação para o exercício de serviço público.[130]

7.2.1.4. Mandado de segurança coletivo

Mandado de Segurança Coletivo é ação constitucional, de rito especial, cujo fim é proteger direito coletivo ou individual homogêneo, líquido e certo, contra abuso de poder ou ilegalidade (ato comissivo ou omissivo).

---

129. MORAES, Alexandre de. *Direito Constitucional*. 19. ed. São Paulo: Atlas, 2006. p. 141.

130. A jurisprudência firmou-se no entendimento de que é competente o juízo de 1ª Instância para conhecer de mandado de segurança impetrado contra promotor de Justiça.

A legitimação ativa é de: *1)* partido político com representação no Congresso Nacional (suficiente que tenha um só parlamentar, em qualquer casa legislativa); e *2)* ou organização sindical, entidade de classe ou associação que: *a)* estejam legalmente constituídas, *b)* em funcionamento há pelo menos um ano, *c)* pleiteiem a defesa de seus membros e interessados.

Deverá haver pertinência temática entre os fins da associação, entidade de classe ou organização sindical e o direito tutelado, nos termos do art. 21, *caput*, da Lei nº 12.016/2009.

Os beneficiários da ordem são todos os que se encontrarem na situação fática descrita na peça inicial.

A impetração do mandado de segurança coletivo não impede que os associados, na defesa de seus próprios interesses, façam uso do mandado de segurança individual em seu próprio proveito.

7.2.1.5. Mandado de injunção

O Mandado de injunção é ação constitucional, cuja finalidade é prover o exercício de direito ou liberdade constitucional, ou as prerrogativas inerentes à cidadania, soberania ou nacionalidade, obstaculizado pela ausência de norma regulamentadora da disposição constitucional. É incabível Mandado de Injunção contra norma constitucional autoaplicável.

Os requisitos para a ação são:

1) omissão do poder público em regulamentar norma constitucional;

2) impossibilidade do exercício de liberdades ou direitos constitucionais, ou prerrogativas inerentes à cidadania, soberania e nacionalidade.

A legitimidade ativa é de qualquer interessado que tenha sido privado de liberdade ou direito constitucional, ou das respectivas prerrogativas acima enunciadas.

A legitimidade passiva é do ente estatal encarregado de emanar a norma regulamentadora (não se admitirá o litisconsórcio entre entes estatais e particulares).

É incabível liminar em Mandado de injunção.

O ente estatal deverá ser o responsável pela elaboração da norma regulamentadora. À exceção da competência legislativa privativa do presidente da República para propositura de leis, regra geral, o legitimado passivo no caso de omissão de lei federal é o Congresso Nacional.

Quanto aos efeitos da decisão no Mandado de Injunção, há quatro posições:

1) Teoria concretista geral: suprimento da omissão legislativa pela edição de provimento com caráter genérico e efeito *erga omnes*, implementando o exercício de direito ou liberdade constitucional, ou as prerrogativas inerentes à cidadania, soberania ou nacionalidade.

2. Teoria concretista individual intermediária: oportunidade para o órgão encarregado da elaboração da norma o fazer. Persistindo a omissão, o Poder Judiciário suprirá a omissão através de provimento jurisdicional que atenda tão só ao interesse da parte postulante.

3) Teoria concretista individual direta: independente da provocação do órgão competente para a elaboração da norma, o Poder Judiciário suprirá a omissão através de provimento jurisdicional que atenda tão só ao interesse da parte postulante.

4) Teoria não concretista: o Poder Judiciário reconhece formalmente a inércia do órgão encarregado para elaborar a norma e o notifica para elaborá-la.

Por muito tempo, foi vitoriosa no Supremo Tribunal Federal a Teoria não concretista. Essa situação se alterou a partir do julgamento de Mandado de Injunção que regulamentou a greve do servidor público e decidiu pela supressão da lacuna legislativa (STF, Pleno, MI 708/DF, Rel. Min. Gilmar Mendes, j. em 19.9.2007). Nada obstante, em outros julgamentos, grande parte de seus ministros tem adotado a Teoria concretista individual direta.

7.2.1.6. Direito de petição

O direito de petição é o direito de participação direta junto à administração pública, chamando-a a atender a uma situação ou questão invocada.

Sua finalidade é a defesa da constitucionalidade e legalidade da atuação administrativa, bem como do interesse público.

Não há necessidade de comprovar-se lesão a interesse próprio do peticionário.

O direito de representação exterioriza-se através do direito de petição aos poderes públicos.

7.2.1.7. Ação Popular

Estabelece o art. 5º, inciso LXXIII, da Constituição que qualquer cidadão é parte legítima para propor *ação popular* que vise a anular ato lesivo ao patrimônio público ou de entidade de que o Estado participe, bem como a anular ato lesivo à moralidade administrativa, ao meio ambiente e ao patrimônio histórico e cultural, ficando o autor, salvo comprovada má-fé, isento de custas judiciais e do ônus da sucumbência;

Os requisitos para a ação popular são os seguintes:

1) Subjetivos: a ação popular somente poderá ser proposta por pessoa natural, que estiver em gozo de seus direitos políticos (brasileiro nato ou naturalizado e o português equiparado no gozo dos direitos políticos brasileiros). As pessoas jurídicas não poderão propor ação popular (Súmula 365 do STF). Há legitimação ampla, decorrente do exercício da cidadania, o que permite que o cidadão promova a ação popular em lugar outro que não seu domicílio eleitoral. O exercício dos direitos políticos deverá ser comprovado com o título eleitoral ou documento a ele correspondente (art. 1º, § 3º, da Lei nº 4.717/1965).

2) Objetivos: *a)* ato ilegal e lesivo ao patrimônio público ou à entidade de que o Estado participe; e *b)* ato ilegal e lesivo à moralidade administrativa, ao meio ambiente e ao patrimônio histórico e cultural.

O promovente poderá requerer certidões e informações junto aos órgãos públicos, devendo esclarecer o fim a que essas se prestam (art. 1º, § 4º, da Lei nº 4.717/1965). As informações e certidões deverão ser providenciadas no prazo de quinze dias (art. 1º, § 5º, da Lei nº 4.717/1965). Admite-se a propositura desacompanhada desses documentos, estando afeto ao juízo requisitá-las se assim for postulado.

A ação popular comporta liminar para suspensão do ato impugnado (art. 5º, § 4º, da Lei nº 4.717/1965).

Haverá litisconsórcio necessário passivo entre: *1)* pessoa jurídica de direito público ou outras entidades (de direito público ou privado) subvencionadas por numerário público e do qual haja emanado o ato impugnado; *2)* o servidor público do qual partira o ato, sua autorização, ratificação ou aprovação; e *3)* contra os beneficiários diretos do ato impugnado (art. 6º, *caput,* da Lei nº 4.717/1965).

A entidade de direito público que figurar no polo passivo da demanda poderá abster-se de contestar a ação ou atuar ao lado do autor (desde que se afigure útil ao interesse público) (art. 6º, § 3º, da Lei nº 4.717/1965).

Haverá participação obrigatória do Ministério Público, não lhe sendo permitido assumir a defesa do ato impugnado ou de seus autores (art. 6º, § 4º, da Lei nº 4.717/1965).

É facultada a habilitação em litisconsórcio ativo de qualquer outro cidadão (art. 6º, § 5º, da Lei nº 4.717/1965).

Conclusos os autos, o juiz tem o prazo de quinze dias para prolação da sentença. O desrespeito sem motivo justo ao prazo processual, sujeitará o juiz à exclusão de lista de promoção por merecimento durante dois anos e a perda para efeito de promoção por antiguidade, de tantos dias quantos forem aqueles em atraso (art. 7º, parágrafo único, da Lei nº 4.717/1965).

No caso de desistência da ação (art. 267, VIII) ou absolvição de instância (art. 267, II, do CPC – paralisação por mais de um ano – serão publicados editais ficando assegurado a qualquer outro cidadão ou ao Ministério Público promover o seu prosseguimento). Isso no prazo de 90 dias contado da última publicação feita (art. 9º da Lei nº 4.717/1965).

A ação popular por mandamento constitucional é isenta de custas de ônus da sucumbência. Comprovada lide temerária, o juiz condenará o autor ao décuplo das custas (art. 13 da Lei nº 4.717/1965).

Decorridos 60 dias da publicação do acórdão condenatório, e não iniciada a execução do julgado pelo promovente, será tarefa do Ministério Público prosseguir na execução do julgado no prazo de 30 dias, sob pena de incorrer em falta grave (art. 16 da Lei nº 4.717/1965).

A ação julgada improcedente, por insuficiência de provas, admitirá que se promova outra, desde que apresentadas novas provas (art. 18 da Lei nº 4.717/1965).

A ação julgada improcedente ou extinta por carência de ação estará sujeita ao reexame obrigatório (art. 19 da Lei nº 4.717/1965).

A ação popular prescreve em cinco anos (art. 21 da Lei nº 4.717/1965).

7.3. DIREITOS SOCIAIS

A Constituição brasileira, no sentido das Constituições dos Estados sociais de direito, estabelece uma série de direitos de ordem social e econômica. Analisaremos alguns.

7.3.1. Direitos sociais e ordem social

Estabelece o art. 6º da Constituição que são direitos sociais a educação, a saúde, a alimentação, o trabalho, a moradia, o lazer, a segurança, a previdência social, a proteção à maternidade e à infância, a assistência aos desamparados, na forma desta Constituição.

É de se ver que essa forma citada corresponde ao Título próprio, intitulado "Da Ordem Social", em que a Constituição acaba por regular alguns dos direitos citados, como saúde, educação, previdência social, proteção à maternidade e à infância, entre outros. Sobre esses dispositivos, trataremos em momento oportuno.

7.3.1.1. Proibição do não retrocesso social

O princípio do não retrocesso social ou da vedação do retrocesso indica que, uma vez concretizado o direito, ele não poderia ser diminuído ou esvaziado.[131] Nesse sentido, são vedadas reformas que visem a suprimir direitos conquistados, como os sociais e econômicos.

---

131. LENZA, Pedro. *Direito Constitucional Esquematizado*. 14. ed. São Paulo: Saraiva, 2010. p. 846.

7.3.2. Conceito de direitos sociais

De acordo com José Afonso da Afonso da Silva, podemos conceituar *direitos sociais*, na dimensão dos direitos fundamentais, como "prestações positivas proporcionadas pelo Estado direta ou indiretamente, enunciadas em normas constitucionais, que possibilitam melhores condições de vida aos mais fracos, direitos que tendem a realizar a igualização de situações sociais desiguais".[132] São, assim, direitos que apontam o papel do Estado na busca da finalidade de se atingir uma *igualdade real* e não apenas formal.

7.3.3. Direitos sociais relativos aos trabalhadores

O art. 7º da Constituição assegura aos trabalhadores, *urbanos e rurais*, o rol de direitos expressos do inciso I ao XXXIV. Não se esgotam nesse rol, pois, visto que a Lei Maior também considera como *direitos dos trabalhadores* aqueles que visem à melhoria de sua condição social.

O inciso I do art. 7º prevê a *garantia de emprego* que significa o direito à proteção da relação de emprego contra despedida arbitrária ou sem justa causa, nos termos de lei complementar, que deverá prever indenização compensatória, entre outros direitos. Ligada a essa garantia encontram-se os direitos ao seguro-desemprego (inciso II) e ao fundo de garantia do tempo de serviço (inciso III).

A Constituição prescreve também uma série de garantias, as quais chama José Afonso da Silva de "direitos sobre as condições de trabalho".[133] Dentre essas, temos os direitos relativos às *condições de salário,* como os direitos: ao salário-mínimo, fixado em lei, capaz de atender às necessidades básicas do trabalhador e às de sua família (art. 7º, IV), piso salarial proporcional à extensão e à complexidade do trabalho (inciso V), irredutibilidade do salário, salvo o disposto em convenção ou acordo coletivo (VI), garantia de salário, nunca inferior ao mínimo, para os que percebem remuneração variável (VII), décimo terceiro salário com base na remuneração integral ou no valor da aposen-

---

132. SILVA, José Afonso da. *Curso de Direito Constitucional Positivo.* 35. ed. São Paulo: Malheiros Editores, 2011. p. 286.
133. SILVA, José Afonso da. *Op. cit.* p. 292.

tadoria (VIII), remuneração do trabalho noturno superior à do diurno (IX), proteção do salário na forma da lei, constituindo crime sua retenção dolosa (X), proibição de diferença de salários, de exercício de funções e de critério de admissão por motivo de sexo, idade, cor ou estado civil (XXX), proibição de qualquer discriminação no tocante a salário e critérios de admissão do trabalhador portador de deficiência (XXXI), proibição de distinção entre trabalho manual, técnico e intelectual ou entre os profissionais respectivos (XXXII) e proibição de trabalho noturno, perigoso ou insalubre a menores de dezoito anos e de qualquer trabalho a menores de dezesseis, salvo na condição de aprendiz, a partir de quatorze anos (XXXIII) e igualdade de direitos entre o trabalho com vínculo empregatício permanente e o trabalhador avulso (XXXIV).

A Lei Maior também garante *direitos relativos ao repouso,*[134] através dos seguintes direitos: duração do trabalho normal não superior a oito horas diárias e quarenta e quatro semanais, facultada a compensação de horário e a redução da jornada, mediante acordo ou convenção coletiva de trabalho (XIII), jornada de seis horas para o trabalho realizado em turnos ininterruptos de revezamento, salvo negociação coletiva (XIV), repouso semanal remunerado, preferencialmente aos domingos (XV), *gozo de férias* anuais remuneradas com, pelo menos, um terço a mais do que o salário normal (XVII), licença à gestante, sem prejuízo do emprego e do salário, com a duração de cento e vinte dias (XVIII), licença-paternidade (XIX) e aposentadoria (XXIV).

Quanto às hipóteses de proteção dos trabalhadores, temos os seguintes direitos: proteção do mercado de trabalho da mulher, mediante incentivos específicos (XX), redução dos riscos inerentes ao trabalho, por meio de normas de saúde, higiene e segurança (XXIV), proteção em face da automação (XXVII) e o seguro contra acidentes de trabalho, a cargo do empregador, sem excluir a indenização a que está obrigado, quando incorrer em dolo ou culpa (XXVIII).

Entre as proteções, vale a pena ressaltar também aquelas relativas aos dependentes do trabalho, como a do inciso XII do art. 7º, que institui o salário--família, e o inciso XXV, que garante assistência gratuita aos filhos e dependentes desde o nascimento até cinco anos de idade em creches e pré-escolas.

---

134. Cf. SILVA, José Afonso da. *Curso de Direito Constitucional Positivo.* 35. ed. São Paulo: Malheiros Editores, 2011. p. 295.

7.3.4. Direitos coletivos dos trabalhadores: liberdade sindical

A liberdade de associação sindical é forma específica de liberdade de associação, com regras próprias, demonstrando, assim, sua posição de tipo autônomo.[135] Nesse sentido, estabelece o art. 8º, *caput*, da Constituição que "é livre a associação profissional ou sindical". A disciplina constitucional da liberdade sindical é a seguinte:

a) é livre a constituição de sindicato, não podendo a lei exigir autorização do Estado para a fundação, ressalvado o registro no órgão competente, vedadas ao Poder Público a interferência e a intervenção na organização sindical, vedada a criação de mais de uma organização sindical, em qualquer grau, representativa de categoria profissional ou econômica, na mesma base territorial (art. 8º, I e II);

b) ao sindicato caberá a defesa dos direitos e interesses coletivos ou individuais da categoria, inclusive em questões judiciais ou administrativas (inciso III) e será obrigatória sua participação nas negociações coletivas de trabalho (VI);

c) a contribuição para custeio do sistema confederativo da representação sindical respectiva, independentemente da contribuição prevista em lei será fixada por assembleia geral (inciso IV);

d) há liberdade de inscrição, não sendo ninguém obrigado a filiar-se ou a manter-se filiado a sindicato (VI);

e) o aposentado filiado tem direito a votar e ser votado nas organizações sindicais (VII);

f) veda-se a dispensa do empregado sindicalizado a partir do registro da candidatura a cargo de direção ou representação sindical e, se eleito, ainda que suplente, até um ano após o final do mandato, salvo se cometer falta grave nos termos da lei (VIII);

g) é assegurada a participação dos trabalhadores e empregadores nos colegiados dos órgãos públicos em que seus interesses profissionais ou previdenciários sejam objeto de discussão e deliberação (art. 10);

---

135. MORAES, Alexandre de. *Direito Constitucional*. 19. ed. São Paulo: Atlas, 2006. p. 182.

h) nas empresas de mais de duzentos empregados, é assegurada a eleição de um representante destes com a finalidade exclusiva de promover-lhes o entendimento direto com os empregadores (art. 11).

7.3.5. Direito de greve

Assegura a Constituição o direito de greve, nos termos do art. 9º, e competindo aos trabalhadores decidir sobre a oportunidade de exercê-lo e sobre os interesses que devam por meio dele defender.

Prescreve ainda a Lei Maior que a lei definirá os serviços ou atividades essenciais e disporá sobre o atendimento das necessidades inadiáveis da comunidade, estabelecendo ainda penas aos responsáveis por abusos (§§ 1º e 2º). A peça legislativa que o faz é a Lei nº 7.783/1989.

Uma vez que não se disciplinou o direito de greve dos servidores públicos, garantido no art. 37, VII, da Constituição, o Supremo Tribunal Federal em Mandado de Injunção 708/DF, determinou a aplicação da Lei nº 7.783/1993 para discipliná-lo até que a matéria seja regulamentada pelo Congresso Nacional.

7.4. Nacionalidade

Nacionalidade é a ligação juridicamente estabelecida entre um indivíduo e determinado Estado.[136] Nesse sentido, tem-se a distinção entre nacionais e estrangeiros, tendo como parâmetro esse entrelaçamento.

7.4.1. Categorias relacionadas com o conceito

Tendo em vista o direito de nacionalidade, distingue Alexandre de Moraes os conceitos de *povo, população, nação e cidadão:*[137]

---

136. Cf. TAVARES, André Ramos. *Curso de Direito Constitucional.* São Paulo: Saraiva, 2002. p. 520.
137. MORAES, Alexandre de. *Direito Constitucional.* 19. ed. São Paulo: Atlas, 2006. p. 188.

Povo: é elemento humano do Estado, é o conjunto de pessoas que dele fazem parte.

População: conjunto de habitantes de um determinado Estado, região, cidade etc. Abrange não só os nacionais, como estrangeiros, desde que habitantes de um dado espaço territorial.

Nação: agrupamento humano fixado em território, unido por laços históricos, culturais, econômicos e linguísticos.

Cidadão: é o nacional (nato ou naturalizado) no gozo dos direitos políticos e participante da vida do Estado.

7.4.2. Nacionalidade primária e secundária

Distinguem-se dois tipos de nacionalidade: a *primária* ou originária, que resulta do nascimento, e a *secundária* ou adquirida, que se obtém depois do nascimento.

7.4.2.1. Nacionalidade primária

Comumente, dois critérios são utilizados pelos diversos ordenamentos constitucionais para conferir essa prerrogativa:[138] *a) Ius sanguinis,* que determina que será nacional todo aquele que for descendente de nacionais, independente do lugar de nascimento; e *b)* e o *Ius solis,* para o qual será nacional todo aquele que nascer no território do Estado, independente da origem de sua ascendência.

A Constituição federal de 1988 adotou ambos os critérios para concessão da nacionalidade originária. Como regra geral, enfatizou o critério do *ius solis*, mas não abandou o critério do *ius sanguinis* (adotou-o, contudo, de forma mista).

Por assim ser, estabeleceu a Carta, que são *brasileiros natos* (art. 12, I, alíneas 'a' a 'c'):

---

138. Cf. TAVARES, André Ramos. *Curso de Direito Constitucional.* São Paulo: Saraiva, 2002. p. 523.

a) os nascidos em território brasileiro, ainda que de pais estrangeiros, desde que estes não estejam a serviço de seu país. Consagra-se, assim, aqui o *ius solis;*

b) os nascidos em território estrangeiro, de pai brasileiro ou mãe brasileira, desde que qualquer deles esteja a serviço da República Federativa do Brasil. Consagrado está o *ius sanguinis;*

c) os nascidos no estrangeiro de pai brasileiro ou de mãe brasileira, desde que sejam registrados em repartição brasileira competente ou venham a residir na República Federativa do Brasil e optem, em qualquer tempo, depois de atingida a maioridade, pela nacionalidade brasileira. Essa hipótese, na verdade, tem duas partes: na primeira, temos uma conjugação do *ius sanguinis* com a necessidade de registro, e na segunda, do *ius sanguinis* com a opção confirmativa.[139]

7.4.2.2. Nacionalidade secundária

Prevê a Constituição, como forma de aquisição da nacionalidade secundária o processo de naturalização. Não existe, no Brasil, a possibilidade de *naturalização tácita*, que ocorre sem a manifestação de vontade do interessado. Foi instituída na Constituição brasileira de 1891, quando conferia a nacionalidade brasileira ao estrangeiro que aqui se encontrasse em 15 de novembro de 1891 e não declarasse no prazo de seis meses após a entrada em vigor da Constituição o ânimo em permanecer com a nacionalidade de origem (art. 69, § 4º, da Constituição de 1891). Tratava-se de dispositivo de eficácia transitória, decorrido o período nele previsto, deixava de produzir efeitos. As demais Constituições republicanas, por tradição, repetiram o mesmo dispositivo, ainda que desprovido de eficácia. O constituinte de 1988, ciente da desnecessidade, desconsiderou a disposição.

Existe apenas a *naturalização expressa*, que depende da vontade do interessado quanto da aquiescência do Estado. Essa se distingue por dois tipos: a naturalização *ordinária* e a *extraordinária*.

---

139. LENZA, Pedro. *Direito Constitucional Esquematizado*. 14. ed. São Paulo: Saraiva, 2010. p. 851.

7.1.2.2.1. Naturalização ordinária

A naturalização ordinária ocorre em duas hipóteses:

a) no caso de *estrangeiros provindos de Estados que não falam a língua portuguesa*, desde que requeiram a nacionalidade brasileira (art. 12, II, 'a', primeira parte, da Constituição). Determina o art. 112 da Lei nº 6.815/1980 que são requisitos para a naturalização: I – capacidade civil, segundo a lei brasileira; II – ser registrado como permanente no Brasil; III – residência contínua no território nacional, pelo prazo mínimo de quatro anos, imediatamente anteriores ao pedido de naturalização; IV – ler e escrever a língua portuguesa, consideradas as condições do naturalizando; V – exercício de profissão ou posse de bens suficientes à manutenção própria e da família; VI – bom procedimento; VII – inexistência de denúncia, pronúncia ou condenação no Brasil ou no exterior por crime doloso a que seja cominada pena mínima de prisão, abstratamente considerada, superior a 1 (um) ano; e VIII – boa saúde, não se exigindo prova dessa a nenhum estrangeiro que residir no país há mais de dois anos.

b) No caso de *estrangeiros originários de Estados de língua portuguesa (exceto os portugueses)* (art. 12, II, 'a', segunda parte), exigir-se-á: I – residência por um ano ininterrupto em terras pátrias, e II – idoneidade moral.

Não existe um direito subjetivo público em obter a nacionalidade brasileira secundária. Trata-se de ato discricionário do chefe de Estado (presidente da República). O procedimento para naturalização dar-se-á junto ao Ministério da Justiça (procedimento administrativo). Terá, contudo, um ato final de cunho jurisdicional que é a entrega do certificado pela autoridade judiciária federal.

7.4.2.2.2. Naturalização extraordinária

A Constituição Federal de 1988 previu outra hipótese para naturalização de estrangeiros, que não a ordinária (prevista em lei). Trata-se da naturalização extraordinária, prevista, que se encontra no art. 12, II, alínea 'b', da CF/1988. Através da Revisão Constitucional nº 3/1994, foram alterados os requisitos dessa forma de aquisição derivada da nacionalidade.[140] Alterou-se a exigência de permanência no território nacional de 30 para 15 anos. Para aquisição desse tipo de naturalização exige-se: *1)* residência no país há mais de 15 anos; *2)* ausência de condenação penal; e *3)* requerimento do interessado.

A ausência temporária do estrangeiro não significa que a residência não foi contínua, devendo se distinguir entre residência contínua e permanência contínua.

7.4.2.2.3. Equiparação (portugueses)

Sem perder sua nacionalidade origem, aos portugueses serão conferidas as mesmas prerrogativas dos brasileiros naturalizados (art. 12, § 1º da CF). O procedimento de equiparação terá trâmite junto ao Ministério da Justiça.

Ressalte-se que essa opção não acarreta a perda de nacionalidade dos portugueses. Não consiste em opção pela nacionalidade brasileira.

No caso aqui afirmado, trata-se de *equiparação* de direitos, apenas no caso de haver *reciprocidade* em favor de brasileiros. Nesse caso, atribuem-se aos portugueses com residência fixa no Brasil os mesmos direitos inerentes ao brasileiro, exceto naquilo que a Constituição expressamente determinar (hipóteses do § 3º do art. 12).

Quando o português não desejar a mera equiparação, mas a aquisição derivada da nacionalidade, deverá seguir todos os trâmites da aquisição da nacionalidade pátria para os originários dos países que falam língua portuguesa.

7.4.2.2.4. Radicação precoce e curso superior

A naturalização decorrente da *radicação precoce* ocorre na hipótese do estrangeiro que venha a fixar domicílio no território nacional, nos primeiros cincos anos de vida, e opte pela nacionalidade brasileira em até dois anos após a aquisição da maioridade civil (art. 115, § 2º, inciso I, e art. 116, parágrafo único, da Lei nº 6.815/1980).

---

140. Cf. MORAES, Alexandre de. *Direito Constitucional.* 19. ed. São Paulo: Atlas, 2006. p. 199.

Também adquire a nacionalidade brasileira o estrangeiro que antes da maioridade venha aqui realizar estudos superiores, optando pela naturalização em até um ano após a conclusão do curso (formatura) (art. 115, § 2º, inciso II, e art. 116, parágrafo único, da Lei nº 6.815/1980.

Tais situações encontram-se previstas no Estatuto do Estrangeiro (Lei nº 6.815/1980), elaborado sob a égide da Constituição anterior, que previa essas hipóteses expressamente. Ainda que a atual Carta não tenha disposto sobre o assunto, entende-se que referida norma legal fora recepcionada pela atual Carta (o art. 12, 'a', da CF/1988, confere ao legislador a discricionariedade para estabelecer outras hipóteses de nacionalidade secundária).

7.4.2.3. Tratamento diferenciado entre brasileiro nato e naturalizado

Nos termos do art. 12, § 2º, não poderá a lei estabelecer distinção entre brasileiros natos e naturalizados, exceto nos casos previstos na Constituição. Os casos previstos são tratados a seguir.

7.4.2.3.1. Cargos privativos

A Constituição federal de 1988 estabelece algumas diferenças no que se refere à titularidade de alguns cargos. Confere-os tão só aos brasileiros natos. São privativos de brasileiros natos os cargos de: *1)* presidente da República; *2)* vice-presidente da República; *3)* presidente da Câmara dos Deputados; *4)* presidente do Senado Federal; *5)* de ministro do Supremo Tribunal Federal; *6)* da carreira diplomática; *7)* de oficial das Forças Armadas; e *8)* de ministro da Defesa (art. 12, § 3º, I a VII).

Nessa escolha de cargos, o constituinte teve em mira dois critérios: *o da linha sucessória e da segurança nacional*.[141] Na linha sucessória, os cargos previstos nos itens de 1 a 5. É de ser lembrado que na hipótese de impedimento, ou de vacância, o presidente será substituído ou sucedido pelo vice-presidente (art. 79, *caput*, da Constituição federal). No impedimento ou vacância desse último, o presidente da Câmara dos Deputados, e nessa ordem o presidente

---

141. Cf. MORAES, Alexandre de. *Direito Constitucional*. 19. ed. São Paulo: Atlas, 2006. p. 201.

do Senado Federal, e por último o presidente do Supremo Tribunal Federal (art. 80 da CF/1988). Como critério de segurança nacional, são privativos de brasileiros natos os cargos de membros do corpo diplomático, de oficial das Forças Armadas e de ministro da Defesa.

Não há empecilho para que o brasileiro naturalizado seja eleito deputado e senador, não podendo tão só ocupar a presidência dessas casas.

7.4.2.3.2. Conselho da República

São privativas de brasileiro nato seis cadeiras do Conselho da República[142] (dois nomeados pelo presidente da República, dois eleitos pelo Senado Federal e outros dois pela Câmara dos Deputados). Esse órgão é ainda formado por outros integrantes: presidente da República, vice-presidente, presidentes da Câmara e do Senado Federal, os líderes da maioria e minoria nessas respectivas casas e o ministro da Justiça. Por assim ser, o número de brasileiros natos a ocupar esse órgão cresce em quatro. O brasileiro naturalizado somente terá ingresso nesse Conselho desde que cumulativamente ocupe o cargo de ministro da Justiça ou seja designado líder das respectivas maiorias e minorias indicadas.

7.4.2.3.3. Restrição ao direito de propriedade

O brasileiro naturalizado somente poderá ser proprietário de empresa jornalística ou de radiodifusão sonora, ou de sons e imagens, desde que conte com dez anos de nacionalidade (art. 222 da CF).

7.4.2.3.4. Extradição

O brasileiro nato nunca poderá ser extraditado, nos termos do art. 5º, LI, da CF/1988.

Já o brasileiro naturalizado poderá, nas hipóteses: *a)* de *crime comum*, praticado antes da naturalização, ou *b)* de *comprovado envolvimento em tráfico ilícito de entorpecentes e drogas afins*, na forma da lei.

---

142. O Conselho da República é órgão consultivo da Presidência (art. 89, *caput*).

7.1.2.3.5. Perda da nacionalidade do brasileiro naturalizado

Nos termos do art. 12, § 4º, I, da Constituição, poderá perder a nacionalidade o *brasileiro naturalizado* que tiver cancelada sua naturalização por sentença judicial em razão de *atividade nociva ao interesse nacional*. Esta atividade será apreciada casuisticamente: a legitimidade para propositura da ação é do Ministério Público Federal e a competência, da Justiça Federal (art. 109, inciso X).[143] Os efeitos da sentença são *ex nunc*. Perdida a nacionalidade por ação judicial, somente ação rescisória terá o condão de restabelecê-la, não uma nova naturalização.

Também poderá haver a perda pelo naturalizado, nos casos de naturalização obtida com fraude à lei.

A perda de nacionalidade de *brasileiro nato* (como também do naturalizado) poderá ocorrer, entretanto, na hipótese de *aquisição derivada de nacionalidade estrangeira* (art. 12, § 4º, II, da CF). Dá-se essa chamada "perda-mudança", por ato de vontade de brasileiro (nacionalidade derivada). Por assim ser, presentes deverão estar os requisitos de voluntariedade da conduta, capacidade civil do interessado e aquisição da nacionalidade estrangeira. O mero requerimento de nacionalidade estrangeira não acarreta a automática perda da nacionalidade pátria, tão só o deferimento do pedido.

Ao reverso da hipótese anterior a perda ocorrerá em um processo administrativo, com trâmite no Ministério da Justiça, na qual deverá ser dado ao nacional o direito à ampla defesa e ao contraditório. A decisão será exteriorizada por decreto do presidente da República, com efeitos *ex nunc*. Admite-se nova aquisição da nacionalidade através da naturalização (ainda que anteriormente fosse brasileiro nato).

A aquisição de outra nacionalidade não ensejará a perda da brasileira em duas hipóteses: *a)* concessão de nacionalidade originária pelo Estado estrangeiro; e *b)* imposição da naturalização como condição para o brasileiro permanecer no território estrangeiro ou nesse ter que exercer direitos civis (art. 12, § 4º, II, alíneas 'a' e 'b').

---

143. MORAES, Alexandre de. *Direito Constitucional.* 19. ed. São Paulo: Atlas, 2006. p. 204.

7.5. DIREITOS POLÍTICOS

7.5.1. Conceito

Direitos políticos são o conjunto de regras que disciplinam as formas de exteriorização da soberania popular. Apresentam um duplo aspecto enquanto normas positivas (direito objetivo) e também como direito público subjetivo que investe o cidadão nas funções políticas do Estado, concedendo-lhe a liberdade de participação política.

Podem ser de dois tipos: *1)* direitos políticos positivos: que são as regras pertinentes à organização, estruturação e prerrogativa de participação no processo político, e *2)* e direitos políticos negativos: que são as regras que restringem temporariamente ou definitivamente a participação nos negócios políticos.

7.5.2. Direitos políticos positivos

Podemos organizar os *direitos políticos positivos* em cinco tipos: *1)* direito de sufrágio; *2)* participação em plebiscitos e referendos; *3)* iniciativa popular legislativa; *4)* ação popular; e *5)* organização e participação em partidos políticos.

7.5.2.1. Direito de sufrágio

O *direito de sufrágio* é o núcleo dos direitos políticos, o mais importante deles. Consiste na prerrogativa conferida aos cidadãos de elegerem e serem eleitos. Enquanto o sufrágio é o direito propriamente dito, o voto é a sua exteriorização. Define-se o *voto* como ato político e jurídico que expressa materialmente a vontade política, o direito político do sufrágio. Também é instituto diverso do *escrutínio*, procedimento eleitoral no qual são colhidos os votos (modo de exercício).

O sufrágio opera em dois aspectos, chamados de *capacidade eleitoral ativa* e *capacidade eleitoral passiva*, que consistem respectivamente na capacidade de votar e de ser votado.

Segundo os termos da Constituição federal o sufrágio é universal (art. 14, *caput*). Desse enunciado, extrai-se a classificação do sufrágio *quanto à sua amplitude*. Pode ser: *a) universal*, quando conferido a todos os nacionais, independente de condições não razoáveis de nascimento, econômicas, culturais ou outras; e *b) restrito*: fixado em critérios discriminatórios. Historicamente o sufrágio fora lastreado em condições econômicas (sufrágio censitário) ou culturais (sufrágio capacitário).

7.5.2.1.1. Capacidade eleitoral ativa

Por capacidade eleitoral ativa, deve-se entender o aspecto do direito de sufrágio consistente na prerrogativa de votar. Aquele que ostenta capacidade eleitoral ativa é tido como eleitor e apto a exercer o voto.

Para aquisição da capacidade eleitoral ativa são necessários os seguintes requisitos:[144]

1) *nacionalidade brasileira*: os estrangeiros estão desprovidos de qualquer direito político, não podendo exercer a cidadania. A cidadania não é prerrogativa do brasileiro nato, podendo adquiri-la o brasileiro naturalizado e o português equiparado;

2) *alistamento eleitoral*: procedimento administrativo instaurado perante a Justiça eleitoral e na qual são analisados os requisitos necessários para aquisição da cidadania. Trata-se de procedimento provocado por iniciativa do interessado, não existindo inscrição *ex officio*;

3) *idade mínima*: Para alistamento eleitoral, exige-se a idade mínima de 16 anos.

Estão excluídos do alistamento eleitoral e, por conseguinte, privados da capacidade eleitoral ativa, os conscritos durante o serviço militar obrigatório.

7.5.2.1.2. Direito de voto

Não esquecendo a diferenciação feita quando nos reportamos ao sufrágio (universal), temos que a Constituição federal emprega qualificativo diverso

---

144. SILVA, José Afonso da. *Curso de Direito Constitucional Positivo*. 35. ed. São Paulo: Malheiros Editores, 2011. p. 357.

quando faz referência ao voto. No mesmo dispositivo que estabelece ser universal o direito de sufrágio, caracteriza o voto como direto, igual para todos e secreto. Desse enunciado se extraem suas principais características, podendo outras ser encontradas nos demais dispositivos do Capítulo IV da Constituição federal de 1988. Fiados nessas premissas, temos como *características do voto*:

a) *Igualdade*: ostentam todos os cidadãos o mesmo valor quando depositam seus votos. A Constituição federal diverge, portanto, de outros sistemas nos quais é admissível o voto desigual. Em ordenamentos tais, ditos de sufrágio desigual, o voto pode ser plural, múltiplo ou familiar. *Múltiplo* quando o cidadão está autorizado a votar mais de uma vez em circunscrições eleitorais diferentes e *plural* quando autorizado a mais de um voto em uma mesma circunscrição eleitoral. *Familiar* quando o pai de família terá direito a um número de votos correspondentes aos integrantes de seu núcleo familiar. O ordenamento jurídico pátrio já adotou o sistema de voto desigual quando privava as mulheres do direito de sufrágio.

b) *Personalidade*: decorrente da igualdade na expressão da vontade política, o voto será pessoal e isso quer dizer que o seu exercício deve-se realizar pelo próprio cidadão. Vedado é o uso de procuração e o voto através de representantes. A proteção dessa garantia é aferida por meio da identificação do eleitor, com a apresentação do título.

c) *Sigilosidade*: a manifestação de vontade contida na cédula que serve de instrumento ao voto é sigilosa. Dessa maneira, caberá à lei propiciar através de diversos mecanismos a inviolabilidade do sigilo de votação.

d) *Liberdade*: decorrência do princípio democrático é a liberdade para manifestação da vontade política. O eleitor poderá não só escolher o candidato que melhor lhe pareça, como deixar de expressar essa vontade, anulando o voto ou depositando-o em branco. Essa garantia resta resguardada por meio da sigilosidade do voto. A liberdade de expressar sua vontade na cédula não implica, contudo, na possibilidade de não comparecer nos escrutínios como forma de não votar.

e) *Direto*: a designação de representantes políticos por intermédio do voto não comportará intermediários. As eleições no Brasil regra geral são diretas. Excepciona-se a hipótese do cargo de presidente e vice--presidente torna-se vago nos primeiros dois do mandato. Em casos tais, a eleição dos novos representantes será feita pelo Congresso Nacional (art. 81, § 2º, da CF/1988).

f) *Obrigatório*: essa qualidade faz do voto não só um direito, como um dever político. A obrigatoriedade estará restrita, contudo, aos alfabetizados maiores de 18 anos e menores de 70 (art. 14, § 1º, incisos I, II e alíneas, da CF/1988).

g) *Periódico*: decorrente do princípio republicano, que faz temporárias as investiduras políticas. Por assim ser, terminado o período do mandato, os eleitores serão chamados para uma nova manifestação de vontade.

7.5.2.1.3. Capacidade eleitoral passiva

Consiste no aspecto do direito de sufrágio referente à capacidade de ser votado. Também chamada de elegibilidade, confere ao seu titular a prerrogativa de ser eleito para um mandato eletivo.

Para a obtenção da capacidade eleitoral passiva são necessários os seguintes requisitos (condições de elegibilidade): (art. 14, § 3º, e incisos):

a) *Presença da capacidade eleitoral ativa.* Há necessidade de nacionalidade brasileira ou de ser português equiparado, alistamento eleitoral e idade mínima de dezesseis anos (incisos I e III).

b) *Pleno exercício dos direitos políticos.* O postulante à elegibilidade não poderá estar com seus direitos políticos perdidos ou suspensos (Inciso II).

c) *Domicílio eleitoral na circunscrição.* O postulante deverá estar domiciliado na circunscrição eleitoral á qual pretende candidatar-se (inciso IV).

d) *Filiação partidária.* Não é dado a quem quer que seja postular registro de candidatura, se não estiver vinculado a um respectivo partido político (inciso V).

e) *Idade mínima:* I – 35 (trinta e cinco) anos para presidente, vice-presidente e senador; II – 30 (trinta anos) para governador e vice-governador de Estado, e do Distrito Federal; III – 21 (vinte e um anos) para deputado federal, estadual ou distrital, prefeito, vice-prefeito ou juiz de paz; IV – 18 (dezoito) anos para vereador (inciso VI, alíneas 'a' a 'd').

7.5.3. Direitos políticos negativos

São as regras que dizem respeito à restrição ao acesso dos cidadãos às candidaturas. São de duas ordens: *1)* as inelegibilidades, e *2)* normas sobre perda ou suspensão dos direitos políticos.

7.5.3.1. Inelegibilidades

Regras que restringem a capacidade eleitoral passiva, privando o cidadão da possibilidade de candidatar-se e, consequentemente, de eleger-se. A finalidade das regras de inelegibilidades leva em conta a preservação das eleições, contra práticas deletérias de seu realizar. Visando a evitar o abuso do poder econômico, do exercício de função, cargo ou emprego na administração direta e indireta.

A Constituição federal prevê diversas situações que acarretariam a inelegibilidade, conferindo ainda ao legislador a possibilidade de estabelecer outras através de lei complementar (art. 14, § 9º, da CF/1988).

São divididas em dois tipos: *a) absolutas*: estabelecidas segundo determinadas características das pessoas; e *b) relativas*: estabelecidas em razão de alguma situação excepcional, que alguém possa se encontrar incurso quando da eleição.

Quando o constituinte atribui ao legislador comum a prerrogativa de criar outras hipóteses de elegibilidade, estava se referindo tão só às elegibilidades relativas. As absolutas são taxativas e não podem ser ampliadas.

O relativamente inelegível goza de elegibilidade genérica, não podendo candidatar-se tão somente para determinadas funções eletivas.

7.5.3.1.1. Inelegibilidades absolutas (art. 14, § 4º)

Correspondem a duas ordens de pessoas, a saber: *1)* os inalistáveis, que por assim serem não gozam de capacidade eleitoral ativa; e *2)* os analfabetos.

7.5.3.1.2. Inelegibilidades relativas

São de quatro ordens: *a)* por motivos funcionais; *b)* em razão do casamento ou parentesco; *c)* os militares; e *d)* os que incorrerem em hipóteses de inelegibilidade previstas em lei.

7.5.3.1.2.1. Motivos funcionais

Ocorre na hipótese de *candidatura do chefe do Executivo a um terceiro mandato sucessivo* (art. 14, § 5º). O titular de mandato político executivo, em qualquer das esferas da federação, para o mesmo cargo, após haver cumprido dois quatriênios de mandato (três mandatos consecutivos).

Trata-se de inelegibilidade para o mesmo cargo. Abrange o presidente da República, o governador de Estado e Distrito Federal e o prefeito Municipal (art. 14, § 5º).

O presidente da República, o governador de Estado e do Distrito Federal, o prefeito Municipal e quem os houverem sucedido ou substituído no exercício do mandato, poderão ser reeleitos exclusivamente para um único período. Decorrido esse, incorrerá em um caso de inelegibilidade relativa. Essa restrição abrange tão só o período subsequente ao exercício do duplo mandato. Não veda que, em momento posterior, quatro anos após o exercício do segundo mandato, venham a postular o mesmo cargo (três ou mais mandatos políticos, desde que não sucessivos).

Vale apontar, assim, algumas regras:[145] *a)* a impossibilidade do chefe do Executivo, no exercício do segundo mandato renunciar antes de seu término, para dessa maneira obter a mesma candidatura. Seria forma de desvirtuar a norma constitucional mencionada; *b)* a impossibilidade do chefe do Executivo, no exercício do segundo mandato, candidatar-se no período subsequente como vice (caso isso ocorresse, reflexamente a norma constitucional poderia ser fraudada, bastando que o titular primeiro no período seguinte renunciasse ao mandato, para que seu anterior ocupante viesse a obter um novo mandato; e *c)* a impossibilidade do chefe do Executivo que exerceu

---

145. Cf. MORAES, Alexandre de. *Direito Constitucional.* 19. ed. São Paulo: Atlas, 2006. p. 220-1.

dois mandatos consecutivos candidatar-se à eleição no mandato subsequente, decorrente da vacância dos cargos de presidente e vice-presidente da República (art. 81 da CF/1988). As Constituições que precederam a atual vedavam a possibilidade de reeleição para chefia do Executivo. O constituinte originário manteve essa restrição, que fora, contudo, revogada por intervenção do poder constituinte reformador (Emenda Constitucional nº 16/1997), que estabeleceu em nosso ordenamento a reeleição para tão só um período subsequente. Também se divorciando da disciplina das inelegibilidades que fora estabelecido para outros mandatos eletivos, não exigiu que o pretendente à reeleição se afastasse do cargo para formalizar a candidatura. Expressamente, o constituinte reformador optou por uma continuidade administrativa. Essa continuidade não poderá ser restringida através de legislação complementar prevista no art. 14, § 9º. Referida norma é destinada tão só ao estabelecimento de novas inelegibilidades relativas. Não poderá estender ou regulamentar aquelas já previstas.

7.5.3.1.2.2. Desincompatibilização

Para concorrem a qualquer outro mandato, que não aquele que estiver exercer, o chefe do Executivo deverá se *desincompatibilizar* (art. 14, § 6º, da CF/1988). Descompatibilização é o nome que se dá ao ato pelo qual o candidato se desvencilha da inelegibilidade a tempo de concorrer à eleição cogitada.[146] Deverá renunciar aos respectivos mandatos até seis meses antes do pleito. O afastamento é definitivo, posto que decorrente de renúncia.

O TSE já decidiu que essa regra não é extensível aos mandatos de vice-presidente, vice-governador e vice-prefeito, desde que nos seis meses anteriores ao pleito não tenha substituído ou sucedido o titular.

7.5.3.1.2.3. Motivos de casamento, parentesco e afinidade

Não serão elegíveis na circunscrição eleitoral do titular do mandato de presidente da República, governador de Estado, Território ou Distrito Fe-

---

146. SILVA, José Afonso da. *Curso de Direito Constitucional Positivo.* 35. ed. São Paulo: Malheiros Editores, 2011. p. 392.

deral, de prefeito municipal, bem como de quem os haja substituído ou sucedido no prazo de seis meses anteriores ao pleito, aqueles que forem seus (art. 14, § 7º):

a) cônjuges;

b) parentes consanguíneos ou afins até o segundo grau.

Aqueles que estiverem nessas condições não poderão candidatar-se a vereador, prefeito ou vice-prefeito, na circunscrição eleitoral do prefeito municipal, quando destes forem cônjuge ou parente até o segundo grau. Quem se encontrar na mesma situação perante o Governador do Estado, não poderá se candidatar a qualquer mandato no âmbito dessa entidade federativa (vereador, prefeito, vice-prefeito, governador, vice-governador, deputado estadual, deputado federal e senador nas vagas desse respectivo Estado). O cônjuge de presidente para nenhum mandato no Estado brasileiro.

A norma constitucional excepciona a hipótese de o cônjuge ou parente já ser titular de cargo eletivo. Nesse caso, será admitida tão só a reeleição para o mesmo cargo, nunca para outro.

Não afasta a inelegibilidade a dissolução da sociedade ou do vínculo conjugal, no curso do mandato (Súmula Vinculante nº 18).

7.5.3.1.2.4. Militares

Em tese, os militares não estariam excluídos de capacidade eleitoral passiva. Não obstante, como já se viu, é requisito dessa a filiação partidária, que a Constituição federal veda para esses servidores (art. 142, § 3º, V,). Por assim ser, em outra norma, a Constituição somente concede a esses capacidade eleitoral passiva, caso obedeçam aos seguintes requisitos:

1) afastem-se temporariamente da atividade (agregado), caso contem com mais de dez anos de serviços;

2) afastem-se definitivamente da atividade, caso contem com menos de dez anos de serviço.

Essa regra restritiva configura-se em verdadeira inelegibilidade relativa (art. 14, § 8º, e incisos).

7.5.3.1.2.5. Hipóteses legais

O constituinte originário deixou ao legislador infraconstitucional a tarefa de fixar outros casos de inelegibilidades relativas (nunca absolutas). Assim agiu tendo em vista a integridade das eleições, protegendo a probidade administrativa, a moralidade para o exercício do mandato, tendo em vista a vida pregressa do candidato e a normalidade e legitimidade das eleições contra a influência do poder econômico e abuso de função, cargo ou emprego na administração direta ou indireta (art. 14, § 9º). Tendo em vista o interesse tutelado, mas resguardando a liberdade de participação política, exigiu que essa norma legislativa fosse aprovada por quórum qualificado. Dessa feita, estabeleceu que essas hipóteses de inelegibilidades somente poderiam ser instituídas através de lei complementar. O legislador levou a cabo sua tarefa por meio da Lei Complementar nº 64 de 1990. Também como exemplo, podemos citar a *Lei da Ficha Limpa* (Lei Complementar nº 135/2010).

7.5.3.2. Perda e suspensão de direitos políticos

Repudiando prática política anterior, vivenciada no regime instaurado com a Constituição federal de 1967 e mantido sob a égide da Emenda Constitucional nº 1 de 1969, o constituinte de 1988 repudiou a cassação de direitos políticos. Vedou que a restrição de direitos políticos fosse forma de apenar opositores dos titulares de mandato eletivo, prática corriqueira na Constituição pretérita. Dessa maneira, expressamente proibiu a cassação de direitos políticos (art. 15, *caput*, primeira parte da Constituição federal).

Admitiu, contudo, a possibilidade da perda e suspensão dos direitos políticos. Perda configura a privação definitiva dos direitos políticos, e suspensão ocorre quando de sua privação temporária. Sendo privado de seus direitos políticos, através da perda ou suspensão, o cidadão que for titular de mandato eletivo não poderá prosseguir no seu exercício.[147]

---

147. No caso de parlamentares federais, a privação do mandato deverá ser declarada pela Mesa da Casa respectiva a que esse pertencer. Essa declaração estará sujeita à concessão ao parlamentar do direito à ampla defesa (art. 55, § 3º).

As hipóteses de perda dos direitos políticos são as seguintes:

a) cancelamento da naturalização por sentença transitada em julgado em razão de atividade nociva ao interesse nacional. Assim ocorrendo, o nacional retoma a qualidade de estrangeiro, e regressando a esse status, nem sequer tem capacidade eleitoral ativa (art. 15, I, da CF/1988);

b) perda da nacionalidade brasileira pela aquisição voluntária de estrangeira;

c) recusa em cumprir obrigação legal a todos imposta ou obrigação alternativa, nos termos do art. 5º, VIII (art. 15, IV, da CF). Em casos que exigem a prestação do serviço militar obrigatório, a recusa no cumprimento de obrigação alternativa, implicará em suspensão dos direitos políticos enquanto persistir a situação de desobediência. Ainda que a norma disciplinadora da hipótese empregue o termo "*suspensão*", trata-se de verdadeira perda. Os direitos políticos serão somente readquiridos com o cumprimento da obrigação legal ou de sua substitutiva. Persistindo a sublevação ao mandamento legal, a supressão de direitos políticos será definitiva.

A suspensão de direitos consiste na privação temporária dos direitos políticos.[148] As hipóteses são as seguintes:

a) Incapacidade civil absoluta (art. 15, II, da CF).

b) Condenação criminal com trânsito em julgado, enquanto não for extinta a punibilidade (persistindo os efeitos da condenação) (art.15, III). Abrangem os delitos dolosos e culposos e as contravenções penais. A suspensão dos direitos políticos persiste durante o *sursis* e o livramento condicional, ocorrendo mesmo nas hipóteses em que não há aplicação de pena privativa de liberdade.

A suspensão dos direitos políticos como reflexo da *condenação criminal* é automática. Ocorre com o *trânsito em julgado* da decisão, acarretando a perda de mandato eletivo (regra geral). Excepcionam-se os parlamentares federais. Para esses, haverá necessidade de início de processo administrativo junto à casa da qual fazem parte (instaurado por provocação de partido político com representação no Congresso Nacional ou por iniciativa de sua Mesa Diretora

---

148. SILVA, José Afonso da. *Curso de Direito Constitucional Positivo*. 35. ed. São Paulo: Malheiros Editores, 2011. p. 384.

e somente após a declaração da maioria absoluta de seus membros, que se manifestará por voto secreto – assegura-se a ampla defesa) (art. 55, § 2º). Entretanto, mesmo que não haja a perda do mandato não poderão registrar-se como candidato em eleição subsequente.

c) Improbidade administrativa (art. 15, V), nos termos do art. 37, §4º, que estabelece que "os atos de improbidade administrativa importarão a suspensão dos direitos políticos, a perda da função política, a indisponibilidade dos bens e o ressarcimento do erário, na forma e gradação previstas em lei, sem prejuízo da ação penal cabível".

DA DIVISÃO DO ESTADO

8.1. ESTADO FEDERAL BRASILEIRO

8.1.1. Componentes do Estado federal brasileiro

Nos termos do art. 18 da Constituição federal, a organização político-administrativa da República Federativa do Brasil compreende a *União, Estados, Distrito Federal e Municípios*, todos entes autônomos. Também o próprio art. 1º da Lei Maior também consagra o princípio federativo, ao estabelecer que: "A República *Federativa* do Brasil, formada pela *união indissolúvel dos Estados e Municípios e do Distrito Federal*, constitui-se em Estado Democrático de Direito (...)" (grifo nosso). Analisaremos oportunamente cada ente federativo por si.

8.1.2. Brasília: capital federal

Brasília é a *capital federal* (art. 18, § 1º). Não é cidade, por não ser sede de município. Presta-se a servir como capital e domicílio da União, capital e domicílio da República Federativa do Brasil (capital federal) e também sede do governo do próprio Distrito Federal (entidade federativa autônoma).

As Constituições anteriores estabeleciam que o Distrito Federal seria a capital federal. Ao comparar as disposições atuais com aquelas remanesce uma conclusão: Brasília está inserida no Distrito Federal e o Distrito Federal tem área territorial superior a Brasília. É interpretação reforçada pelo art. 32, *caput*, da CF/1988, e segundo o qual não é dado ao Distrito Federal subdividir-se em municípios.[149]

8.1.3. Territórios

Os Territórios são *autarquias territoriais da União* e não entes federativos, são meras descentralizações administrativas da União, estabelecidas segundo o critério do espaço territorial.

Não há mais Territórios. O art. 14 do ADCT transformou os dois últimos em Estados (Roraima e Amapá), tendo havido a reincorporação da área de Fernando de Noronha ao Estado de Pernambuco (art. 15 do ADCT). Entretanto, por interesse estratégico, a União ainda tem competência para criar outros nos termos de lei complementar (art. 18, § 2º, da CF/1988).

8.1.4. Estados: incorporação, subdivisão e desmembramento

Os Estados poderão incorporar-se entre si, subdividir-se ou desmembrar-se para se anexarem a outros ou formarem novos Estados ou Territórios (art. 18, § 3º). Como o texto constitucional não emprega o verbo "criar", entende-se que se mostra impossível a criação originária, aceitável tão somente aquela a partir de outro.[150] Logo: *a) incorporação* corresponde à fusão, quando um Estado é absorvido por outro, perdendo sua personalidade de origem e remanescendo tão só a do Estado incorporador; *b) subdivisão* é o desmembramento de um todo em várias partes. Desparece a personalidade originária e surgem diversas outras; e *c) desmembramento* é a separação de uma parte do todo, sem a perda da personalidade jurídica do ente originário.

---

149. "A nova Constituição não elege o Distrito Federal como a capital do Brasil, mas Brasília, com o que distingue a capital do País da circunscrição territorial representada na Federação. A evidência, em face da distinção haveria de se presumir que o Distrito Federal pudesse se dividir em mais de um município, o que em acontecendo, não excluiria a possibilidade de o Distrito Federal ter diversos municípios, mas apenas um deles ser a Capital Federal. O art. 32 da Constituição Federal, todavia, veda tal solução" (BASTOS, Celso Ribeiro; MARTINS, Yves Gandra. *Comentários à Constituição do Brasil*. São Paulo: Saraiva, 1993. p. 15. v. 3. t. II).

150. SILVA, José Afonso da. *Curso de Direito Constitucional Positivo*. 35. ed. São Paulo: Malheiros Editores, 2011. p. 473.

O procedimento para incorporação, subdivisão e desmembramento exige a *aprovação* da *população diretamente interessada* (por meio de *plebiscito* organizado pela Justiça eleitoral) e por *lei complementar* aprovada pelo Congresso Nacional após oitiva das respectivas assembleias legislativas (art. 48, VI, da CF/1988 e art. 4º e §§ da Lei nº 9.709/1998). A manifestação das assembleias legislativas tem caráter opinativo, e não vinculante ao Congresso Nacional, que disporá de discricionariedade política para aprovar ou não a lei complementar.

8.1.5. Municípios: criação, incorporação, fusão e desmembramento

A criação, incorporação, fusão e desmembramento de municípios far-se-ão por *lei estadual*, dentro do prazo firmado em lei complementar, e após a prévia divulgação dos *estudos de exequibilidade municipal e consulta plebiscitária* à população diretamente interessada (art. 18, § 4º, da Constituição).

8.1.6. Vedações de natureza federativa

Nos termos do art. 19 e incisos da Constituição federal, é vedado à União, aos Estados, ao Distrito Federal e aos Municípios: *a)* estabelecer, subvencionar, embaraçar o funcionamento de cultos religiosos ou igrejas, ou manter com eles ou seus representantes relações de dependência ou aliança, à exceção, nos termos da lei, da colaboração para fins de interesse público; *b)* recusar fé a documentos públicos; e *c)* criar distinções entre brasileiros ou preferências entre si (art. 19, III).

8.1.7. Distribuição de competências na Constituição brasileira

8.1.7.1. Noções gerais

Competência é "a faculdade juridicamente atribuída a uma entidade ou a um órgão ou agente do poder público para emitir decisões. Competências são as diversas modalidades de poder de que se servem os órgãos ou entidades estatais para realizar suas funções".[151]

A repartição de competências é inerente ao Estado federal.[152] Nesse sentido, a autonomia dos Estados-membros exige um campo próprio de atuação previamente definido, sem interferência de um poder central.

Essa distribuição de deveres constitucionais é norteada pelo *princípio da predominância de interesse*. As matérias de interesse predominantemente geral ou nacional são atribuídas à União, ao passo que aos Estados tocarão as de interesse regional e aos Municípios as de interesse local.[153] O problema desse princípio é a dificuldade, no Estado moderno, em diferenciar os diversos interesses em face da enorme complexidade das tarefas assumidas, por vezes, a exigir concurso de atribuições gerais e locais.

Inicialmente, a disciplina de repartição de competências previa dois campos estanques, exclusivos e rigidamente definidos. É o chamado *federalismo dual*, modelo clássico de origem na Constituição americana, no qual há uma demarcação férrea entre a autoridade federal e a estadual.[154]

O próprio modelo americano, ao fortalecer os poderes da União, acaba por se transformar. Dá origem ao *federalismo cooperativo* com acentuada interferência do poder central na esfera autônoma dos Estados-membros. Almeida aponta que no período após a *grande depressão econômica* dos anos 30, muitas leis federais de ordem regulatória foram consideradas constitucionais, afastando-se a alegação de que conflitariam com os poderes reservados dos Estados.[155]

No Brasil, inicialmente, tivemos um federalismo de modo dual a partir da Constituição 1891[156] (a Constituição do Império estabeleceu um Estado unitário).

---

151. SILVA, José Afonso da. *Curso de Direito Constitucional Positivo.* 35. ed. São Paulo: Malheiros Editores, 2011. p. 479.
152. FERREIRA FILHO, Manoel Gonçalves. *Princípios Fundamentais de Direito Constitucional.* 2. ed. São Paulo: Saraiva, 2010. p. 283.
153. SILVA, José Afonso da. *Op. cit.* p. 478.
154. ALMEIDA, Fernanda Dias Menezes de. *Competências na Constituição de 1988.* 2. ed. São Paulo: Atlas, 2000. p. 35.
155. ALMEIDA, Fernanda Dias Menezes de. *Op. cit.* p. 36.
156. FERREIRA FILHO, Manoel Gonçalves. *Op. cit.* p. 291.

A autonomia local, entretanto, foi causa de agravamento do empobrecimento das regiões menos abastadas e enriquecimento das de maior pujança.

Os próprios Estados-membros, notando a insuficiência do sistema de repartição de competências, optaram por uma maior concentração de poderes na União como forma de diminuir as desigualdades regionais. A partir da Revolução de 1930, com a Constituição de 1934, adotou-se um *federalismo cooperativo*. Essa concentração de poderes foi acentuada na Carta outorgada de 1937 e persistiu na Constituição de 1946, com um programa claramente desenvolvimentista.

A Revolução de 1964 conduziu essa concentração ao extremo, levando muitos autores a preconizarem um *federalismo de integração*. Essa distorção foi amenizada pela atual Constituição, com a concessão de maiores poderes aos Estados e Municípios, reestruturando um federalismo de cooperação.

8.1.7.2. Técnicas de repartição de competências

As técnicas empregadas na repartição de competências são de duas ordens: *a) horizontal*, na qual se especificam os poderes próprios da União e daí serem denominadas competências reservadas ou exclusivas;[157] e *b) vertical*, também chamada de competência concorrente, na qual diversos entes compartilham as mesmas atribuições em níveis diferentes, favorecendo uma coordenação na consecução do interesse público, de forma que, enquanto uns perseguem escopos genéricos, outros atendem a interesses específicos.

Geralmente, segundo o *princípio da predominância do interesse* (abordado no item acima), a União disciplina os interesses genéricos de caráter nacional, os Estados-membros os de índole regional e os Municípios os de interesse local. O Distrito Federal, por sua vez, recebe tratamento especial e cumula competências dos Estados-membros e Municípios.

A Constituição federal de 1988 adota um *sistema complexo de repartição de competências*, prevendo competências exclusivas, privativas, remanescentes, indicativas, comuns e concorrentes. Adotou o *princípio da cooperação* entre os diversos entes da federação e sobre o qual se assentam dois tipos de competências materiais: administrativas e legislativas.

157. FERREIRA FILHO, Manoel Gonçalves. *Princípios Fundamentais de Direito Constitucional*. 2. ed. São Paulo: Saraiva, 2010. p. 53.

De maneira didática, segundo a Constituição federal de 1988, as competências encontram-se assim dispostas:

1) *Administrativas*:

a) EXCLUSIVAS (competências próprias da unidade federativa e que não admitem delegação):

— da União: art. 21 e incisos da CF/1988;

— dos Estados-membros: art. 25, § 2º e § 3º (nesse último caso nos termos de lei complementar);

— dos Municípios: art. 30, incisos III a IX, da CF/1988.

b) COMUNS: cabendo essas à União, aos Estados, aos Municípios e ao Distrito Federal (art. 23 da CF/1988).

A técnica de divisão de poderes, que nos vem da origem do federalismo, confere aos Estados-membros um caráter residual de atribuições. Em *regra* – excepcionados os casos acima – não contam com poderes exclusivos ou privativos, mas uma *competência remanescente*. Logo, sua atuação administrativa não está circunscrita a uma moldura constitucional, podendo dispor daquilo que não for exclusivo da União e dos Municípios (art. 25, § 1º, da CF/1988).

2) *Legislativa*:

a) EXCLUSIVA (competências próprias da unidade federativa e que não admitem delegação):

— *dos Municípios: art. 30, inciso I, da CF/1988.

b) PRIVATIVA (competências próprias da unidade federativa e que admitem delegação ou suplementação):

— da União: art. 22 e incisos da CF/1988.

c) DELEGADA (recebida originariamente de outro ente da Federação):

— Estados-membros: art. 22, parágrafo único, da CF/1988.[158]

---

[158] Requisitos: *1)* lei complementar autorizando o exercício dessa competência (formal); *2)* somente poderá dispor sobre pontos específicos previstos nos diversos incisos do art. 22. Não é dada delegação da matéria em seu integral teor (material); e *3)* a delegação deverá ser igual para todos os Estados – membros. Não poderá ser conferida com exclusividade a um, em detrimento dos demais, sob pena de flagrante inconstitucionalidade (art. 19, inciso III, da CF/1988).

d) CONCORRENTE (não cumulativa ou vertical). Conferida à União, aos Estados e ao Distrito Federal cumulativamente (art. 24 e incisos). Enquanto à União cabe a elaboração de leis genéricas, de cunho nacional (art. 24, § 1º), os Estados e o Distrito Federal exercerão competência SUPLEMENTAR-COMPLEMENTAR, disciplinando as peculiaridades da legislação, atendendo a seus próprios interesses. São normas de maior especificidade (art. 24, § 2º). Na ausência de elaboração de lei pelo ente encarregado da disciplina genérica, o ente concorrente exerce inteiramente a competência que cabia ao outro, provendo a disciplina genérica e a específica. É a competência SUPLEMENTAR--SUPLETIVA (art. 24, § 3º). Nesse último caso, ocorrendo que, em data futura, o ente encarregado de produzir a lei genérica venha a adotá-la, a lei do Estado ou Distrito Federal que suplementou a omissão daquele terá sua eficácia suspensa. Lembre-se que não fora despropositado o uso pelo constituinte da expressão *suspensão da eficácia*, porque é isso o que ocorre, e não a hipótese de revogação. A revogação é forma de supressão de norma de mesma hierarquia, emanada do mesmo ente federativo. Dando sustentáculo ao que se diz, basta notar que a revogação da lei emanada da União, restabelecerá a lei do Estado-membro ou do Distrito Federal.

e) RESERVADA ou *REMANESCENTE:*

— Estados-membros (art. 25, § 1º, da CF/1988) e Municípios (art. 30, II, da CF/1988).

Por fim, da mesma forma que nas competências administrativas, cabe ao Distrito Federal legislar sobre as mesmas matérias atribuídas aos Estados--membros e Municípios (art. 32, § 1º, da CF/1988).

8.1.7.3. Consórcios e convênios

No rol de matérias de competência comum da administração, é possível aos entes federativos cooperarem entre si no exercício desse serviço, tendo em vista o equilíbrio do desenvolvimento e do bem-estar em âmbito nacional. Essa cooperação deverá estar disciplinada em lei complementar (art. 23, parágrafo único, da CF/1988) e poderá ser formalizada por meio de convênios e consórcios. Enquanto os *Convênios* são acordos de cooperação entre entidades federativas diversas com o Estado-membro e Municípios, os *consórcios* são entre idênticas unidades federativas (Estado-membro com Estado-membro). Essa questão vem disciplinada não somente no art. 23, parágrafo único, da CF/1988, como também em seu art. 241, que estabelece:

> a União, os Estados, o Distrito Federal e os Municípios disciplinarão por meio de lei os consórcios públicos e os convênios de cooperação entre os entes federados, autorizando a gestão associada de serviços públicos, bem como a transferência total ou parcial de encargos, serviços, pessoal e bens essenciais à continuidade dos serviços transferidos.

8.1.7.4. Regiões metropolitanas

Nos termos do art. 25, § 3º, da Constituição, Os Estados poderão, mediante lei complementar, instituir regiões metropolitanas, aglomerações urbanas e microrregiões, constituídas por agrupamentos de municípios limítrofes, para integrar a organização, o planejamento e a execução de funções públicas de interesse comum.

8.1.8. Organização política dos entes federativos

Os Estados e Municípios poderão organizar-se politicamente por meio de suas respectivas Constituições estaduais e leis orgânicas. Também poderão exercer sua autonomia federativa por meio de elaboração de leis estaduais e municipais.

8.1.8.1. União

União é o ente federativo formado pela reunião das partes componentes da federação e constitui pessoa jurídica de direito público interno, autônoma em relação às outras entidades federadas. As diretrizes mestras de sua organização estão distribuídas pelo próprio texto da Constituição federal.[159]

---

159. SILVA, José Afonso da. *Curso de Direito Constitucional Positivo.* 35. ed. São Paulo: Malheiros Editores, 2011. p. 493.

São bens da União, nos termos do art. 20 e incisos da Constituição:

a) os que atualmente lhe pertencem e os que lhe vierem a ser atribuídos;

b) as terras devolutas indispensáveis à defesa das fronteiras, das fortificações e construções militares, das vias federais de comunicação e à preservação ambiental, definidas em lei;

c) os lagos, rios e quaisquer correntes de água em terrenos de seu domínio, ou que banhem mais de um Estado, sirvam de limites com outros países, ou se estendam a território estrangeiro ou dele provenham, bem como os terrenos marginais e as praias fluviais;

d) as ilhas fluviais e lacustres nas zonas limítrofes com outros países; as praias marítimas; as ilhas oceânicas e as costeiras, excluídas destas as que contenham a sede de municípios, exceto aquelas áreas afetadas ao serviço público e à unidade ambiental federal;

e) os recursos naturais da plataforma continental e da zona econômica exclusiva;

f) o mar territorial;

g) os terrenos de marinha e seus acrescidos;

h) os potenciais de energia hidráulica;

i) os recursos minerais, inclusive os do subsolo;

j) as cavidades naturais subterrâneas e os sítios arqueológicos e pré-históricos; e

k) as terras tradicionalmente ocupadas pelos índios.

8.1.8.2. Estados-membros

Conforme já fora colocado, os Estados poderão organizar-se politicamente por meio de suas respectivas Constituições estaduais, decorrentes que são do exercício do poder constituinte decorrente. Deverão, contudo, guardar respeito aos *princípios constitucionais sensíveis*, aos *princípios federais extensíveis* e aos *princípios constitucionais estabelecidos*.

Princípios constitucionais sensíveis são aqueles que, expressos pela Constituição, visam a proteger a unidade federativa. Seu desrespeito acarreta a maior sanção do pacto federativo: a intervenção federal. Estão expressamente citados no art. 34, VII, da CF/1988: forma de governo republicana, sistema representativo, regime democrático, direitos da pessoa humana, autonomia municipal, prestação de contas da administração pública direta e indireta, aplicação do mínimo exigido de receitas resultante de impostos estaduais, compreendida a proveniente de transferências, na manutenção e desenvolvimento do ensino e nas ações e serviços públicos de saúde.

Princípios federais extensíveis são as normas centrais comuns à União, aos Estados, ao Distrito Federal e aos Municípios. Estão plasmadas no texto constitucional e são de obediência obrigatória a todos os entes políticos.

Princípios constitucionais estabelecidos são normas que se encontram espalhadas pelo texto da Constituição, organizando a própria federação e estabelecendo preceitos centrais de observância obrigatória aos Estados-membros em sua organização.

Na autonomia federativa dos Estados, encontra-se a atribuição de livremente organizar seus respectivos poderes. Ostentam um Poder Legislativo, um Poder Executivo e um Poder Judiciário próprio.

O Poder Executivo será exercido pelo governador do Estado, eleito pelo voto direto, para um mandato de quatro anos. O escrutínio será realizado no ano anterior ao término do mandato, no primeiro domingo de outubro em primeiro turno e no último domingo do mesmo mês em segundo turno (se houver). A posse dos eleitos dar-se-á em 1º de janeiro do ano subsequente (art. 28 da CF/1988).

O Poder Legislativo estará investido na Assembleia Legislativa, organizada unicameralmente.

Os deputados estaduais serão eleitos para um mandato de quatro anos. Para fixação de seu número será levado em conta o número de deputados federais eleitos pelo respectivo Estado. Assim, o número de deputados estaduais corresponde ao triplo da representação federal e, na hipótese de alcançar o número de trinta e seis, será acrescido de tantos quantos forem os deputados federais acima de doze (art. 27, *caput*, da CF/1988). À guisa de exemplo, o Estado de São Paulo é o mais populoso da federação. Ostenta o número máximo de deputados federais, ou seja, setenta (art. 45, § 1º, da CF/1988). Logo, com a regra acima, tem-se: 36 + (70-12) = 36 + (58) = 94 deputados estaduais.

Aplicam-se aos deputados estaduais as regras da Constituição sobre sistema eleitoral, inviolabilidades, imunidades, remuneração, perda de mandato, licença, impedimentos e incorporação às Forças Armadas (art. 27, § 1º, CF/1988). Os subsídios dos deputados estaduais serão fixados por lei de iniciativa da Assembleia Legislativa, não podendo ultrapassar 75% do subsídio estabelecido para os deputados federais (art. 27, § 2º, da CF/1988).

8.1.8.3. Municípios

Os Municípios são organizados por lei orgânica, votada em dois turnos, com o interstício mínimo de dez dias entre cada um deles. Aprovada por uma maioria de dois terços dos vereadores, será promulgada pela Câmara Municipal.

A chefia do Poder Executivo é confiada ao prefeito municipal, eleito pelo voto direto. O escrutínio é realizado no ano anterior ao término do mandato do antecessor e realizado em dois turnos de votação – no primeiro e último domingos de outubro – para os municípios com mais de duzentos mil eleitores (art. 29, inciso II, da CF/1988). A posse dos eleitos ocorre no dia 1º de janeiro do ano subsequente à eleição. O prefeito municipal, no exercício do mandato, terá foro especial, devendo ser julgado pelo Tribunal de Justiça do respectivo Estado nos crimes de competência da justiça estadual (art. 29, X, da CF/1988) (crimes comuns e crimes de responsabilidade impróprios). Os tribunais regionais federais serão competentes em crimes da competência da Justiça Federal e os tribunais regionais eleitorais nas hipóteses de delitos eleitorais. Os crimes de responsabilidade próprios são da competência da Câmara dos Vereadores.

O Poder Legislativo é conferido à Câmara dos Vereadores. O número de vereadores será proporcional à população do município, guardadas as balizas das alíneas 'a' a 'x', do art. 29, inciso IV, da CF/1988.

Os subsídios dos vereadores serão fixados por lei de iniciativa da Câmara dos Deputados, guardadas as seguintes proporções: *1)* valor máximo correspondente a 75% do subsídio dos deputados estaduais do respectivo Estado (art. 29, VI); e *2);* o total da despesa com a remuneração de vereadores não poderá ultrapassar 5% da receita do município (art. 29, VII).

Os vereadores são invioláveis por suas opiniões, palavras e votos (imunidade material). Abrange não só a responsabilidade criminal, como a civil, administrativa, disciplinar e política. São requisitos da imunidade material que a opinião, palavra ou voto seja externada no exercício da vereança e nos limites da circunscrição do município. Não poderão ser ampliadas as imunidades materiais dos vereadores, nem criadas imunidades formais (é da União a competência para legislar sobre direito civil, penal e processual, a teor do disposto no art. 22, I, da CF/1988).

8.1.8.4. Distrito Federal

O Distrito Federal é organizado por lei orgânica, votada em dois turnos, com o interstício mínimo de dez dias. Aprovada por dois terços dos deputados distritais, será promulgada pela Câmara Legislativa. (art. 32, *caput*, da CF/1988). É *vedada* sua divisão em municípios.

Ostenta a mesma competência legislativa dos Estados e Municípios (art. 29, § 1º, da CF/1988). A eleição do governador e do vice-governador do Distrito Federal coincidirá com a dos governadores e deputados estaduais para mandatos de igual duração (art. 32, § 2º, da CF/1988).

8.1.9. Intervenção federal

A *intervenção federal* é medida excepcional de supressão temporária da autonomia de determinado ente federativo, com o fim de prover a unidade e preservação da soberania do Estado federal e as autonomias da União, dos Estados e do Distrito Federal. A autonomia dos municípios é preservada pela intervenção empreendida pelos Estados-membros ou pela União nos municípios localizados em seus territórios (essa forma persiste exclusivamente na hipótese remota da União criar novos Territórios).[160] A finalidade, assim, é a preservação da autonomia dos entes federativos e da unidade da própria federação.

---

160. MORAES, Alexandre de. *Direito Constitucional.* 19. ed. São Paulo: Atlas, 2006. p. 288.

8.1.9.1. Tipologia da intervenção federal

A intervenção federal assume a seguinte tipologia:[161]

1) Espontânea (regra geral): ocorre nas hipóteses do art. 34, incisos I, II, III e V, da CF/1988, ou seja, é provocada para: *a)* preservar a integridade nacional; *b)* repelir invasão estrangeira ou de uma unidade da federação em outra; *c)* pôr termo a grave comprometimento da ordem pública; e *d)* reorganizar as finanças da unidade da federação que suspender o pagamento da dívida fundada por mais de dois anos consecutivos (salvo motivo de força maior) ou deixar de entregar aos municípios receitas tributárias fixadas nesta Constituição dentro dos prazos estabelecidos em lei.

O procedimento tem início por *Decreto* do presidente da República (art. 84, X, da CF/1988), após a oitiva, em caráter opinativo, e *não vinculativo*, do Conselho da República e do Conselho de Defesa Nacional (arts. 90, inciso I e 91, § 1º, II da CF/1988). A medida exigirá a aprovação do Congresso Nacional no prazo de vinte e quatro horas (art. 49, inciso IV, da CF/1988), que, se em recesso, será convocado em idêntico período de tempo para se reunir, deliberar e decidir (arts. 36, § 2º, e 57, § 6º, da CF/1988). Caberá ao Congresso Nacional analisar a intervenção federal em seus aspectos formal e material.

O ato de intervenção especificará sua amplitude, o seu prazo, as condições de sua execução e, se couber, a nomeação de um interventor (art. 36, § 1º, da CF/1988).

2) Solicitação, nas hipóteses em que um dos poderes de uma unidade federativa estiver comprometido no exercício de sua função constitucional (art. 34, inciso IV, da CF/1988).

A iniciativa se dá por *solicitação* da Assembleia Legislativa (Estados-membros) ou da Câmara Legislativa (Distrito Federal), nos casos de embaraço ao Poder Legislativo ou do governador do Estado ou do Distrito Federal, no caso de embaraço ao Poder Executivo. A solicitação será endereçada ao presidente da República. Em se tratando de coação contra o Poder Judiciário, caberá ao tribunal de Justiça da unidade federativa *solicitar* a medida ao Supremo Tribunal Federal que se encarregará de *requisitá-la* (art. 36, § 1º, da CF/1988).

---

161. Cf. MORAES, Alexandre de. *Direito Constitucional.* 19. ed. São Paulo: Atlas, 2006. p. 289.

A Constituição federal emprega termos diversos, dependendo do poder que se vê embaraçado em suas atividades. Sendo o Poder Judiciário haverá *requisição*, enquanto para o Poder Legislativo e Executivo coactos haverá *solicitação*. A despeito da expressão linguística empregada pelo constituinte, são *solicitações (postulações)* de idêntica força jurídica e política. Estando presentes seus requisitos, o presidente da República não poderá negá-las. Sua competência será vinculada. Poderá, contudo, recusar o ato de intervenção, desde que não esteja presente a hipótese que justificaria a sua decretação. Deverá fazê-lo, nada obstante, por meio de ato fundamentado.[162]

Na hipótese aqui tratada de coação a um dos poderes, admite-se que a intervenção seja decretada independente de provocação. Seria o caso do embaraço ao poder ser tamanho, que esse nem sequer teria a possibilidade de instar solução para o seu gravame.

Uma vez provocada a intervenção – por solicitação ou requisição – o procedimento assume os rumos da intervenção espontânea.

3) ***Requisição*** do Supremo Tribunal Federal, do Superior Tribunal de Justiça ou do Tribunal Superior Eleitoral para prover a execução de ordem ou decisão judicial (art. 34, VI, *in fine*). O Superior Tribunal de Justiça e o Tribunal Superior Eleitoral requisitarão ao presidente da República a intervenção federal quando houver descumprimento de suas decisões ou ordens judiciais. O Supremo Tribunal Federal, por sua vez, requisitará em relação às suas e às demais esferas do Poder Judiciário (Justiça do Trabalho, Justiça Federal e Justiça Militar), mesmo que não se trate de questão de natureza constitucional, mas de aplicação ou interpretação da lei.

4) ***Por Ação proposta pelo procurador-geral da República*** junto ao Supremo Tribunal Federal no caso de *recusa à execução de lei federal* (art. 36, III, segunda parte da CF/1988) (*ação de executoriedade de lei federal*) e nas hipóteses de ofensa aos *princípios constitucionais sensíveis*: forma republicana, sistema representativo e regime democrático, direitos da pessoa humana, autonomia municipal, prestação de contas da administração pública, direta e indireta, e aplicação do mínimo exigido da receita resultante de impostos estaduais, compreendida a

---

162. BASTOS, Celso Ribeiro; MARTINS, Yves Gandra. *Comentários à Constituição do Brasil*. São Paulo: Saraiva, 1993. p. 365. v. 3. t. II.

proveniente de transferências, na manutenção e desenvolvimento do ensino e nas ações e serviços públicos de saúde (art. 34, VII) (*Ação de Inconstitucionalidade Interventiva*). A Ação de Inconstitucionalidade Interventiva (AD Interventiva) será desenvolvida no capítulo correspondente ao controle de constitucionalidade.

8.1.10. Intervenção dos Estados-membros nos Municípios

Os Estados-membros intervirão nos municípios localizados em seu território nas hipóteses escandidas no art. 35 e incisos da CF/1988:

a) deixar de ser paga, sem motivo de força maior, por dois anos consecutivos, a dívida fundada;

b) não forem prestadas contas devidas, na forma da lei;

c) não tiver sido aplicado o mínimo exigido da receita municipal na manutenção e desenvolvimento do ensino e nas ações e serviços públicos de saúde;

d) se o Tribunal de Justiça der provimento à representação para assegurar a observância de princípios indicados na Constituição Estadual ou para prover a execução de lei, de ordem ou de decisão judicial.

A intervenção será empreendida por decreto do governador do Estado e aprovada pela Assembleia Legislativa. Na hipótese do art. 35, inciso IV, da CF/1988, após provida a representação endereçada ao Tribunal de Justiça, o decreto do governador será suficiente para aperfeiçoamento da medida. Dispensável a aprovação do legislativo estadual.

8.2. ADMINISTRAÇÃO PÚBLICA

A expressão *administração pública* pode ter dois significados, a depender da acepção em que é tomada.[163] Em um *sentido subjetivo*, designa todos os entes que exercem atividade administrativa, compreendendo pessoas jurídicas,

---

163. Cf. DI PIETRO, Maria Sylvia Zanella. *Direito Administrativo*. 24. ed. São Paulo: Atlas, 2011. p. 50.

órgãos e agentes públicos incumbidos de exercer uma das funções estatais. Em um *sentido objetivo,* designa a própria *função administrativa,* que pode ser definida como "a atividade concreta e imediata que o Estado desenvolve, sob regime jurídico total ou parcialmente público, para a consecução dos interesses coletivos", compreendendo aqui as atividades de fomento, polícia administrativa e serviço público.[164] Assim, os dispositivos constitucionais que disciplinam a administração pública aludem tanto aos entes, órgãos e agentes que a compõem quanto a sua própria atividade.

A administração pública tem disciplina no capítulo IX, do Título III, da Constituição federal (arts. 37 a 43 da CF/1988), dividido em quatro seções: Disposições gerais (arts. 37 a 43); Dos servidores públicos (arts. 39 a 41); Dos militares nos Estados, do Distrito Federal e dos Territórios (art. 42); e Das regiões (art. 43).

8.2.1. Princípios constitucionais da administração pública

Estabelece o *caput* do art. 37 da Constituição que a administração pública, tanto direta quanto indireta, de qualquer poder da União e de qualquer ente federativo, deverá obedecer aos princípios da *legalidade, impessoalidade, moralidade, publicidade e eficiência.* Expressos na abertura do capítulo, tais princípios não se reduzem a um *numerus clausus;* administração pública está também adstrita a outros princípios que decorrem deles implicitamente ou que estão distribuídos pelo texto constitucional em outros títulos e capítulos.[165]

8.2.1.1. Princípio da legalidade

Corresponde à determinação para que a administração pública só possa atuar com autorização expressa da lei. Sua atuação é restrita a parâmetros estabelecidos legalmente. Isso não significa, entretanto, que todos os seus atos são minuciosamente previstos por norma (em todos os seus aspectos), visto lhe poder ser concedida certa margem de discricionariedade.

---

164. DI PIETRO, Maria Sylvia. *Direito Administrativo.* 24 ed. São Paulo: Atlas, 2011. p. 57.
165. BANDEIRA DE MELLO, Celso Antônio. *Curso de Direito Administrativo.* 14. ed. rev. ampl. e atual. São Paulo: Malheiros Editores, 2002. p. 68.

O princípio da legalidade, no tocante à administração, difere do princípio da legalidade relativo aos particulares, também chamado de *princípio da supremacia da lei*. Enquanto para a administração há a vinculação positiva, isto é, a atuação deve estar previamente *autorizada*, para os particulares, há a vinculação negativa, no sentido de que podem agir de acordo com o que não foi previamente *proibido* pela lei.

Reconhece a doutrina três hipóteses em que o princípio da legalidade pode sofrer constrições perante circunstâncias excepcionais.[166] Ocorre em momentos em que a Constituição faculta ao presidente da República adotar providências incomuns para o enfrentamento de contingência excepcional: é o caso das *medidas provisórias* (art. 62 e parágrafos da CF/1988), da decretação do *estado de defesa* (art. 136) e do *estado de sítio* (arts. 137 a 139 da CF/1988).

8.2.1.2. Princípio da impessoalidade

Trata-se de preceito com duas dimensões: em relação à própria administração pública e em relação aos particulares.

Em relação a esses últimos, corresponde ao dever da administração de não atuar com vistas a prejudicar ou beneficiar pessoas determinadas. Corresponde aqui ao próprio princípio da *isonomia*, segundo o qual ninguém deverá receber tratamento diferenciado por parte do poder público.

Em relação à própria administração, guarda correspondência com a *finalidade pública*, para a qual a atuação dela deve visar ao interesse público e não aos interesses privados de seus agentes. Afinal, o interesse público é indisponível, não se encontra à livre disposição de quem quer que seja e, por isso, inapropriável.

Um terceiro sentido lhe pode ser confiado e corresponde à proibição de promoção pessoal, estabelecida no art. 37, § 1º, da CF/1988: "A publicidade dos atos, programas, obras, serviços e campanhas dos órgãos públicos deverá ter caráter educativo, informativo ou de orientação social, dela não podendo constar nomes, símbolos ou imagens que caracterizem promoção pessoal de autoridades ou servidores públicos". Em resumo, não se confunde a figura do agente público com a do próprio poder público.

---

166. BANDEIRA DE MELLO, Celso Antônio. *Curso de Direito Administrativo*. 14. ed. rev. ampl. e atual. São Paulo: Malheiros Editores, 2002. p. 88.

8.2.1.3. Princípio da moralidade

Considerado inerente ao princípio da legalidade, o *princípio da moralidade* corresponde à noção do "correto", do "honesto", do "probo", construída pelo comportamento social e pelos costumes e que deve pautar a atuação da administração pública. Há uma série de normas no direito brasileiro, que visam à proteção da moralidade administrativa, em especial, aquelas que tratam de forma específica da improbidade administrativa (art. 37, § 4º, da CF/1988 e Lei nº 8.429/1992).

8.2.1.4. Princípio da publicidade

O princípio da publicidade corresponde à ampla divulgação dos atos praticados pela administração pública, ressalvadas as hipóteses de sigilo previstas em lei. Nesse sentido, o princípio tem uma nítida função de controle da administração, pois permite que se conheça aquilo que foi praticado pelo poder público.

As exceções à publicidade se encontram determinadas na própria Constituição. O inciso LX do art. 5º, por exemplo, prescreve que a "lei só poderá restringir a publicidade dos atos processuais, quando a defesa da intimidade ou o interesse social o exigirem". Para a *defesa da intimidade* e do *interesse social*, pode o poder público restringir a publicidade de seus atos.

8.2.1.5. Princípio da eficiência

O princípio da eficiência, elevado à estatura constitucional, pela EC nº 19/1998, corresponde ao dever que se impõe a todo agente público de realizar suas atribuições com seu melhor desempenho. Pode ser compreendido em dois sentidos:[167] quanto ao modo de atuação do agente público, do qual se espera uma melhor atuação, para obtenção de melhores resultados, e quanto ao modo de organizar, estruturar, disciplinar a administração pública, com o desiderato de obter melhores resultados na prestação do serviço público.

---

167. DI PIETRO, Maria Sylvia. *Direito Administrativo*. 24 ed. São Paulo: Atlas, 2011. p. 84.

Além dos princípios da administração pública que encimam o art. 37, *caput*, em uma série de disposições de natureza genérica – aplicável à administração direta e indireta – o constituinte construiu um arcabouço normativo digno de menção:

1) Os cargos, empregos e funções públicas são acessíveis aos brasileiros que preencham requisitos estabelecidos em lei, assim como aos estrangeiros, nos termos da lei (art. 37, I, da CF/1988). Essa norma corresponde ao impedimento de discriminação quanto à acessibilidade de todos ao exercício de função administrativa.

2) Há necessidade de aprovação prévia em concurso público de provas ou de provas e títulos para a investidura em cargo ou emprego público, de acordo com a natureza e a complexidade do cargo ou emprego, na forma da lei, *ressalvadas* as nomeações para *cargo em comissão* declarado em lei de livre nomeação e exoneração (art. 37, II, da CF/1988). Não se aplica o princípio da necessidade de concurso público, pois, ao cargo em comissão. O prazo de validade do concurso público será de até dois anos, prorrogável uma vez, por igual período (art. 37, III, da CF/1988).

3) As funções de confiança, exercidas exclusivamente por servidores ocupantes de cargo efetivo, e os cargos em comissão, a serem preenchidos por servidores de carreira nos casos, condições e percentuais mínimos previstos em lei, destinam-se apenas às atribuições de direção, chefia e assessoramento (art. 37, V, da CF/1988).

4) É garantido ao servidor público civil o direito à livre associação sindical (art. 37, VI, da CF/1988) e também o direito à greve, exercido nos termos de lei específica (art. 37, VII, da CF/1988). Na ausência de norma regulamentadora, já decidiu o Supremo Tribunal Federal – Mandados de Injunção 670/ES, 708/DF e 712/PA – que, enquanto omisso o legislador, aplicáveis os ditames da Lei nº 7.783/1999.

5) É reservado percentual dos cargos e empregos públicos para as pessoas portadores de deficiência e se definirão os critérios para sua admissão (art. 37, VIII, da CF/1988).

6) Estabelecerá a lei os casos de *contratação por tempo determinado* para atender à necessidade temporária de excepcional interesse público (art. 37, IX, da CF/1988).

7) Veda-se a acumulação remunerada de cargos públicos, salvo, quando houver compatibilidade de horário e nas hipóteses de dois cargos de professor, a de um cargo de professor com outro, técnico ou científico, e a de dois cargos ou empregos privativos de profissionais de saúde, com profissões regulamentadas (art. 37, XVI, da CF/1988). É proibição que se estende aos entes da administração indireta (art. 37, XVII).

8.2.2. Administração pública dialógica

A noção de *administração pública dialógica* corresponde aos movimentos de transformação do Estado na busca de métodos e técnicas negociais para as atividades executadas pelos entes e órgãos públicos.

O Estado é compreendido dentro de uma cultura do diálogo em que conforma suas ações em face das emanações da diversidade social.[168] A atuação da administração passa a se pautar por um processo comunicacional com toda a sociedade. Dá-se primazia à participação popular, às consultas públicas e à coordenação com instituições privadas, visando a fins públicos. Surge, assim, uma administração pública que se funda no diálogo, em contraposição à administração *monológica*, tradicional, hierárquica e isolada.

É concepção que fortalece o princípio fundamental da *democracia participativa*, com a previsão de uma série de instrumentos de ingerência direta do cidadão na administração pública. Di Pietro exemplifica com o direito à informação (art. 5, XXXIII, da CF/1988), o direito de denunciar irregularidades perante o Tribunal de Contas (art. 74, § 2º, da CF/1988), a gestão democrática da seguridade social (art. 194, parágrafo único, VII, da CF/1988), da saúde (art. 198, III, da CF/1988), do ensino público (art. 206, VI, da CF/1988), entre outros.[169]

Mais especificamente, a EC nº 19/1998 introduziu alguns elementos de participação direta do cidadão na administração, possibilitando que a lei dis-

---

168. OLIVEIRA, Gustavo Justino de. "Governança pública e parcerias do Estado: a relevância dos acordos administrativos para a nova gestão pública". Disponível em: <http://www.ambito-juridico.com.br/site/index.php?n_link=revista_artigos_leitura&artigo_id=5177>. Acesso em: 10.5.2012.

169. DI PIETRO, Maria Sylvia. *Direito Administrativo*. 24 ed. São Paulo: Atlas, 2011. p. 30.

cipline: *a)* as reclamações relativas à prestação dos serviços públicos em geral, asseguradas a manutenção de serviço de atendimento ao usuário e a avaliação periódica, externa e interna, da qualidade dos serviços; *b)* o acesso dos usuários a registros administrativos e a informações sobre atos de governo; e *c)* e, por fim, a disciplina da representação contra o exercício negligente ou abusivo de cargo, emprego ou função na administração pública (art. 37, § 3º, da CF/1988).

8.2.3. Responsabilidade patrimonial do Estado

Prescreve o art. 37, § 6º, da CF/1988 que as pessoas jurídicas de direito público e as de direito privado prestadoras de serviços públicos responderão pelos danos que seus agentes, nessa qualidade, causarem a terceiros, assegurado o direito de regresso contra o responsável nos casos de dolo ou culpa. Esse dispositivo regula, assim, a *responsabilidade patrimonial* do Estado pelos danos causados.

Responsabilidade civil – correlato de responsabilidade patrimonial, expressão que se prefere no caso tratado – no conceito de Diniz, corresponde à aplicação de medidas que obriguem alguém a reparar o dano moral ou patrimonial causado a terceiro em razão do ato do próprio imputado, de pessoa por quem ele responde, ou de fato de coisa ou animal sob sua guarda, ou ainda, de simples imposição legal.[170] De maneira simplificada, é a obrigação de reparar danos ou prejuízos de natureza patrimonial ou moral. Pode ser de duas espécies: *1)responsabilidade subjetiva*, centrada na culpa ou dolo por ação ou omissão, lesiva a determinada pessoa; e *2)responsabilidade objetiva*, que se justifica pelo risco, sendo irrelevante a conduta culposa ou dolosa do causador do dano, bastando a existência do nexo causal entre o prejuízo e a ação do agente.

O dispositivo constitucional estabelece a *responsabilidade objetiva* do Estado, uma vez que não se questionará quanto à culpa ou dolo do agente que causou o dano, fundando-se a obrigação de reparar no risco administrativo. A obrigação de reparar será da pessoa jurídica a que se vincula o agente, seja

---

170. DINIZ, Maria Helena. *Curso de Direito Civil Brasileiro*. 16. ed. atual. São Paulo: Saraiva, 2002. p. 34. v. 7: responsabilidade civil.

essa um ente da administração direta ou indireta ou pessoa de direito privado, concessionária, permissionária ou autorizatária de serviço público.

Nos termos do texto constitucional, à pessoa jurídica de direito público ou privada prestadora de serviço público caberá ação de regresso contra o agente, pretendendo cobrar o valor despendido no pagamento da indenização. Não haverá a ação regressiva, se não houver dolo ou culpa por parte do agente.

8.2.4. Servidores públicos

8.2.4.1. Agentes públicos

Denomina-se *agente público* o elemento subjetivo da administração pública, isto é, o responsável pelas funções do Estado. No dizer de Maria Sylvia Zanella Di Pietro, "agente público é toda pessoa física que presta serviços ao Estado e às pessoas jurídicas da Administração Indireta".[171]

Os agentes públicos se dividem em quatro categorias:[172]

a) *agentes políticos,* responsáveis pela *função política,* que é a referente à direção e determinação de seus fins gerais e de diretrizes para as outras funções estatais (administrativa, legislativa, jurisdicional);

b) *servidores públicos,* que compreendem os servidores estatutários, os empregados públicos e os servidores temporários;

c) *militares,* que são as pessoas físicas que prestam serviços às Forças Armadas (Marinha, Exército, Aeronáutica, Polícias Militares e Corpos de Bombeiros Militares dos Estados, Distrito Federal e dos Territórios);

d) *particulares em colaboração com o poder público,* compreendendo as pessoas físicas que prestam serviços ao Estado, com ou sem remuneração e *sem vínculo empregatício,* mediante *delegação* (caso daqueles exercem serviços notariais e de registro), *requisição,* quando há nomeação ou designação para o exercício de funções públicas relevantes

---

171. DI PIETRO, Maria Sylvia. *Direito Administrativo.* 24. ed. São Paulo: Atlas, 2011. p. 526.
172. DI PIETRO, Maria Sylvia Zanella. *Op. cit.* p. 527-34.

(como jurados ou convocados para prestação de serviço militar ou eleitoral) ou como *gestores de negócio*, que assumem função pública em momento de emergência.

A Constituição federal estabelece o regime dos servidores públicos, cabendo destacar que:

1) o membro de poder, o detentor de mandato eletivo, os ministros de Estado e os secretários estaduais e municipais *são remunerados* exclusivamente por subsídio em parcela única, vedado o acréscimo de qualquer gratificação, adicional, abono, prêmio, verba de representação ou outra espécie remuneratória;

2) os servidores titulares de cargo efetivo, incluídos os de autarquia e fundações, contam com regime previdenciário de caráter contributivo e solidário, financiado pela contribuição do ente público, dos servidores ativos e inativos e dos pensionistas, de forma a preservar o equilíbrio financeiro e atuarial (art. 40, *caput,* da CF/1988). A aposentadoria ocorre *compulsoriamente* aos setenta anos (art. 40, II, da CF/1988) ou por invalidez permanente, e *voluntariamente*, com proventos integrais – desde que cumprido dez anos de efetivo serviço público e cinco no cargo – aos sessenta anos de idade e trinta de contribuição, se homem, e cinquenta e cinco anos de idade e trinta de contribuição, se mulher. A partir da EC n° 41/2003 a expressão *proventos integrais* não mais significa, como acontecia antes, ao montante *integral* percebido pelo servidor quando no cargo em que se deu aposentadoria, mas que todos os valores de contribuição de sua vida funcional serão atualizados e empregados no cálculo. Percebendo na atividade até o *limite* dos benefícios para o regime geral da previdência, seus proventos serão o mesmo do cargo em que se aposentou, sendo superior, aquele limite será acrescido de *70% da diferença* entre o que percebia quando em atividade e o teto do regime geral da previdência;

3) a estabilidade é garantida ao servidor de cargo de provimento efetivo que, aprovado em concurso público, tenha cumprido o tempo de exercício mínimo de três anos e tenha tido o seu desempenho aprovado por comissão instituída para esse fim (art. 41, *caput,* e § 4°, da CF/1988). O servidor estável só perderá o cargo, em virtude de sentença judicial transitada em julgado (art. 41, I, da CF/1988), mediante processo administrativo em que lhe seja assegurada ampla defesa (art. 41, II, da CF/1988) ou mediante procedimento de avaliação periódica de desempenho, na forma de lei complementar, assegurada ampla defesa (art. 41, III, da CF/1988);

4) aplicam-se aos servidores público os direitos do art. 7º, IV, VII, VIII, IX, XII, XIII, XV, XVI, XVII, XVIII, XIX, XX, XXII e XXX (art. 39, § 3º, da CF/1988).

DA ORGANIZAÇÃO DOS PODERES

9.1. DO PODER LEGISLATIVO

Seguindo a teoria clássica de Montesquieu, o Poder Legislativo é aquele que "cria as leis para um tempo determinado ou para sempre, e corrige ou ab-roga aquelas que já são feitas".[173] Será nessa teoria tratado como órgão, não como função, em uma tomada de unidade propícia, visto que se pode falar de vários órgãos, em planos diversos, dentro da federação (Congresso Nacional, Assembleia Legislativa, Câmaras Distritais e Municipais). Utiliza-se, por isso, Poder Legislativo no sentido de parlamento. Sua função primeira é criar leis ou ab-rogá-las. Entrementes, concilia a função de fiscalizar o Poder Executivo. Essas duas funções determinam sua essência e são suas *funções típicas*: legislar e fiscalizar.

Outras funções ainda lhe são reconhecidas como a de administrar e julgar. De fato, os órgãos legislativos administram (por exemplo, ao estabelecer cargos em sua estrutura) e julgam (o Senado Federal processa e julga o presidente e vice-presidente da República em crimes de responsabilidade, nos termos do art. 52, I, da CF/1988). Essas duas funções, no entanto, são *atípicas* e não se configuram como principais.

9.1.1. Funcionamento do Congresso Nacional

O Poder Legislativo brasileiro está investido no Congresso Nacional, que é formado por duas câmaras. A adoção de câmaras legislativas distintas foi

---

173. MONTESQUIEU, Charles Louis de Secondat. *O Espírito das Leis*. Brasília: Editora da Universidade de Brasília, 1982. p. 187.

influência do Direito norte-americano, na qual a Câmara Alta cabe à representação dos Estados e do Distrito Federal e a Câmara Baixa aos representantes do povo. O *bicameralismo* brasileiro é formado pelo Senado Federal e pela Câmara dos Deputados, cabendo ao primeiro a representação dos Estados e do Distrito Federal e à segunda a representação do povo (art. 44 da CF/1988).

O Congresso Nacional reunir-se-á por *legislaturas*, que é o período que vai do início do mandato dos membros da Câmara dos Deputados até o seu término, com duração de quatro anos (art. 44, parágrafo único, da CF/1988). A Câmara dos Deputados é referência para o estabelecimento das legislaturas, porque o funcionamento do Senado Federal é contínuo, renovando-se apenas parcialmente a cada período de quatro anos (art. 46, § 2º, da CF/1988).

O Congresso Nacional funcionará em sessão legislativa ordinária, que é o período anual em que deve estar reunido para os trabalhos legislativos. Divide-se em dois *períodos legislativos*: *1)* de 2 de fevereiro a 17 de julho; e *2)* de 1º de agosto a 22 de dezembro (art. 57, *caput,* da CF/1988).

Por regra geral, a sessão legislativa ordinária encerrar-se-á tão só em 22 de dezembro. O art. 57, § 2º, excepciona o dispositivo, ao estabelecer que não haverá interrupção, se não tiver havido aprovação de projeto lei de diretrizes orçamentárias. Há, portanto, uma prorrogação que não deve ser confundida com a *sessão legislativa extraordinária*, porque o Congresso Nacional funciona segundo a pauta que deveria ter sido solucionada por ocasião daquela.

Os períodos de 23 de dezembro a 1º de fevereiro e de 18 a 31 de julho são de *Recesso* parlamentar Nesse período o Congresso Nacional não funcionará, havendo, contudo, uma *Comissão Representativa*, eleita na última sessão ordinária do período legislativo e guardada a proporcionalidade da representação partidária, para tratar dos assuntos necessários segundo o regimento comum e representando as duas casas do Congresso Nacional. (art. 58, § 4º, da CF/1988).

Durante o período de *recesso* parlamentar poderão ser convocadas *sessões legislativas extraordinárias*. Nelas, o Congresso somente deliberará sobre a matéria para o qual foi convocado, ressalvada a hipótese de existirem medidas provisórias em vigor na data de sua convocação extraordinária e que serão automaticamente incluídas na pauta da convocação. (art. 57, §§ 7º e 8º, da CF/1988). É vedado o pagamento de parcela indenizatória em razão da convocação.

As sessões extraordinárias podem ser convocadas: *a)* pelo presidente do Senado Federal, em caso de decretação de estado de defesa ou de intervenção federal, de pedido de autorização para a decretação de estado de sítio e para o compromisso e a posse do presidente e do vice-presidente da República; e *b)* pelo presidente da República, pelos presidentes da Câmara dos Deputados e do Senado Federal ou a requerimento da maioria dos membros de ambas as casas, em todas outras hipóteses em que houver urgência ou interesse público relevante, com a aprovação da maioria absoluta de cada uma das casas do Congresso Nacional (art. 57, § 6º, da CF/1988).

As hipóteses de convocação das sessões extraordinárias são: *1)* decretação de estado de defesa ou intervenção federal; *2)* pedido de autorização para decretação de sítio ou intervenção federal; *3)* compromisso e posse do presidente vice-presidente da República; e *4)* caso de urgência ou interesse público relevante.

Como nas sessões legislativas extraordinárias serão tratados tão só assuntos que ensejaram convocação, há de ser presumido que as comissões representativas continuarão em funcionamento para assuntos outros.

Haverá ainda *sessões preparatórias*, em cada uma das casas legislativas, a partir de 1º de fevereiro, no início de cada legislatura para eleição de suas Mesas e posse de seus membros (art. 57, § 4º).

É regra geral que, segundo o princípio do bicameralismo, as diversas casas do Congresso Nacional deliberam em separado. Podem ocorrer situações em que o Congresso Nacional formará só Câmara, deliberando os congressistas reunidos em conjunto, quer sejam deputados ou senadores. As *reuniões conjuntas*, previstas no art. 57, § 3º, da CF/1988, além de outros casos estabelecidos na Constituição, ocorrem para: *1)* inaugurar a sessão legislativa; *2)* elaborar o regimento comum e regular a criação de serviços comuns às suas respectivas casas; *3)* receber o compromisso do presidente e vice-presidente da República; e *4)* conhecer do veto e sobre ele deliberar.

9.1.2. Organização administrativa do Congresso Nacional

O Congresso Nacional e suas respectivas casas ostentam autonomia para ordenar seus trabalhos, auto-organizar-se. Essa auto-organização encontra-se estruturada em seu regimento interno. O regimento interno (do Congresso Nacional, da Câmara dos Deputados e do Senado Federal) constitui a fonte primeira de direito parlamentar, obedecidos os preceitos contidos na Constituição federal. A despeito da liberdade de organizar sua estrutura, existem disposições constitucionais sobre a existência, organização e competência de seus principais órgãos.

9.1.2.1. Mesa

Mesa é órgão de direção da Câmara dos Deputados, do Senado Federal e do Congresso Nacional. A sua composição é matéria disposta na Constituição e em seu regimento interno.

Seus membros devem ser eleitos pelos seus pares (art. 57, § 4º, *in fine,* da CF/1988), assegurada, tanto quanto possível, a representação proporcional dos partidos ou dos blocos parlamentares que compõem a Câmara Legislativa (art. 58, § 1º, da CF/1988). Os seus ocupantes ostentam mandato de dois anos, vedada a sua recondução para o mesmo cargo na eleição subsequente (art. 57, § 4º, da CF/1988). Poderão, contudo, ser eleitos para outro cargo.

A Constituição federal confere tratamento especial à Mesa do Congresso Nacional, ao dispor sobre sua organização. Estabelece que sua Presidência será exercida pelo presidente do Senado Federal, cabendo os demais cargos, alternativamente, aos ocupantes de cargos equivalentes na Mesa da Câmara e do Senado Federal (art. 57, § 5º, da CF/1988). Sua função precípua é dirigir os trabalhos do Congresso Nacional no exercício de atribuições que recomendem a reunião de ambas as casas. Também lhe cabe designar comissão, composta de cinco de seus membros, para acompanhar e fiscalizar a execução de medidas referentes ao estado de defesa e ao estado de sítio (art. 140 da CF/1988).

9.1.2.2. Comissões

Comissões são outros órgãos existentes em cada casa do Congresso Nacional, com incumbência para tratar de determinados assuntos estabelecidos na Constituição ou nos regimentos internos. Quando estruturadas com membros de ambas as casas são chamadas de *mistas.*

Podem ser *permanentes*, quando suplantam as próprias legislaturas, ou *temporárias*, constituídas por prazo certo estabelecido no regimento interno ou no ato de sua criação (art. 58, *caput*, da CF/1988). Em sua constituição, como na das Mesas, deve ser guardada a representação dos partidos e blocos parlamentares (art. 58, § 1º, da CF/1988).

As comissões, instituídas de acordo com a matéria, têm entre suas atribuições (art. 58, § 2º, I a VI):

a) discutir e votar projeto de lei que dispensar, na forma do regimento, a competência do Plenário, salvo se houver recurso de um décimo dos membros da casa;

b) realizar audiências públicas com entidades da sociedade civil;

c) convocar ministros de Estado para prestar informações sobre assuntos inerentes a suas atribuições;

d) receber petições, reclamações, representações ou queixas de qualquer pessoa contra atos ou omissões das autoridades ou entidades públicas;

e) solicitar depoimento de qualquer autoridade ou cidadão;

f) apreciar programas de obras, planos nacionais, regionais e setoriais de desenvolvimento e sobre eles emitir parecer.

Entre as *Comissões Permanentes*, por ter assento constitucional, é de relevo lembrar a *Comissão Mista Orçamentária*, que tem por função: *a)* examinar e emitir parecer sobre os projetos de lei relativos ao plano plurianual, às diretrizes orçamentárias, ao orçamento e aos créditos adicionais e sobre as contas apresentadas anualmente pelo presidente da República; *b)* examinar, emitir parecer sobre os programas e planos nacionais, regionais e setoriais previstos na Constituição; e *c)* exercer o acompanhamento e a fiscalização orçamentária (art. 166, § 1º, da CF/1988).

9.1.2.2.1. Comissões Parlamentares de Inquérito

As *Comissões Parlamentares de Inquérito* guardam destaque entre as *temporárias*. Têm função investigativa e, nesse mister, poderes próprios das autoridades judiciais. Podem ainda contar com outras atribuições que lhe forem confiadas pelos respectivos regimentos internos. Poderão ser criadas conjunta (Comissões Parlamentares Mistas de Investigação, CPMI) ou separadamente pela Câmara dos Deputados e pelo Senado Federal. São instaladas pelo requerimento de 1/3 dos membros das respectivas casas legislativas, exigindo-se de ambas quando *mistas*. São convocadas para apurar fato determinado e têm prazo certo para conclusão de seus trabalhos. Apurando-se ilícitos, suas conclusões serão remetidas aos membros do Ministério Público para a responsabilização civil e criminal dos infratores.

9.1.3. Câmara dos Deputados

A Câmara dos Deputados é composta por representantes do povo eleitos pelo *sistema proporcional* em cada Estado-membro, no Distrito Federal e Territórios (art. 45 da CF/1988).

Sistema proporcional é a técnica de eleição e de estabelecimento de representação, que leva em conta a distribuição das cadeiras às diversas correntes ideológicas ou interesses representados por partidos existentes em determinada circunscrição eleitoral. As cadeiras são distribuídas concorrentemente a essas diversas correntes ideológicas e de interesses. É modelo que propicia uma divisão dos mandatos de forma a que cada partido receba uma parte do todo correspondente a sua força eleitoral.[174] O seu pressuposto são circunscrições eleitorais amplas que elegem vários mandatários.

Dessa feita, cada partido terá um *quociente partidário* correspondente ao número de cadeiras obtido por cada partido ou coligação partidária. O *quociente partidário* é o resultado da divisão de *votos válidos* – conjunto de votos atribuídos a um candidato ou legenda, excluídos os votos brancos e nulos – pelo *quociente eleitoral*. O *quociente eleitoral*, por sua vez, corresponde à divisão do *número total de votos válidos* depositados no pleito pelo número de cadeiras a serem preenchidas.

Elaborado o cálculo e remanescendo cadeiras a serem preenchidas (*cadeiras remanescentes*), serão distribuídas entre os diversos partidos tendo em conta os *restos*, ou seja, o número de votos que não permitiu a conquista de uma cadeira. Para tanto, o *quociente partidário* – total de cadeiras conquistado por cada partido – deverá ser acrescido de uma unidade. Divide-se o

---
174. SILVA, Virgílio Afonso da. *Sistemas Eleitorais*. São Paulo: Malheiros Editores, 1999. p. 67.

número de votos válidos de cada partido por esse algarismo, e legenda que obtiver a maior média obtém uma cadeira remanescente. Repete-se a operação até que todas as cadeiras sejam preenchidas. Participam da distribuição somente os partidos que obtiveram ao menos o número de votos válidos correspondente ao *quociente eleitoral*.

Daí que onde *quociente eleitoral* = QE, *total de votos válidos no pleito* = VV, número de cadeiras a serem preenchidas = CP, votos válidos *obtidos por partido* = VVP, *restos* = R *e distribuição dos restos* = DR, têm-se as seguintes fórmulas:

QE = VV / CP

QP = VVP/ QE

R = VVP< QE

DR1 = VVP/ (QP + 1).

Observação: CR1 = > DR1. Para as cadeiras remanescentes seguintes, repete-se a operação, temos, portanto: DR2 = VVP/ [1+ (QP + 1)]. Observação: CR2 = > DR2.

A representação por Estado e pelo Distrito Federal será estabelecida em lei complementar (proporcionalmente a esses entes da federação). Proceder-se-ão aos ajustes necessários no ano anterior às eleições, observado o limite mínimo de oito deputados e o limite máximo de setenta (art. 45, § 1º, da CF/1988).

Cada Território elegerá quatro deputados (art. 45, § 2º, da CF/1988).

9.1.3.1. Atribuições da Câmara dos Deputados

São atribuições privativas da Câmara dos Deputados, nos termos do art. 51 e incisos da CF/1988:

a) autorização, por dois terços de seus membros, para instauração de processo contra o presidente e o vice-presidente da República e os ministros de Estado;

b) proceder à tomada de contas do presidente da República, quando não apresentadas ao Congresso Nacional dentro de sessenta dias após a abertura da sessão legislativa;

c) a elaboração de seu regimento interno;
d) dispor sobre sua organização, funcionamento, polícia, criação, transformação ou extinção dos cargos, empregos e funções de seus serviços, e sobre a iniciativa de lei para fixação da respectiva remuneração, observados os parâmetros estabelecidos na lei de diretrizes orçamentárias;
e) eleger membros do Conselho da República.

9.1.4. Senado Federal

O Senado Federal compõe-se de representantes dos Estados e do Distrito Federal (senadores), eleitos pelo sistema majoritário, cabendo três a cada Estado e para o Distrito Federal. Exercerão um mandato de oito anos, renovado a cada quatro anos, alternadamente, por um e dois terços. Cada Senador será eleito com dois suplentes (art. 46 e parágrafos da CF/1988).

9.1.4.1. Atribuições do Senado Federal

São atribuições privativas do Senado Federal, nos termos do art. 52 e incisos da CF/1988:

a) o processar e julgar o presidente e o vice-presidente da República nos crimes de responsabilidade, bem como os ministros de Estado e os comandantes da Marinha, do Exército e da Aeronáutica nos crimes da mesma natureza conexos com aqueles;
b) processar e julgar os ministros do Supremo Tribunal Federal, os membros do Conselho Nacional de Justiça e do Conselho Nacional do Ministério Público, o procurador-geral da República e o advogado-geral da União nos crimes de responsabilidade;
c) aprovar, por voto secreto e após arguição pública, a escolha de magistrados, nas hipóteses previstas na Constituição, ministros do Tribunal de Contas da União indicados pelo presidente da República, governador de Território, presidente e diretores do banco central, procurador-geral da República e titulares de outros cargos que a lei determinar;

d) aprovar, por voto secreto, após arguição em sessão secreta, a escolha dos chefes de missão diplomática de caráter permanente;

e) autorizar operações externas de natureza financeira, de interesse da União, dos Estados, do Distrito Federal, dos Territórios e dos Municípios;

f) fixar, por proposta do presidente da República, limites globais para o montante da dívida consolidada da União, dos Estados, do Distrito Federal e dos Municípios;

g) dispor sobre limites globais e condições para as operações de crédito externo e interno da União, dos Estados, do Distrito Federal e dos Municípios, de suas autarquias e demais entidades controladas pelo poder público federal;

h) dispor sobre limites e condições para a concessão de garantia da União em operações de crédito externo e interno;

i) estabelecer limites globais e condições para o montante da dívida mobiliária dos Estados, do Distrito Federal e dos Municípios;

j) suspender a execução, no todo ou em parte, de lei declarada inconstitucional por decisão definitiva do Supremo Tribunal Federal;

k) aprovar, por maioria absoluta e por voto secreto, a exoneração, de ofício, do procurador-geral da República antes do término de seu mandato;

l) elaborar seu regimento interno;

m) dispor sobre sua organização, funcionamento, polícia, criação, transformação ou extinção dos cargos, empregos e funções de seus serviços, e sobre a iniciativa de lei para fixação da respectiva remuneração, observados os parâmetros estabelecidos na lei de diretrizes orçamentárias;

n) eleger os membros do Conselho da República, nos termos do art. 89, VII;

o) avaliar periodicamente a funcionalidade do Sistema Tributário Nacional, em sua estrutura e seus componentes, e o desempenho das administrações tributárias da União, dos Estados e do Distrito Federal e dos Municípios.

9.1.5. Garantias de independência e vedações do Poder Legislativo

Atendendo ao princípio da separação de poderes e visando à independência do Poder Legislativo em relação aos demais poderes, a Constituição federal estabeleceu em favor dos congressistas um regime geral de prerrogativas e deveres.

Manoel Gonçalves Ferreira Filho aponta como garantias para o *funcionamento independente do Legislativo como órgão*:[175] a auto-organização das câmaras, seu autogoverno, sua reunião independentemente de convocação, a proibição de sua dissolução.

Ao lado dessas, coexistem garantias quanto aos próprios membros do parlamento e que configuram o Estatuto dos Congressistas. Compreendem, portanto, as prerrogativas e vantagens dos parlamentares, assim como os impedimentos, as incompatibilidades e sua sanção no exercício do mandato.

9.1.5.1. Estatuto dos congressistas

9.1.5.1.1. Imunidades

As *imunidades parlamentares* correspondem a dois institutos que se distinguem quanto ao fim, ou seja, às *materiais* e às *formais*. As *imunidades materiais* garantem a higidez de opiniões, palavras e votos proferidos,[176] enquanto as *formais* protegem a pessoa do congressista, cuja prisão ou processo estão adstritos a conhecimento, deliberação e apreciação da Câmara a que pertence. É categoria que remete à história constitucional inglesa, que dividia as proteções em *freedom of speech*, liberdade de palavra e *freedom of romarrest*, garantia de não ser preso.[177] Ressaltada sua unidade – proteção à pessoa do congressista – mister sua investigação como institutos separados.

---

175. FERREIRA FILHO, Manoel Gonçalves. *Curso de Direito Constitucional.* 28. ed. São Paulo: Saraiva, 2002. p. 173.
176. Consagra o *caput* do art. 53 de nossa Carta Maior: "Os Deputados e Senadores são invioláveis, civil e penalmente, por quaisquer de suas opiniões, palavras e votos".
177. MAITLAND, Frederic William. *The constitutional history of England: a course of lectures.* Nova Jersey: The Lawbook Exchange, LTD., 2001. p. 240-1.

A CF/1988, modificada pela EC nº 35/2001, mostra que as imunidades parlamentares (*em seu sentido lato*) podem corresponder: *a)* à inviolabilidade penal (art. 53, *caput,* da CF/1988) por opiniões, palavras e votos; *b)* à inviolabilidade civil (art. 53, *caput,* da CF/1988*)* por opiniões, palavras e votos; *c)* ao foro especial (art. 53, § 1º, da CF/1988) para o conhecimento e julgamento de crimes cometidos a partir da expedição do diploma; *d)* à imunidade à prisão (art. 53, § 2º,da CF/1988) desde a expedição diploma, salvo em flagrante de crime inafiançável, quando o auto de prisão em flagrante deverá ser encaminhado ao plenário de sua casa legislativa que, no prazo de vinte e quatro horas, decidirá por maioria absoluta por seu relaxamento ou manutenção; *e)* faculdade de suspensão, por voto da maioria absoluta dos pares de sua casa, de processo decorrente de crime cometido após a diplomação (art. 53, § 3º, da CF/1988); *f)* faculdade de se recusar a testemunhar sobre informações obtidas pelo ou no exercício do mandato e de omitir sua fonte (art. 53, § 5º, da CF/1988); e *g)* imunidade à incorporação às Forças Armadas, que dependerá de licença de sua casa (art. 53, § 6º, da CF/1988).

9.1.5.1.1.1. Imunidades materiais

"Os Deputados e Senadores são invioláveis, civil e criminalmente, por quaisquer de suas opiniões, palavras e votos" (art. 53, *caput,* da CF/1988). Trata-se da chamada *imunidade material* ou *inviolabilidade,* expressão consagrada em nossa doutrina constitucional, no dizer de Raul Machado Horta.[178] A expressão "civil e criminalmente" foi acrescentada pela Emenda Constitucional nº 35/2001, que solucionou divergência jurisprudencial sobre a extensão da expressão "invioláveis".[179]

---

178. HORTA, Raul Machado. *Direito Constitucional.* 3. ed. Belo Horizonte: Del Rey, 2003. p. 595.

179. STF, AI 493632 AgR/RJ. Relator: Min. Carlos Britto, que afirma em seu Acórdão: "1. O acórdão recorrido não diferiu do entendimento já pacificado neste Supremo Tribunal Federal, mesmo antes da modificação empreendida pela EC nº 35/2001 na redação do *caput* do art. 53 da Lei Maior, de que a inviolabilidade (material) dos parlamentares alcança a responsabilidade civil." Disponível em: <http://www.stf.jus.br/portal/jurisprudencia/listarJurisprudencia.asp?s1=Inviolabilidade20Parlamentar&base=base Acordaos>. Acesso em: 18.5.2012.

9.1.5.1.1.2. Imunidade formal

A imunidade formal consiste na garantia contra a prisão de congressista e de suspensão de processo instaurado (cuja denúncia tenha sido recebida).

9.1.5.1.1.2.1. Imunidade à prisão

A imunidade à prisão abrange a prisão civil e penal, impedindo sua decretação e execução em relação ao parlamentar, que não pode sofrer nenhum ato de privação de liberdade, exceto o flagrante de crime inafiançável.[180] É a redação do art. 53, § 2º, da CF/1988: "Desde a expedição do diploma, os membros do Congresso Nacional não poderão ser presos, salvo em flagrante de crime inafiançável". Qualquer prisão que não correspondesse à exceção de flagrante de crime inafiançável seria repelida.

Pode o congressista ser preso, porém, na exceção prevista, apenas se houver autorização da casa respectiva para a formação de culpa, pelo voto ostensivo e nominal da maioria dos seus membros.

Entretanto, já decidiu o Supremo Tribunal Federal ser possível a prisão decorrente de sentença condenatória transitada em julgado.[181] É decorrência da única interpretação aceitável diante da omissão do constituinte. Inadmissível, no caso, uma interpretação extensiva. Há outras razões, ainda que de ordem moral, afinal o Congresso Nacional não pode ser maculado por obra de seus parlamentares.

9.1.5.1.1.2.2. Imunidade processual

Recebida a denúncia contra o senador ou deputado, por crime ocorrido após a diplomação, o Supremo Tribunal Federal dará ciência à casa respec-

---

180. MORAES, Alexandre de. *Direito Constitucional*. 19. ed. São Paulo: Atlas, 2006. p. 412.
181. Celso de Mello afirma: "Dentro do contexto normativo delineado pela Constituição, a garantia jurídico-institucional da imunidade parlamentar formal não obsta, observado o *due process of law*, a execução de penas privativas de liberdade definitivamente impostas ao membro do Congresso Nacional." (*apud* MENDES, Gilmar; COELHO, Inocêncio Mártires; BRANCO, Paulo Gustavo Gonet. *Curso de Direito Constitucional*. 2. ed. São Paulo: Saraiva, 2008. p. 901.)

tiva, que, por iniciativa de partido político nela representado e pelo voto da maioria de seus membros, poderá, até a decisão final, sustar o andamento da ação (art. 53, § 3º, da CF/1988).

O pedido de sustação do processo será apreciado pela casa respectiva no prazo improrrogável de quarenta e cinco dias do seu recebimento pela Mesa Diretora. A sustação do processo suspende a prescrição, enquanto durar o mandato (art. 53, § 5º, da CF/1988).

Não há necessidade de licença para instauração de processo, mas este pode ser suspenso a qualquer momento preenchidas certas condições. Primeiro, deve-se observar que a sustação abrange apenas crimes ocorridos após a diplomação, não incidindo nenhuma imunidade se praticado antes.[182] Também é necessário que haja ação penal em andamento, isto é, o procedimento de sustação só pode ser iniciado, após o recebimento de denúncia ou queixa-crime pelo Supremo Tribunal Federal e que haja voto da maioria de seus membros.

A legitimidade para a iniciativa é de partido político na casa legislativa representado. Não ocorre assim como em Constituições anteriores, em que a Câmara ou o Senador poderia agir de ofício. É faculdade que pode ser exercitada enquanto durar o mandato.

A casa tem o prazo improrrogável de 45 (quarenta e cinco dias), após o recebimento pela Mesa Diretora do pedido de suspensão formulado por partido político, para deliberar e votar sobre a questão (art. 53, § 4º, da CF/1988).

9.1.5.1.1.3. Prerrogativa de foro

A prerrogativa de foro diz respeito à competência para conhecer e julgar os crimes comuns de que deputados e senadores sejam acusados. "Os Deputados e Senadores, desde a expedição do diploma, serão submetidos a julgamento perante o Supremo Tribunal Federal." (art. 53, § 1º, da CF/1988).

A proteção diz respeito a "crimes comuns", abrangendo todas as modalidades de infrações penais, estendendo-se aos delitos eleitorais e alcançando, até mesmo, os crimes contra a vida e as próprias contravenções penais.[183] O alcance do instituto se estende pela atualidade do mandato.

---

182. MORAES, Alexandre de. *Direito Constitucional*. 19. ed. São Paulo: Atlas, 2006. p. 413.
183. MORAES, Alexandre de. *Op. cit.* p. 418.

9.1.5.1.1.4. Imunidades no estado de sítio

O estado de sítio deve ser compreendido no contexto de períodos de crise, em que a anormalidade da situação impõe a suspensão de garantias constitucionalmente concebidas.

As imunidades de deputados ou senadores subsistirão durante o estado de sítio, só podendo ser suspensas mediante o voto de dois terços dos membros da casa respectiva, nos casos de atos praticados fora do recinto do Congresso Nacional, que sejam incompatíveis com a execução da medida (art. 53, § 8º, da CF/1988).

Assim, a *não suspensão automática* das prerrogativas ante o estado de sítio é uma garantia institucional, e não individual, e que faz de nosso texto constitucional consentâneo com nossa melhor doutrina.[184]

9.1.5.1.1.5. Imunidades de deputados estaduais e distritais

As regras sobre imunidades e inviolabilidades dos congressistas, nos termos da Constituição, são aplicáveis a deputados estaduais e distritais (art. 27, § 1º, e 32, § 3º, da CF/1988).

Em atenção à disposição citada, podem as Constituições estaduais e a Lei Orgânica do Distrito Federal estenderem igual proteção a seus parlamentares. Não podem, todavia, ser mais generosas que a Constituição federal foi para com os seus congressistas.[185] Aos deputados distritais estendem-se as garantias, nos termos do art. 32, § 3º, de nossa Constituição.

9.1.5.1.2. Incompatibilidades

Incompatibilidades são vedações impostas à conduta do parlamentar, em razão da função exercida. Dessa forma, não poderão os deputados e senadores (art. 54 da CF/1988):

---

184. MAXIMILIANO, Carlos. *Comentários à Constituição Brasileira*. Rio de Janeiro: Livraria Editora Freitas Bastos, 1948. p. 56. v. 2.
185. MENDES, Gilmar; COELHO, Inocêncio Mártires; BRANCO, Paulo Gustavo Gonet. *Curso de Direito Constitucional*. 2. ed. São Paulo: Saraiva, 2008. p. 904.

1) Desde a expedição do diploma: *a)* firmar ou manter contrato com a pessoa jurídica de direito público, autarquia, empresa pública, sociedade de economia mista ou empresa concessionária de serviço público, salvo quando o contrato obedecer a cláusulas uniformes; e *b)* aceitar ou exercer cargo, função ou emprego remunerado, inclusive os de que sejam demissíveis *ad nutum*, em pessoa jurídica de direito público, autarquia, empresa pública, sociedade de economia mista ou empresa concessionária de serviço público;

2) Desde a posse: *a)* ser proprietários, controladores ou diretores de empresa que goze de favor decorrente de contrato com pessoa jurídica de direito público, ou nela exercer função remunerada; *b)* ocupar cargo ou função de que sejam demissíveis *ad nutum*, nas entidades referidas nos itens 1.a; *c)* patrocinar causa em que seja interessada qualquer das entidades referidas no item 1.a; e *d)* ser titulares de mais de um cargo ou mandato público eletivo.

A infringência de uma dessas proibições gera para o parlamentar consequências diversas, como a perda do mandato (art. 55, I, da CF/1988).

9.1.5.1.3. Perda do mandato

São hipóteses de perda do mandato do parlamentar que (art. 55 da CF/1988): *a)* incorrer em uma das incompatibilidades; *b)* tiver o procedimento declarado incompatível com o decoro parlamentar; *c)* deixar de comparecer, em cada sessão legislativa, à terça parte das sessões ordinárias da casa a que pertencer, salvo licença ou missão por esta autorizada; *d)* perder ou tiver suspensos os direitos políticos; *e)* tiver sido decretada, nos termos dessa Constituição, pela Justiça eleitoral; e *f)* sofrer condenação criminal por sentença transitada em julgado.

É incompatível com o decoro parlamentar, além dos casos definidos no regime interno, o abuso das prerrogativas asseguradas a membro do Congresso Nacional ou a percepção de vantagens indevidas (art. 55, § 1º, da CF/1988). A expressão "decoro parlamentar" deve ser entendida como o conjunto de regras legais e morais que devem reger a conduta dos parlamentares na dignificação da atividade legislativa.[186] Não competirá ao Poder Judiciário deci-

---
186. MORAES, Alexandre de. *Direito Constitucional*. 19. ed. São Paulo: Atlas, 2006. p. 423.

dir sobre a tipicidade da conduta do parlamentar nas previsões regimentais caracterizadoras da falta de decoro parlamentar ou mesmo sobre o acerto da decisão, pois tal atitude consistiria em indevida ingerência em competência exclusiva de órgão do Poder Legislativo e atribuída diretamente pela Constituição federal (ato *interna corporis*)(art. 55, § 1º, da CF/1988).

Não justificará a perda do mandato o deputado ou senador (art. 56 e incisos):

1) investido no cargo de ministro de Estado, governador de Território, secretário de Estado, do Distrito Federal, de território, de prefeitura de capital ou chefe de missão diplomática temporária, quando poderá optar pela remuneração do mandato;

2) licenciado pela respectiva casa por motivo de doença, ou para tratar, sem remuneração, de interesse particular, desde que, neste caso, o afastamento não ultrapasse a cento e vinte dias por sessão legislativa. O suplente será convocado e assumirá o mandato. Exercerá suas funções legislativas até que vacância cesse ou até o término do mandato. Se, porém, não houver suplentes em número suficiente, haverá nova eleição se faltarem mais de quinze meses para o término do mandato, *ou* permanecerá vacante a cadeira faltando menos tempo (art. 56, §§ 1º a 3º, da CF/1988).

A perda do mandato toma dois procedimentos. Assim, o parlamentar que incorrer em uma das incompatibilidades, cujo procedimento for declarado incompatível com o decoro parlamentar ou que sofrer condenação criminal por sentença transitada em julgado, terá a perda do mandato *decidida* por sua casa pelo voto secreto da maioria absoluta de seus pares. O procedimento será instaurado por provocação da Mesa Diretora ou de partido político com representação no Congresso Nacional e assegurada ampla defesa. A expressão "será decidida" remete à *natureza constitutiva* da deliberação (art. 55, § 2º, da CF/1988). Já o congressista que deixar de comparecer, em cada sessão legislativa, à terça parte das sessões ordinárias da casa a que pertencer (salvo licença ou missão por esta autorizada), ou que perder ou tiver suspensos os direitos políticos, *ou mesmo* quando tiver decretado pela Justiça eleitoral nos casos previstos na Constituição terá a perda *declarada* pela Mesa Diretora, que agirá de ofício ou por provocação de qualquer de seus membros ou de partido político com representação no Congresso Nacional, assegurada a ampla defesa.

A expressão "será declarada" remete à *natureza declaratória* do provimento (art. 55, § 3º, da CF/1988). A renúncia de parlamentar submetido a processo que vise ou possa levar à perda do mandato terá seus efeitos suspensos até as deliberações finais da casa respectiva (art. 55, § 4º, da CF/1988).

9.2. PROCESSO LEGISLATIVO

9.2.1. Conceito de processo legislativo

Processo legislativo é o conjunto de atos, constitucionalmente previstos, que devem ser obedecidos na elaboração de leis e outros atos normativos pelos órgãos com competência constitucional e que derivam diretamente da Constituição.[187] São eles: *a)* emendas à Constituição; *b)* leis complementares; *c)* leis ordinárias; *d)* leis delegadas; *e)* medidas provisórias; *f)* decretos legislativos; e *g)* resoluções (art. 59 da CF/1988).

Todavia, nem todos os atos mencionados acima – quer materialmente, quer formalmente – não são lei em seu sentido estrito. À guisa de exemplo, as emendas à constituição são decorrentes do poder reformador. Emanam do Congresso Nacional no exercício de sua competência reformadora e não legiferante. Em verdade, em sentido estrito, leis são normas gerais e abstratas, elaboradas pelo Poder Legislativo no exercício de sua função típica, segundo o processo legislativo e com força jurídica para prescrever, vedar ou facultar comportamentos (art. 5º, II, da CF/1988). Dessa definição, devem ser excluídas também as resoluções, medidas provisórias, decretos legislativos e leis delegadas. Quando a Constituição federal intitula "*Do Processo Legislativo*" sua Seção VIII, do Capítulo I, do Título IV, emprega a expressão em seu *sentido lato* e com o propósito de sistematizar uma disciplina totalizante de todos os *atos normativos primários*.

Do princípio da legalidade, aplicável ao Estado, dessome-se não só a obediência estrita do poder público às normas elaboradas, como também ao devido processo legislativo. E, por isso, há necessidade de que as normas sejam produzidas segundo o *iter* prescrito. E quando se fala em processo legislativo

---

187. SILVA, José Afonso da. *Curso de Direito Constitucional Positivo*. 35. ed. São Paulo: Malheiros Editores, 2001. p. 524.

constitucional, trata-se das normas constitucionais que prescrevem o percurso para a elaboração normativa. Do contrário, o desrespeito ao devido processo legislativo implica a *inconstitucionalidade formal* do que foi produzido.

9.2.2. Processo legislativo ordinário

O processo legislativo, segundo a sequência de fases procedimentais, pode ser classificado em ordinário, sumário e especial.

Ordinário é o processo legislativo destinado a prover a elaboração de leis ordinárias. Diferencia-se do *sumário* pelo prazo de deliberação e votação a que o Congresso Nacional está adstrito. *Especiais* são os processos legislativos cujas fases ou sequência de atos são excepcionais e distintas do processo legislativo ordinário.

O processo legislativo ordinário, regra geral, subdivide-se em fases: *1)* iniciativa; *2)* constitutiva; *3)* integrativa; e *4)* complementar.

9.2.2.1. Iniciativa legislativa

A *iniciativa* é o poder de propor a adoção de lei como também a apresentação do projeto junto ao órgão competente.[188] É o ato primeiro do processo legislativo. É atribuição confiada àquele que tem capacidade para dar início ao processo de elaboração das leis ordinárias.

Discute-se em doutrina se a iniciativa configuraria uma fase propriamente dita do processo legislativo. Sustentou-se que não se trata de uma fase do processo de elaboração das leis, mas do ato que inicialmente o deflagra, que o estabelece. Não seria assim uma fase do processo legislativo, juridicamente falando, embora politicamente o seja. Em contraposição outros lhe negam a característica de ato, enxergando-o como causa antecedente. "Em rigor, não é ato do processo legislativo".[189]

---

188. FERREIRA FILHO, Manoel Gonçalves. *Do Processo Legislativo.* 3. ed. rev. e atual. São Paulo: Saraiva, 1995. p. 202-3.
189. SILVA, José Afonso da. *Curso de Direito Constitucional Positivo.* 35. ed. São Paulo: Malheiros Editores, 2001. p. 524.

Parece-nos, contudo, que a controvérsia restou definitivamente superada com a interessante diferenciação feita pelo constitucionalista português Miranda.[190] Nos temos do professor, caberia também distinguir iniciativa legislativa de outro conceito – o de *impulso legislativo ou legiferante*. A iniciativa, sendo um ato político, situa-se já no interior do procedimento legislativo – representa o seu primeiro passo, regulado em pormenor na Constituição e no regimento interno. O impulso legislativo está, pode estar ou deve estar na gênese do processo, mas queda-se exterior a ele; e, por maior significado constitucional ou político que possua, postula o subsequente exercício do poder de iniciativa para se tornar eficaz. O impulso legislativo, ou fator determinante, estimulante ou condicionante da decisão de legislar e, portanto, da abertura do procedimento legislativo, decorre, algumas vezes, direta ou indiretamente de uma norma jurídica, a qual torna essa decisão necessária ou obrigatória. Outras vezes situa-se na dinâmica política e social, a depender das relações entre as forças políticas e sociais. Assim, dois momentos merecem destaque: um externo, de início ou propulsão do procedimento, e outro interno, quando a força motriz anterior já externou um produto, ingresso esse no encadeamento de atos que poderá culminar com uma nova norma legislativa. Sendo rigoroso com a terminologia, tem-se, no anteprojeto, a materialização do impulso legislativo, e, no projeto, a exteriorização da iniciativa.

Atendendo à terminologia consolidada na doutrina nacional e de maior absorção didática, sem desviar para conceitos cerebrinos, iniciativa deve ser compreendida como *a faculdade de iniciar o processo de elaboração de leis e o ato primeiro* que o impulsiona.

Segundo a disciplina dos legitimados para o exercício dessa faculdade, a iniciativa poderá ser *exclusiva*, quando atribuída a um legitimado e sem concorrência de outros e concorrente, quando vários legitimados têm a faculdade de iniciá-lo.

Regra geral, a Constituição federal estabelece uma iniciativa concorrente para a elaboração de leis ordinárias e complementares e reserva uma *legitimação expressa* para as hipóteses de iniciativa exclusiva. Somente em hipóteses taxativas, a Constituição confere a um legitimado, ou conjunto deles, a faculdade de dar início ao processo de elaboração das leis ordinárias e complementares. Tais leis são discriminadas de acordo com a matéria.

---

190. MIRANDA, Jorge. *Manual de Direito Constitucional*: atividade constitucional do Estado. Coimbra: Coimbra Editora, 1997. p. 245-6. v. 5.

Logo, para elaboração de leis ordinárias e complementares, ostentam iniciativa concorrente: *1)* qualquer membro ou comissão da Câmara dos Deputados, do Senado Federal ou do Congresso Nacional; *2)* o presidente da República; *3)* o Supremo Tribunal Federal; *4)* os tribunais superiores; *5)* o procurador-geral da República; e *6)* iniciativa popular de 1% do eleitorado nacional, distribuído por não menos do que cinco Estados, com não menos de três décimos por cento em cada um deles (art. 61, *caput,* e § 2º, da CF/1988).

À guisa de exemplo, além da iniciativa ampla da disposição citada, o presidente da República goza de iniciativa exclusiva nas matérias encerradas no art. 61, § 1º, e incisos, da CF/1988.

9.2.2.2. Fase constitutiva

Na fase *constitutiva,* ocorrem as discussões (deliberações) e a votação dos projetos de lei. Como o Congresso Nacional (Poder Legislativo) é formado por duas casas legislativas, o projeto de lei deve ser discutido, votado e aprovado em cada uma e após remetido para a sanção ou veto presidencial. Logo, a *casa iniciadora,* câmara legislativa, é que por primeiro deve tomar conhecimento do projeto, e como revisora, em segundo momento, o discutirá e votará. A Câmara dos Deputados sempre será a *casa iniciadora* quando de *iniciativa extraparlamentar.*

O projeto de lei apresentado é enviado à Mesa da *casa iniciadora,* que, por sua vez, o encaminha para as *comissões temáticas.* As comissões, divididas por matéria em consonância com o regimento interno, emitem parecer sobre projeto e o remetem para discussão e votação pelo Plenário (excepcionada as situações já tratadas em que as comissões dispõem de competência para deliberar e votar). As discussões e votações somente ocorrem diante de um quórum mínimo para a instalação da sessão ordinária. O *quórum de instalação* corresponde à presença da maioria absoluta dos membros da casa legislativa, ou seja, o primeiro número inteiro após a metade de sua composição (art. 47, *in fine*, da CF/1988).

O projeto de lei rejeitado na casa iniciadora ou revisora será arquivado. Projeto de lei que verse sobre a mesma matéria não poderá ser apresentado na mesma *sessão legislativa ordinária*, salvo se subscrito pela maioria absoluta dos membros de qualquer das casas do Congresso Nacional (art. 67 da CF/1988).

Durante a fase constitutiva, o projeto de lei pode ser emendado. As *emendas* são proposições acessórias ao projeto originário e apresentadas por membro ou órgão das casas do Congresso Nacional.[191] Alteram o projeto originário e, por isso, são admitidas emendas: *a) supressivas*, quando excluem matéria veiculada; *b) aditivas*, quando acrescentam conteúdo omitido; *c) modificativas*, quando alteram o conteúdo original sem acrescentá-lo ou suprimi-lo; *d) substitutivas*, quando apresentadas como contraproposta ao projeto originário e se caracterizarem por profunda modificação ao que foi formal e materialmente colocado; e *e) aglutinativas*, quando reúnem projetos diferentes ou emendas ao projeto inicial com vista a uma homogeneidade ao texto elaborado. Existem, ainda, as *emendas de redação* que objetivam aprimorar o sentido das expressões vernáculas e as técnicas de redação.

Com exceção da lei orçamentária e da lei de diretrizes orçamentárias (art. 166, §§ 3º e 4º, da CF/1988), não se admitem emendas que impliquem aumento de despesa nos projetos de lei de iniciativa exclusiva do presidente da República ou nos projetos sobre organização dos serviços administrativos da Câmara dos Deputados, do Senado Federal, dos tribunais federais e do Ministério Público (art. 63, I e II, da CF/1988).

As emendas podem ser apresentadas na *casa iniciadora* como na *revisora*. O projeto é enviado diretamente para sanção ou veto quando não apresentada emenda na *casa revisora*. Mas, apresentadas, retorna o projeto à casa iniciadora para apreciação (somente das emendas), sendo-lhe vedada a apresentação de outras (art. 65, parágrafo único, da CF/1988).

9.2.2.2.1. Processo legislativo sumário

Por regra geral, o Congresso Nacional não está obrigado a deliberar e votar. Não tem prazo certo para o fazer. Conquanto, a disciplina é outra no *processo sumário* ou *processo legislativo em regime de urgência*.

A *urgência constitucional* é conferida por provocação do presidente da República nos projetos de lei de sua iniciativa (*privativa* ou *concorrente*).[192]

---

191. Quando o legitimado for extraparlamentar não lhe será dado oferecer emendas ao projeto apresentado. Poderá remeter mensagens aditivas, mas isso implica não uma alteração da proposta apresentada, mas um novo projeto. Por assim, caso desejem alterar o que fora apresentado deverão retirá-lo, apresentando de novo, já modificado.

192. MORAES, Alexandre de. *Direito Constitucional*. 19. ed. São Paulo: Atlas, 2006. p. 583.

Suscitada a urgência, a Câmara dos Deputados e o Senado Federal terão sucessivamente cada qual o prazo de até quarenta e cinco dias para ultimar a votação. A Câmara dos Deputados terá ainda o prazo de dez dias para apreciar eventuais emendas feitas pelo Senado Federal (art. 64, §§ 2º e 3º, da CF/1988). Daí que o Congresso Nacional terá não mais do que cem dias para deliberar e votar projetos em regime de urgência. Decorrido e não cumprido, sobrestar-se-ão todas as demais deliberações da casa até que se ultime o procedimento. Excepcionam-se, nessa última hipótese, as demais proposições que tenham também *prazo constitucional* determinado, a exemplo da apreciação do veto (art. 66, § 6º, da CF/1988) e das medidas provisórias (art. 62, § 6º, da CF/1988).

O prazo certo não transcorre durante o recesso do Congresso Nacional e não se aplica dos projetos de Código (art. 64, § 4º, da CF/1988).

A despeito de ser a "urgência" um critério de discricionariedade do chefe do Executivo, é plausível a interpretação de que seus ditames seriam aplicáveis somente a situações extraordinárias. Não é o que ocorre, entretanto, sendo a medida invocada pelos mais diferentes motivos.

9.2.2.3. Fase integrativa

Ultimado o processo legislativo no Congresso Nacional, o projeto é encaminhado ao chefe do Executivo para que com sua adesão lhe confira existência jurídica. Exigindo-se a participação de outro poder na "perfeição" da lei é que se diz ser fase *"integrativa"*.

O presidente da República pode aderir ao projeto e *sancioná-lo*, ou repeli-lo em seus aspectos formal ou material, e então vetá-lo. *Sanção* é a aquiescência jurídica do presidente da República com o projeto e o *veto* é a sua discordância.

A sanção pode ser expressa ou tácita. Expressa, quando há a manifestação formal do presidente, e tácita, quando ele se mantém silente durante o prazo de *quinze dias* úteis decorrido do recebimento do projeto (art. 66, § 3º, da CF/1988).

O veto, ao contrário, é sempre *expresso*, *irretratável* e *motivado*. Pode ser *jurídico*, quando motivado na inconstitucionalidade do projeto, ou *político*, quando fulcrado na "contrariedade ao interesse público". É *total* quando alcança integralmente a proposição, e *parcial* quando abrange somente texto total de artigo, parágrafo, inciso ou alínea (art. 66, § 2º, da CF/1988). Não se conhece o *veto de palavras* – instituto previsto na Constituição de 1967 com a EC nº 1/1969 – e que permitia o comprometimento da vontade do legislador com a supressão significativa de parte de seu texto. Tem prazo certo para exercício: quinze dias do recebimento do projeto (do contrário, tem-se a *sanção*).

Os *motivos* do veto devem ser comunicados ao presidente do Senado Federal dentro de quarenta e oito horas (art. 66, § 1º, da CF/1988). O Congresso Nacional tem até trinta dias para, em sessão conjunta, deliberar sobre o veto (art. 66, § 4º, primeira parte, da CF/1988). Ultimado o prazo sem deliberação, o veto será colocado na ordem do dia da sessão imediata, sobrestadas as demais proposições, até sua votação final (art. 66, § 6º, da CF/1988). Pode ser rejeitado pelo *voto secreto* da maioria absoluta de deputados e senadores (art. 66, § 4º, *in fine*, da CF/1988).

Se o veto não for mantido, o projeto é enviado para a promulgação do presidente da República em até quarenta e oito horas (art. 66, § 5º, da CF/1988). Persistindo a recusa, o presidente do Senado Federal tem também quarenta e oito horas para o promulgar e, não o fazendo em idêntico prazo, cabe a iniciativa ao seu vice-presidente (art. 66, § 7, da CF/1988).

9.2.2.4. Fase complementar

É fase em que a norma legislativa já existe no mundo jurídico. Foram ultrapassados todos os trâmites para sua perfeição. Apesar de existir não é dotada de executoriedade e eficácia. A *promulgação* lhe confere executoriedade, ao atestar que a ordem jurídica foi inovada, e a *publicação* lhe dá eficácia por tornar do conhecimento de todos sua obrigatoriedade.

9.2.3. Espécies normativas

9.2.3.1. Emendas à Constituição

As emendas à Constituição são espécies normativas de alta hierarquia e consistem em manifestação do poder constituinte reformardor com atribuição de alterar a própria Constituição.

A iniciativa para a proposição de emenda à Constituição cabe: *a)* a um terço, no mínimo, dos membros da Câmara dos Deputados ou do Senado Federal; *b)* ao presidente da República; e *c)* a mais da metade das assembleias legislativas das unidades da federação, manifestando-se cada uma delas, pela maioria relativa de seus membros.

A adoção de emendas à Constituição encontra limites de diversas ordens: *1) Limitações circunstanciais* a vedar as emendas na vigência de intervenção federal, estado de defesa ou de estado de sítio (art. 60, § 1º, da CF/1988); e *2) Limitações materiais* (cláusulas pétreas) que proíbem emendas tendentes a abolir *a)* a forma federativa de Estado, *b)* o voto direto, secreto, universal e periódico, *c)* a separação de poderes, *d)* os direitos e garantias individuais (art. 60, § 4º, da CF/1988; e *d) limitações formais* consistente no procedimento mais solene para a transformação constitucional (quando comparado com as demais espécies legislativas), quer quanto à limitação do número de legitimados para sua propositura (art. 60 e incisos da CF/1988), quer quanto à exigência de dois turnos de deliberação e votação em cada uma das casas legislativas, quer, por fim, quanto ao quórum qualificado de 3/5 em cada uma das votações para sua aprovação (art. 60, § 2º, da CF/1988).

As emendas à Constituição são promulgadas pelas Mesas da Câmara dos Deputados e do Senado Federal, com o respectivo número de ordem (art. 60, § 3º, da CF/1988).

A matéria de proposta de emenda, rejeitada ou havida por prejudicada não pode ser objeto de nova proposta na mesma sessão legislativa (art. 60, § 5º).

9.2.3.2. *Lei ordinária e lei complementar*

As leis ordinárias e complementares são "leis em seu sentido estrito" (art. 5º, II, da CF/1988). Consistem, contudo, em espécies normativas com disciplina própria. As hipóteses materiais das leis complementares estão tarifadas na Constituição, enquanto o campo conteudístico das leis ordinárias é remanescente. As leis complementares exigem maioria absoluta para aprovação (art. 69 da CF/1988), sendo suficiente a maioria simples para as leis ordinárias (art. 47 da CF/1988).

Discute-se em doutrina a existência de hierarquia entre a lei ordinária e complementar. Sustentou-se que a última gozaria de preferência hierárquica sobre a primeira, consistindo em um *tertium genus* entre a Constituição e as leis ordinárias. A supremacia ventilada seria inarredável, ao se constatar que, para aprovação das leis complementares, se exige maioria absoluta, enquanto as leis ordinárias contentar-se-iam com maiorias simples. Essa diferença, por si só, denotaria que, sendo as ordinárias fruto de maiorias ocasionais, não teriam o condão de revogar as primeiras. Conflitando, a lei ordinária obrigatoriamente deveria submeter-se às leis complementares.[193]

Na verdade, o problema é solucionado de outra maneira. Uma norma é hierarquicamente superior a outra quando servir de suporte de validade para sua produção. A Constituição é a norma suprema de ordenamento jurídico, porque determina, quer formal ou materialmente, a produção das demais normas. Ao serem comparadas, as leis complementares e ordinárias, nota-se que ambas encontram seu repositório na Constituição. É a Constituição que determina a produção de uma lei complementar ou ordinária. Por assim ser, a produção de leis ordinárias não estaria adstrita ao comando das leis complementares, mas, sim, da própria Constituição.[194] Não há, portanto, hierarquia normativa.

9.2.3.3. Medidas provisórias

As medidas provisórias são atos normativos gerais e abstratos, *com força de lei*, editadas pelo presidente da República, em face da presença dos *requisitos de relevância e urgência*. Uma vez editadas, devem ser imediatamente submetidas ao Congresso Nacional (art. 62, *caput*, da CF/1988).

A prática política vivenciada sob a égide da redação original do texto constitucional, no que se refere às medidas provisórias, mostrou-se desastrosa. Criadas como instrumento normativo para um sistema de governo parlamentarista – cujo projeto soçobrou nos meandros da Assembleia Constituinte por ingerência direta do presidente José Sarney – restaram como forma de exacerbação dos poderes presidenciais. Daí que a *redação originária* da CF/1988 previa-lhes amplo campo material, vasto até mesmo quando comparado com os decretos-leis da Constituição passada, que somente po-

---

193. FERREIRA FILHO, Manoel Gonçalves. *Do Processo Legislativo*. 3. ed. São Paulo: Saraiva, 1995. p. 238.
194. TEMER, Michel. *Elementos de Direito Constitucional*. São Paulo: Malheiros, 1994. p. 140-2.

diam ser editados para regulamentar finanças públicas, matérias tributárias, segurança nacional, criação de cargos e fixação de seus vencimentos (art. 55 e incisos da Constituição de 1967 com a redação da EC nº 1/1969). Essa dimensão deu discricionariedade aos sucessivos Presidentes da República para editá-las sobre toda e qualquer disciplina jurídica, levados que foram à categoria de mais altos mandatários no estabelecimento de direitos e obrigações e com consequente desprestígio das funções do Congresso Nacional. A EC nº 32/2001 foi promulgada para racionalizar o seu emprego excessivo. Listou taxativamente as matérias vedadas à edição de medidas provisórias. Mesmo que o preferível fosse o catálogo das matérias a justificar sua edição – e não o contrário, pois o presidente da República ainda permanece com discricionariedade ampla –, a providência veio como indiscutível avanço.

Logo, não se admitem medidas provisórias sobre: *a)* nacionalidade, cidadania, direitos políticos, partidos políticos e direito eleitoral; *b)* direito penal, processual penal e processual civil; *c)* organização do Poder Judiciário e do Ministério Público, garantias e carreira de seus membros; *d)* planos plurianuais, diretrizes orçamentárias, orçamento e créditos adicionais e suplementares (salvo a abertura de crédito extraordinário à lei orçamentária para atender a despesas imprevisíveis e urgentes, como as decorrentes de guerra, comoção interna ou calamidade pública, nos termos do art. 167, § 3º, da CF/1988); *e)* que vise à detenção ou sequestro de bens, de poupança popular ou qualquer ativo financeiro; *f)* reservada a lei complementar; e *g)* já disciplinada em projeto de lei aprovado pelo Congresso Nacional e pendente de sanção ou veto do presidente da República (art. 62, § 1º e incisos. do CF/1988).

A EC nº 32/2001 trouxe norma de transição, ao proibir o seu emprego na regulamentação de artigo da Constituição que tenha sido alterado por meio de emenda promulgada entre 1º de janeiro de 1995 até a data de sua promulgação. Com efeito, alterou a redação do art. 246 da CF/1988 – que em data anterior havia sido inserido pela EC nº 6/1995 e modificado pela EC nº 7/2009 – e cuja redação era: "É vedada a adoção de medida provisória na regulamentação de artigo da Constituição cuja redação tenha sido alterada por meio de emenda promulgada a partir de 1995". Na comparação do texto antigo com o atual existe nítido retrocesso. Naquele, proibia-se a regulamentação de qualquer artigo constitucional alterado a partir de 1995, nesse, somente as medidas provisórias do passado e que foram editadas entre esses dois termos.

Admite-se medida provisória que institua ou majore impostos. Entretanto, só produzirá efeitos no exercício financeiro seguinte ao de sua edição e desde que convertida em lei no mesmo ano. O princípio da anterioridade tributária nesse caso não tem aplicação para os impostos enumerados nos arts. 153, I, II, IV e V; e 154, II, da CF/1988.

Em regra, o Supremo Tribunal Federal não admite o controle de constitucionalidade dos requisitos de *relevância* e *urgência*, por entendê-los na esfera de discricionariedade do presidente da República, o que por certo acarretaria invasão indevida de um poder em outro. Excepcionam-se os casos gravíssimos, quando ocorre flagrante *desvio de finalidade ou abuso de poder de legislar*.

As medidas provisórias perderão a eficácia se não forem convertidas em lei em sessenta dias. Mas, não se ultimando a votação nas duas casas legislativas, possível a sua *prorrogação automática* por uma única vez e por *idêntico* período de tempo (art. 62, §§ 3º e 7º, da CF/1988). É prazo que transcorre desde a data de sua publicação, mas que *se suspende* durante o *recesso* do Congresso Nacional (art. 62, § 4º). Uma vez editada – e não apreciada em até *quarenta e cinco dias* contados de sua publicação – a medida provisória entrará em *regime de urgência*, subsequentemente, em cada uma das casas do Congresso Nacional, ficando sobrestadas, até que se ultime a votação, todas as demais deliberações legislativas (art. 62, § 6º, da CF/1988). Tendo havido *convocação extraordinária* do Congresso Nacional, e pendente de apreciação medida provisória, ela será colocada automaticamente na pauta de votação (art. 57, § 8º, da CF/1988).

O presidente da República não pode retirá-la após sua edição. Em contraposição, pode editar outra e que suspenda os efeitos da primeira. O Congresso Nacional, nesse caso, apreciará as duas e pode rejeitar uma e aprovar a outra, regulamentando as relações jurídicas da que tiver sido rejeitada. No entanto, é vedada a reedição, na mesma sessão legislativa, de medida provisória que tenha *perdido a eficácia por decurso de prazo* ou que tenha sido *rejeitada* (art. 62, § 10, da CF/1988).

Publicada a medida provisória, nas quarenta e oito horas que se seguirem ao ato, o presidente do Congresso Nacional designará comissão mista de senadores e deputados para apreciá-la (art. 2º da Resolução nº 1/2002 do Congresso Nacional). A comissão terá a incumbência de emitir parecer sobre a presença dos requisitos constitucionais de relevância e urgência (art. 62, §§ 5° e 9°, da CF/1988). Nos seis dias que se seguirem à publicação da medida provisória, junto à comissão mista, poderão ser oferecidas emendas (art. 4°, *caput*, e § 1°, da Resolução n° 1/2002 do Congresso Nacional). Não se admitirá, contudo, emenda que verse sobre matéria estranha ao seu objeto, cabendo ao presidente da comissão seu indeferimento liminar. Dessa decisão, caberá recurso ao Plenário.

Entretanto, como afirma José Levi Mello do Amaral Júnior, a comissão conheceu prática muito episódica. Tinha um prazo improrrogável de quatorze dias contados da publicação da medida provisória para emissão de parecer único, manifestando-se quanto: *a)* à constitucionalidade, incluídos os pressupostos de relevância e urgência; *b)* ao mérito; *c)* à adequação financeira e orçamentária da medida; e *d)* ao cumprimento da imediata submissão do texto da medida provisória ao Congresso Nacional.[195] Ocorre que – conforme disciplina a Resolução n° 1/2002 do Congresso Nacional – se a comissão esgotasse o prazo de quatorze dias sem ter emitido e aprovado parecer, o processo relativo à matéria devia ser encaminhado ao Plenário da Câmara dos Deputados para emissão do parecer e subsequente exame. Na prática, a comissão tinha papel bastante reduzido. Isso permitiu que o relator viesse a dinamizar os trabalhos parlamentares, podendo, até mesmo, propor outras modificações que não aquelas constantes de emendas protocolizadas no prazo próprio de seis dias, fazer ingerências diretamente no Plenário. Havia, assim, um verdadeiro 'Império do Relator'. O Supremo Tribunal Federal, no voto do relator da ADI 4029/DF, Ministro Luiz Fux, compreendeu que:

> As Comissões Mistas e a magnitude das funções das mesmas no processo de conversão de Medidas Provisórias decorrem da necessidade, imposta pela Constituição, de assegurar uma reflexão mais detida sobre o ato normativo primário emanado pelo Executivo, evitando que a apreciação pelo Plenário seja feita de maneira inopinada, percebendo-se, assim, que o parecer desse colegiado representa, em vez de formalidade desimportante, uma garantia de que o Legislativo fiscalize o exercício atípico da função legiferante pelo Executivo. 5. O art. 6º da Resolução nº 1 de 2002 do Congresso Nacional, que permite a emissão do parecer por meio de Relator nomeado pela Comissão Mista, diretamente ao Plenário da Câmara dos Deputados, é inconstitucional. A Doutrina do tema é assente no sentido de que: 'O parecer prévio da Comissão assume condição de instrumento indispensável para regularizar o

---

195. AMARAL JÚNIOR, José Levi Mello do. *Medida Provisória: edição e conversão em lei: teoria e prática*. 2. ed. São Paulo: Saraiva, 2012. p.175.

processo legislativo porque proporciona a discussão da matéria, uniformidade de votação e celeridade na apreciação das medidas provisórias. Por essa importância, defende-se que qualquer ato para afastar ou frustrar os trabalhos da Comissão (ou mesmo para substituí-los pelo pronunciamento de apenas um parlamentar) padece de inconstitucionalidade.

Assim, para toda medida provisória, *a partir da decisão*, uma comissão mista de deputados e senadores deve ser constituída. Essa decisão terá importantes consequências quanto ao procedimento das medidas provisórias.

A comissão mista pode emitir parecer, quanto ao mérito da medida provisória, pela rejeição ou aprovação. Também deve manifestar-se quanto às emendas. Concluindo por alteração no texto, a comissão deverá apresentar *projeto de lei de conversão* relativo à matéria e *projeto de decreto legislativo*, disciplinando as relações jurídicas decorrentes da vigência dos textos suprimidos ou alterados.[196]

Cumprido os trabalhos da comissão mista, inicia-se a votação pela Câmara dos Deputados, que se deve pronunciar até o vigésimo oitavo dia de vigência da medida provisória. Após isso, votará o Senado Federal, que terá até o quadragésimo segundo dia de vigência, para apreciá-la. Se houver alguma modificação no texto pelo Senado, deverá voltar o texto à Câmara, que deverá apreciar essas emendas em três dias.

Convertida a medida provisória em lei, será enviada ao presidente da República para sanção, promulgação e publicação. Rejeitada, será arquivada, cabendo ao Congresso Nacional, por meio de decreto legislativo, regulamentar as relações jurídicas consolidadas sob o seu efeito provisório (art. 62, § 3º, *in fine,* da CF/1988). O decreto legislativo tem também lugar quando perderem eficácia por decurso de prazo. Não editado o decreto legislativo, em até sessenta dias após o decurso de prazo ou rejeição, as relações jurídicas consolidadas conservar-se-ão por ela regidas (art. 62, § 11º, da CF/1988).

Caso seja aprovado projeto de lei alterando o texto da medida provisória, esta permanecerá em vigor até que definitivamente seja sancionada ou vetada pelo presidente da República (art. 62, § 12, da CF/1988).

Grande parte da doutrina não admite a possibilidade de os demais entes da federação adotarem, em seus estatutos fundamentais, medidas provisórias.

---

196. AMARAL JÚNIOR, José Levi Mello do. *Medida Provisória: edição e conversão em lei: teoria e prática.* 2. ed. São Paulo: Saraiva, 2012. p. 176.

Não foi, contudo, a tese sufragada pelo Supremo Tribunal Federal na ADI (MC) 812-9/TO de 1993, na qual restou decidida essa possibilidade, pois: "... *legítima a atuação do Estado do Tocantins, que, acompanhando o modelo federal, introduziu em sua Constituição a faculdade de o Chefe do Poder Executivo editar medidas provisórias, tal qual ocorreu na espécie*". Seis Estados-membros brasileiros adotam hoje a medida provisória em suas Constituições estaduais.[197]

9.2.3.4. Leis delegadas

Leis delegadas são atos normativos primários, elaborados pelo presidente da República, em razão de autorização do Congresso Nacional, que lhe delega função legislativa que lhe é própria dentro de limites estritos.

As leis delegadas exigem solicitação do presidente da República (*iniciativa solicitadora*). A solicitação é discricionária, mas deve indicar a matéria a ser delegada. A aprovação ou denegação da delegação ocorre em sessão bicameral do Congresso Nacional, conjunta ou separadamente.[198] A aprovação ocorre por maioria simples e o ato de delegação é formalizado por Resolução. Essa estabelecerá os limites, o conteúdo e a sua forma de exercício. Recebida a delegação, o Presidente da República edita a lei delegada, a promulga e publica (*delegação própria ou típica*). Há a possibilidade de o Congresso Nacional impor o retorno da lei delegada para sua aprovação (*delegação imprópria*).

São limitações materiais à delegação, nunca podendo ser seu objeto: *1)* os atos de competência exclusiva do Congresso Nacional; *2)* os de competência privativa da Câmara dos Deputados ou do Senado Federal; *3)* a matéria reservada à lei complementar; *4)* legislação sobre: a organização do Poder Judiciário e do Ministério Público, a carreira e a garantia de seus membros; *5)* nacionalidade, cidadania, direitos individuais, políticos e eleitorais; e *6)* planos plurianuais, diretrizes orçamentárias e orçamentos.

---

197. Cf. AMARAL JÚNIOR, José Levi Mello do. *Medida Provisória: edição e conversão em lei: teoria e prática*. 2. ed. São Paulo: Saraiva, 2012. p. 205.

198. Por sessão bicameral, entenda-se que cada casa legislativa deverá ser pronunciar na mesma *sessão ordinária*, ou seja, no mesmo período diário, em que deverão se reunir para tratar do tema de delegação. Isso poderá se dar conjuntamente, quando ambos os membros de cada casa se reúnem no mesmo recinto, ou separadamente, discutindo e votando em sequência em cada uma delas.

A delegação é por natureza temporária e nunca pode ultrapassar uma legislatura. De um lado, antes da produção da lei delegada, o Congresso Nacional tem a faculdade de cassá-la. De outro, obtida a autorização, o Presidente da República não está obrigado a exercitá-la.

Não respeitando os limites da delegação, o Congresso por meio *decreto legislativo* pode sustar os efeitos da lei delegada exorbitante. Referida decisão terá efeitos *ex nunc* e não se trata de revogação, mas suspensão dos efeitos produzidos (art. 49, V, da CF/1988).

9.2.3.5. Decreto legislativo

Decreto Legislativo é a espécie normativa destinada a veicular as matérias de competência exclusiva do Congresso Nacional previstas no art. 49 da CF/1988.[199] Além destas matérias, também é de sua competência a regulamentação exigida no art. 62, § 3º, da CF/1988, referente aos efeitos decorrentes de medida provisória não convertida em lei.

Iniciada a discussão, votado e aprovado, o decreto legislativo será promulgado e publicado pelo presidente do Senado Federal.[200]

9.2.3.5.1. Decreto legislativo e tratados e atos internacionais

O Congresso Nacional poderá aprovar os tratados e atos internacionais mediante a edição de decreto legislativo (CF, art. 49. I), ato que dispensa sanção ou promulgação por parte do presidente da República. O decreto legislativo, portanto, contém aprovação do Congresso Nacional ao tratado e a autorização para que o presidente da República o ratifique em nome da República Federativa do Brasil. Com a sua promulgação por decreto do chefe do Executivo recebe esse ato normativo a ordem de execução, passando, assim, a ser aplicado de forma geral e obrigatória.

A *adesão* da República Federativa do Brasil a um tratado ou ato internacional ocorre por iniciativa do presidente da República (art. 84, VIII, da CF/1988). Em seguida, o Congresso Nacional resolverá definitivamente so-

---

199. MORAES, Alexandre de. *Direito Constitucional.* 19. ed. São Paulo: Atlas, 2006. p. 625.
200. LENZA, Pedro. *Direito Constitucional Esquematizado.* 14. ed. São Paulo: Saraiva, 2010. p. 491.

bre a ratificação dos tratados, acordos ou atos internacionais que acarretem encargos ou compromissos gravosos ao patrimônio nacional (art. 49, I, da CF/1988). Ratificado, sua formalização ocorre por decreto legislativo, que é promulgado e publicado pelo presidente do Senado Federal. E, ao final, cabe ao chefe do Executivo promulgá-lo pela edição de um decreto. Os atos, tratados, convenções ou pactos internacionais devidamente aprovadas pelo Poder Legislativo e promulgadas pelo presidente da República ingressam no ordenamento jurídico como atos normativos infraconstitucionais. Estão, dessa forma, sujeitos ao controle de constitucionalidade.

Os tratados e convenções internacionais relativos a direitos humanos e que forem aprovados, em cada casa do Congresso Nacional, em dois turnos, por três quintos dos votos dos respectivos membros, são equiparados às emendas constitucionais. Já os que versam sobre idêntica matéria, mas não foram aprovados com o mesmo quórum, entendeu o STF que têm natureza *supralegal* e *infraconstitucional*.[201]

9.2.3.6. Resoluções

Resoluções são atos tomados por procedimento diferente do previsto para a elaboração das leis. Prestam-se a regulamentar matéria de competência do Congresso Nacional, do Senado Federal e da Câmara dos Deputados com efeitos internos (atos *interna corporis*). Excepcionalmente, reconhecem-se também efeitos externos.

As resoluções admitem a seguinte especificação:[202] *1)* atos políticos (resolução senatorial que referenda nomeações); *2)* atos deliberativos (fixação de alíquotas); *3)* ato de coparticipação na função judicial (suspensão de lei declarada inconstitucional pelo Supremo Tribunal federal); e *4)* ato – condição da função legislativa (autorização ao executivo para elaborar lei delegada: habilita a produção da lei delegada).

A resolução isolada de uma das casas legislativas, somente por ela será instruída, discutida e votada, cabendo ao seu presidente promulgá-la e determinar a publicação.

---

201. RE 466.343-1 São Paulo. Rel. Cezar Peluso. Disponível em: <*http://redir.stf.jus.br/paginadorpub/paginador.jsp?docTP=AC&docID=595444*> Acesso em: 17.6.2012.
202. FERRAZ, Anna Cândida Cunha *apud* MORAES, Alexandre de. *Direito Constitucional*. 19. ed. São Paulo: Atlas, 2006. p. 630.

10

PODER EXECUTIVO

10.1. CONCEITO E HISTÓRICO DO PODER EXECUTIVO

O Poder Executivo compreende tanto funções de chefe de Estado como de chefe de Governo. A chefia de Estado corresponde a atividades de representação do Estado, sobretudo, em relações internacionais. Já a chefia de Governo corresponde à função de governo, entendida como determinação das decisões gerais e de políticas públicas, e a função administrativa, no sentido de concretizar imediatamente os fins do Estado.

Na separação de poderes clássica, as funções do Executivo eram, sobretudo, duas: a *defesa externa* e *manutenção da ordem interna*.[203] Ao lado dessas, reconhecia-se também a prestação de alguns serviços públicos indispensáveis.

Com o surgimento do Estado-providência, alterou-se o caráter do Executivo. Em primeiro lugar, aumentou o rol de atividades que deveria prestar, englobando atividades que até então eram mantidas pelos particulares. O Estado passa a atuar positivamente na sociedade civil e na economia, através de exploração direta de atividade econômica ou pelo aumento dos serviços públicos. Nesse sentido, o Poder Executivo viu seu papel aumentado, atingindo primazia sobre o parlamento, outrora central. Reconheceram-se inclusive ao Governo alguns atos legislativos (como o decreto-lei ou a medida provisória, no Brasil).

Hoje temos um predomínio do neoliberalismo, com a redução substancial das atividades do Estado. Porém, dada a complexidade da sociedade contemporânea, exerce o Executivo ainda atividades importantes, sobretudo, na regulação econômica.

---

203. Cf. FERREIRA FILHO, Manoel Gonçalves. *Curso de Direito Constitucional*. 28. ed. São Paulo: Saraiva, 2002. p. 216.

10.2. PODER EXECUTIVO NA CONSTITUIÇÃO BRASILEIRA

A Constituição estabelece normas sobre o Poder Executivo no Capítulo II do Título IV (arts. 76 a 91). Nos termos do art. 76, o Poder Executivo será exercido pelo presidente da República, auxiliado pelos ministros de Estado.

10.3. PRESIDENTE DA REPÚBLICA

O *chefe do Poder Executivo* é o presidente da República, que, dada o sistema de governo presidencialista, engloba as funções de chefe de Estado (representação da República Federativa do Brasil) e de chefe de Governo (chefia da administração pública federal e representante legal da União).

O presidente da República é eleito em chapa única juntamente com o vice (art. 77, § 1º, da CF/1988). A eleição ocorre em dois turnos de votação, sendo considerado eleito presidente o candidato que, registrado por partido político, obtiver a maioria absoluta de votos, não computados os em branco e os nulos (art. 77, § 2º, da CF/1988). Se nenhum candidato alcançar a maioria absoluta na primeira votação, a ser realizada no primeiro domingo de outubro, far-se-á nova eleição no último domingo desse mês, concorrendo os dois candidatos mais votados e considerando-se eleito aquele que obtiver a maioria dos votos válidos (excluídos os brancos e nulos) (art. 77, *caput*, c/c § 3º, da CF/1988).

Se, antes de realizado o segundo turno, ocorrer morte, desistência ou impedimento legal de candidato, convocar-se-á, entre os remanescentes, o de maior votação. Se, ainda nesta hipótese, remanescerem candidatos com a mesma votação, qualificar-se-á o mais idoso (art. 77, §§ 4º e 5º, da CF/1988).

A posse presidencial ocorre no dia 1º de janeiro do ano subsequente à eleição (art. 82 da CF/1988). Decorridos dez dias da data fixada, se o presidente ou vice-presidente, salvo motivo de força maior, não tiverem assumido os cargos, estes serão declarados vagos (art. 78, parágrafo único, da CF/1988). A Constituição não diz quem deverá declarar a vacância, porém, por se tratar de ato político, deve ser feito pelo Congresso Nacional. Afinal é ele que, em reunião conjunta, recebe o compromisso e posse do presidente e o do vice-

-presidente da República (art. 57, §§ 3º e 6, inciso I, *in fine*, da CF/1988) e lhes autoriza a ausência do país por *mais* de quinze dias (art. 49, inciso III, da CF/1988).

No caso de o presidente não comparecer, mas o vice-presidente sim, este assumirá a Presidência da República (art. 79, *caput*, da CF/1988). Esta assunção será definitiva se a ausência do presidente, imotivada ou motivada, gerar a impossibilidade absoluta de sua investidura.

A posse presidencial dar-se-á em sessão conjunta do Congresso Nacional. Assumirá o presidente o compromisso de manter, defender e cumprir a Constituição, observar as leis, promover o bem geral do povo brasileiro, sustentar a união, a integridade e a independência do Brasil (art. 78 da CF/1988).

Ao vice-presidente cabe *substituir* o presidente, nos casos de *impedimento* por motivo de licença, doença, férias ou outras causas, e suceder-lhe no caso de vaga. No caso de vacância do cargo de presidente, assumirá e completará o mandato, independentemente do lapso temporal faltante.

Em caso de impedimento do presidente e do vice-presidente ou vacância dos respectivos cargos são sucessivamente chamados ao exercício da Presidência: *1)* o presidente da Câmara dos Deputados; *2)* o presidente do Senado Federal; e *3)* o presidente do Supremo Tribunal Federal. Os presidentes da Câmara, do Senado ou do Supremo Tribunal Federal assumirão sempre em caráter temporário. Assim, vagando os cargos de presidente e vice-presidente da República, podem ocorrer duas situações: *a)* vacância nos *dois primeiros anos* do mandato, realizando-se eleição a 90 dias da aberturada última vaga (*eleição direta*); e *b)* vacância *nos últimos dois anos* do período presidencial, a eleição para ambos os cargos será feita em trinta depois da última vaga, e pelo Congresso Nacional (eleição indireta) (art. 81, § 1º, da CF/1988).

O presidente e o vice-presidente da República não poderão, sem licença do Congresso Nacional, ausentar-se do país, por período superior a quinze dias, sob pena de perder do cargo.

10.3.1. Atribuições do presidente da República

Compete privativamente ao presidente da República:

1) a nomeação e exoneração dos ministros de Estado;

2) o exercício, com o auxílio dos ministros de Estado, da direção superior da administração federal;

3) a iniciativa o processo legislativo, nas hipóteses cabíveis;

4) a sanção, promulgação e publicação das leis, bem como expedir decretos e regulamentos para sua fiel execução;

5) o veto total ou parcial a projetos de lei;

6) a edição de decreto sobre: *a)* organização e funcionamento da administração federal, quando não implicar aumento de despesa nem criação ou extinção de órgãos públicos; *b)* extinção de funções ou cargos públicos, quando vagos;

7) a manutenção de relações com Estados estrangeiros e acreditar seus representantes diplomáticos;

8) a celebração de tratados, convenções e atos internacionais, sujeitos a referendo do Congresso Nacional;

9) a decretação do estado de defesa e do estado de sítio;

10) a decretação e execução de intervenção federal;

11) o envio de mensagem e plano de governo ao Congresso Nacional por ocasião da abertura da sessão legislativa, expondo a situação do país e solicitando as providências que julgar necessárias;

12) a concessão do indulto e a comutação de penas, com audiência, se necessário, dos órgãos instituídos em lei;

13) o comando supremo das Forças Armadas, nomeação dos comandantes da Marinha, do Exército e da Aeronáutica, a promoção de seus oficiais-generais e a nomeação para os cargos que lhes são privativos;

14) a nomeação, após aprovação do Senado Federal, dos ministros do Supremo Tribunal Federal e dos tribunais superiores, dos governadores de Territórios, do procurador-geral da República, do presidente e os diretores do banco central e outros servidores, quando determinado em lei;

15) a nomeação dos ministros do Tribunal de Contas da União, dos magistrados, nos casos previstos na Constituição, do advogado-geral da União e dos membros do Conselho da República;

16) a convocação e o exercício da presidência do Conselho da República e do Conselho de Defesa Nacional;

17) a declaração de guerra no caso de agressão estrangeira, autorizado pelo Congresso Nacional ou por ele referendado quando ocorrida no intervalo das sessões legislativas, e, nas mesmas condições, decretação, total ou parcialmente, da mobilização nacional, bem como a celebração da paz, autorizado ou com o referendo do Congresso Nacional;

18) a concessão de condecorações e distinções honoríficas;

19) a permissão, nos casos previstos em lei complementar, que forças estrangeiras transitem pelo território nacional ou nele permaneçam temporariamente;

20) o envio ao Congresso Nacional do plano plurianual, do projeto de lei de diretrizes orçamentárias e das propostas de orçamento previstos nesta Constituição, como apontaremos;

21) a prestação, anualmente, ao Congresso Nacional, dentro de sessenta dias após a abertura da sessão legislativa, das contas referentes ao exercício anterior;

22) o provimento e a extinção dos cargos públicos federais, na forma da lei;

23) a edição de medidas provisórias com força de lei.

10.3.2. Poder normativo

O presidente da República detém poder normativo que pode ser delegado, autônomo e regulamentar.

O *poder normativo delegado* se refere aos atos normativos primários produzidos com autorização do legislativo.

O *poder normativo regulamentar* é aquele disciplinado pelo art. 84, IV, da Constituição federal. Este dispositivo estabelece que compete ao presidente da República "expedir decretos e regulamentos" para fiel execução das leis, sancionadas, promulgadas e publicadas. Nesse caso, não há possibilidade de inovar na ordem jurídica, mas apenas estabelecer normas sobre como determinada lei será cumprida pela administração.

Já o *poder normativo autônomo* inova na ordem jurídica, estabelecendo normas sobre matérias não disciplinadas em lei. A Constituição confere essa prerrogativa no art. 84, VI, alínea 'a', ao autorizar o presidente da República a dispor mediante decreto, sobre organização e funcionamento da administração federal, quando não implicar aumento de despesa nem criação ou extinção de órgãos públicos. Trata-se de inovação em nosso direito, inserido a partir da EC 32/2001, sendo muito comum os decretos autônomos no ordenamento jurídico francês.

10.3.3. Atribuições do vice-presidente da República

As atribuições do vice-presidente da República podem ser classificadas em próprias ou típicas e impróprias ou atípicas.[204]

As *funções próprias* correspondem às atribuições para cujo exercício o cargo de vice-presidente foi instituído. Tais funções podem resultar de previsão expressa da própria Constituição federal ou de lei complementar. Por exemplo: a substituição e sucessão do presidente da República (arts. 79 e 80 da CF/1988); participações nos Conselho da República (art. 89, I) e de Defesa Nacional (art. 91, I). São funções típicas de ordem legal as eventuais atribuições estabelecidas pela lei complementar (art. 79, parágrafo único, da CF/1988).

Entre as *Funções Impróprias*, o vice-presidente auxiliará o presidente, sempre que por ele convocado para missões especiais (art. 79 da CF/1988).

10.3.4. Imunidades do presidente da República

O presidente da República possui imunidade material, imunidade formal e prerrogativa de foro.

Pela *imunidade material* não pode ser responsabilizado por atos estranhos ao exercício de suas funções, quando na vigência do mandato (art. 86, § 4º, da CF/1988). Incluem-se entre os atos as infrações penais comuns praticadas em momento anterior ao da investidura no cargo de chefe do Poder Executivo da União, bem como aquelas praticadas na vigência do mandato, desde que estranhas ao ofício presidencial (STF, *RTJ* 146/467).

---
204. MORAES, Alexandre de. *Direito Constitucional*. 19. ed. São Paulo: Atlas, 2006. p. 439.

Pela *imunidade formal*, somente poderá ser processado, seja por crime comum ou de responsabilidade, após o juízo de admissibilidade da Câmara dos deputados, que necessitará do voto de dois terços de seus membros para autorizar o processo (art. 86, *caput,* da CF/1988). Sua prisão se dará tão só nas infrações penais comuns e após o trânsito em julgado da sentença condenatória (art. 86, § 3º, da CF/1988).

Dispõe ainda de prerrogativa de foro, pois somente o Supremo Tribunal Federal poderá processá-lo e julgá-lo por crimes comuns (art. 102, I, 'b', da CF/1988) e somente o Senado Federal nos chamados crimes de responsabilidade (art. 52, I, da CF/1988).

10.4. Ministros de Estado

Os *ministros de Estado* são meros auxiliares do presidente no exercício do Poder Executivo. São livremente nomeados ou demitidos.

São requisitos para ser ministro do Estado s: *1)* nacionalidade brasileira (originária ou derivada, exigindo-se a primeira tão só para o Ministério das Relações Exteriores), ou ser português equiparado; e *2)* idade mínima de vinte e um anos; e *3)* pleno exercício dos direitos políticos.

São atribuições dos Ministros de Estado: *1)* exercer a orientação, coordenação e supervisão dos órgãos e entidades da administração federal na área de sua competência; *2)* referendar os atos e decretos assinados pelo presidente da República; *3)* expedir instruções para a execução das leis, decretos e regulamentos; *4)* apresentar ao presidente da República relatório anual de sua gestão no Ministério; e *5)* praticar os atos pertinentes às atribuições que lhe forem outorgadas ou delegadas pelo presidente da República (art. 87, parágrafo único, incisos I a IV, da CF/1988).

O referendo a ato ou decreto do presidente da República é requisito de sua validade. O desrespeito a essa formalidade enseja a sua nulidade. O ministro não está obrigado a referendar o ato ou decreto presidencial, mas ao fazê-lo, obriga-se solidariamente com o presidente da República por eventual dano causado. Caso não concorde em ratificar o ato presidencial, poderá ser exonerado. Exerce cargo em comissão (art. 87, parágrafo único, inciso I, *in fine,* da CF/1988).

10.5. CONSELHO DA REPÚBLICA

O *Conselho da República* é órgão superior de consulta do presidente da República. Seu funcionamento e organização são regulados por lei (art. 90, § 1º, da CF/1988).

São membros do Conselho da República: *a)* o vice-presidente da República; *b)* o presidente da Câmara dos Deputados; *c)* o presidente do Senado Federal; *d)* os líderes da maioria e da minoria na Câmara dos Deputados e os líderes da maioria e da minoria no Senado Federal; *e)* o ministro da Justiça; e *f)* seis cidadãos brasileiros natos, com mais de trinta e cinco anos de idade, sendo dois nomeados pelo presidente e dois por cada uma das casas legislativas e para mandato de três anos, sendo vedada a recondução (art. 89, I a VII, da CF/1988). O presidente da República pode convocar ministro de Estado para participar da reunião do Conselho, quando constar da pauta questão relacionada com o seu Ministério (art. 90, § 1º, da CF/1988).

São atribuições do Conselho da República pronunciar-se sobre (art. 90, I e II, da CF/1988): *a)* intervenção federal, estado de defesa e estado de sítio; e *b)* questões relevantes para a estabilidade das instituições democráticas.

10.6. CONSELHO DE DEFESA NACIONAL

O Conselho de Defesa Nacional é órgão de consulta do presidente da República nos assuntos relacionados com a soberania nacional e a defesa do estado democrático (art. 91, *caput,* CF/1988).

São membros do Conselho de Defesa Nacional: *a)* o vice-presidente da República; *b)* o presidente da Câmara dos Deputados; *c)* o presidente do Senado Federal; *d)* o ministro da Justiça; *e)* o ministro de Estado de Defesa; *f)* o ministro das Relações Exteriores; *g)* o ministro do Planejamento; e *h)* os comandantes da Marinha, do Exército e da Aeronáutica (art. 91, I a VIII, da CF/1988).

São atribuições do Conselho de Defesa Nacional (art. 91, § 1º, I a IV): *a)* opinar nas hipóteses de declaração de guerra e de celebração da paz, nos termos da Constituição e sobre a decretação do estado de defesa, do estado de sítio e da intervenção federal; *b)* propor os critérios e condições de utilização de áreas indispensáveis à segurança do território nacional e opinar sobre seu efetivo uso, especialmente na faixa de fronteira e nas relacionadas com a preservação e a exploração dos recursos naturais de qualquer tipo; e *c)* estudar, propor e acompanhar o desenvolvimento de iniciativas necessárias a garantir a independência nacional e a defesa do Estado democrático.

10.7. CRIMES DE RESPONSABILIDADE

Crimes de responsabilidade são infrações político-administrativas definidas em lei, praticadas por detentores de altos cargos públicos. A Constituição federal exemplifica, no art. 85 e incisos, como *crimes de responsabilidade* os atos do presidente da República que atentem contra a Constituição federal e, especialmente, contra: *a)* a existência da União; *b)* o livre exercício do Poder Legislativo, do Poder Judiciário, do Ministério Público e dos poderes constitucionais das unidades da federação; *c)* o exercício dos direitos políticos, individuais e sociais; *d)* a segurança interna do país; *e)* a probidade na administração; *g)* a lei orçamentária; e *h)* o cumprimento das leis e das decisões judiciais. Como mencionado, o rol é exemplificativo e exige lei tipificando conduta e estabelecendo penas (art. 85, parágrafo único, da CF/1988). A Lei nº 1.070/1950 disciplina os crimes de responsabilidade.

Duas sanções podem ser aplicadas na hipótese de condenação por crime de responsabilidade: perda do cargo e inabilitação, por oito anos, para o exercício de função pública. A inabilitação referida compreende todas as funções públicas, quer sejam cargos de provimento efetivo ou comissionado, quer funções eletivas.

O processo para julgamento dos crimes de responsabilidade do presidente da República – processo de *impeachment* – é da competência do Senado Federal (art. 86 da CF/1988). A acusação pode ser apresentada por qualquer brasileiro perante a Câmara dos Deputados. Essa casa exercerá o juízo de admissibilidade da acusação e somente autorizará a abertura de processo contra o presidente da República pelo voto de 2/3 dos seus membros. Instaurado o processo, o Senado transforma-se em Tribunal político e é presidido pelo presidente do Supremo Tribunal Federal. Com sua instauração, o presidente da República ficará suspenso de suas funções (art. 81, § 1º, II, da CF/1988).

Decorrido o prazo de cento e oitenta dias, se o julgamento não tiver sido concluído, sem prejuízo do seguimento do processo, o presidente da República retomará suas funções.

A condenação só será tomada por dois terços dos senadores e se limitará a determinar a perda do cargo e a inabilitação por oito anos para o exercício de função pública (sem prejuízo de outras sanções cabíveis) (art. 52, parágrafo único, da CF/1988).

Poder Judiciário

11.1. CONCEITO DE PODER JUDICIÁRIO

O Poder Judiciário compreende os órgãos que exercem a jurisdição como função típica. Corresponde a uma das funções do Estado, mediante a qual este se substitui aos titulares dos interesses para, imparcialmente, buscar a pacificação com justiça do conflito que os confronta.[205] Na verdade, a jurisdição consiste na aplicação da norma a um caso concreto. Diferencia-se assim da *função legislativa*, que inova na ordem jurídica com normas gerais e abstratas, e da *administrativa*, que aplica a norma de maneira complementar, atuando o Estado como parte na relação jurídica.

11.2. ORGANIZAÇÃO DO JUDICIÁRIO NA CONSTITUIÇÃO BRASILEIRA

Nos termos do art. 92 e incisos I a VII, da Constituição, são órgãos do Poder Judiciário:

a) Supremo Tribunal Federal;

b) o Conselho Nacional de Justiça;

c) o Superior Tribunal de Justiça;

---

205. CINTRA, Antônio Carlos de Araújo; DINAMARCO, Cândido Rangel; GRINOVER, Ada Pellegrini. *Teoria Geral do Processo*. 23. ed. São Paulo: Malheiros Editores, 2007. p. 145.

d) os Tribunais Regionais Federais e Juízes Federais;
e) os Tribunais e Juízes do Trabalho;
f) os Tribunais e Juízes Eleitorais;
g) os Tribunais e Juízes Militares;
h) os Tribunais e Juízes dos Estados e do Distrito Federal e Territórios.

Nos órgãos, temos a ordem judiciária do país, que, no dizer de José Afonso da Silva, compreende: *a)* um órgão de cúpula, o Supremo Tribunal Federal, que serve como guarda da Constituição e Tribunal do Estado Federativo; *b)* um órgão de articulação e defesa do direito objetivo federal, o Superior Tribunal de Justiça; *c)* os sistemas judiciários federal, do trabalho, eleitoral e militar; e *d)* e os sistemas judiciários dos Estados, Distrito Federal e Territórios.[206]

Faz-se a distinção entre *justiça comum* e *justiça especial*. A última compreende as Justiças trabalhista, eleitoral e militar. Aquela se compõe pelos demais órgãos jurisdicionais que julgarão todos os demais litígios, sendo residual. A justiça comum se divide em estadual e federal.

11.2.1. Supremo Tribunal Federal

O Supremo Tribunal Federal é órgão de cúpula do Poder Judiciário, servindo, ao mesmo tempo, como guarda da Constituição (art. 102, *caput*) e como Tribunal da Federação.

Essa precípua competência de guarda da Constituição será analisada com mais profundidade nos tópicos referentes ao Controle de Constitucionalidade. O que cabe apontar é que, dada a evolução do nosso controle, ao Supremo Tribunal Federal foram atribuídas competências no sentido de aproximá-lo de uma corte constitucional nos moldes do modelo europeu. Assim, suas atribuições no controle concentrado de constitucionalidade podem ser compreendidas segundo essa evolução. Entretanto, essa evolução não se deu de forma completa. Ainda persiste uma forma de fiscalização difusa da constitucionalidade, com competência distribuída para todos os juízes.

---

206. SILVA, José Afonso da. *Curso de Direito Constitucional Positivo*. 35. ed. São Paulo: Malheiros Editores, 2011. p. 556-7.

11.2.1.1. Nomeação de membros do Supremo Tribunal Federal

O Supremo Tribunal Federal compõe-se de onze ministros, nomeados pelo presidente da República, depois de aprovada sua escolha por maioria absoluta do Senado Federal (art. 101, parágrafo único, da CF/1988).

São requisitos para a nomeação: *a)* serem brasileiros natos; *b)* com mais de trinta e cinco e menos de sessenta e cinco anos de idade; e *c)* com notável saber jurídico e reputação ilibada.

O método de investidura foi inspirado na Constituição norte-americana e apareceu em nossa organização constitucional a partir da Constituição republicana de 1891.

11.2.1.2. Competência

11.2.1.2.1. Competências originárias

Compete originariamente ao Supremo Tribunal Federal processar e julgar (art. 102, I, alíneas 'a' a 'g', 'i' a 'r', e § 1º, da CF/1988):

1) ação direta de inconstitucionalidade de lei ou ato normativo federal ou estadual e a ação declaratória de constitucionalidade de lei ou ato normativo federal, a arguição de descumprimento de preceito fundamental, a ação direta de inconstitucionalidade por omissão e a ação direta de inconstitucionalidade interventiva;

2) nas infrações penais comuns, o presidente da República, o vice-presidente, os membros do Congresso Nacional, seus próprios ministros e o procurador-geral da República;

3) nas infrações penais comuns e nos crimes de responsabilidade, os ministros de Estado e os comandantes da Marinha, do Exército e da Aeronáutica, os membros dos tribunais superiores, os do Tribunal de Contas da União e os chefes de missão diplomática de caráter permanente;

4) o *habeas corpus*, sendo paciente qualquer das autoridades mencionadas antes; o mandado de segurança e o *habeas data* contra atos do presidente da República, das Mesas da Câmara dos Deputados e do Senado Federal, do Tribunal de Contas da União, do procurador-geral da República e do próprio Supremo Tribunal Federal;

5) o *habeas corpus*, quando o coator for tribunal superior ou quando o coator ou o paciente for autoridade ou funcionário cujos atos estejam sujeitos diretamente à jurisdição do Supremo Tribunal Federal, ou se trate de crime sujeito à mesma jurisdição em uma única instância;

6) o Mandado de Injunção, quando a elaboração da norma regulamentadora for atribuição do presidente da República, do Congresso Nacional, da Câmara dos Deputados, do Senado Federal, das Mesas de uma dessas casas legislativas, do Tribunal de Contas da União, de um dos tribunais superiores, ou do próprio Supremo Tribunal Federal;

7) o litígio entre Estado estrangeiro ou organismo internacional e a União, o Estado, o Distrito Federal ou o Território;

8) as causas e os conflitos entre a União e os Estados-membros, a União e o Distrito Federal, ou entre uns e outros, inclusive as respectivas entidades da administração indireta;

9) a extradição solicitada por Estado estrangeiro;

10) a revisão criminal e a ação rescisória de seus julgados;

11) a reclamação para a preservação de sua competência e garantia da autoridade de suas decisões;

12) a execução de sentença nas causas de sua competência originária, facultada a delegação de atribuições para a prática de atos processuais;

13) a ação em que todos os membros da magistratura sejam direta ou indiretamente interessados, e aquela em que mais da metade dos membros do tribunal de origem estejam impedidos ou sejam direta ou indiretamente interessados;

14) os conflitos de competência entre o Superior Tribunal de Justiça e quaisquer tribunais, entre tribunais superiores, ou entre estes e qualquer outro tribunal;

15) as ações contra o Conselho Nacional de Justiça e contra o Conselho Nacional do Ministério Público.

11.2.1.2.2. Competências recursais

Cabe ao STF dentro de suas competências recursais julgar (art. 102, II e III, da CF/1988):

a) em *recurso ordinário*: o *habeas corpus*, o mandado de segurança, o *habeas data* e o Mandado de Injunção decididos em única instância pelos tribunais superiores (quando a decisão for denegada) e o crime político;

b) em *recurso extraordinário*: *a)* as causas decididas em única ou última instância, quando a decisão recorrida contrariar dispositivo da Constituição, *b)* declarar a inconstitucionalidade de tratado ou lei federal; e *c)* julgar válida lei ou ato de governo local contestado em face da Constituição ou julgar válida lei local contestada em face de lei federal.

É requisito de admissibilidade do *recurso extraordinário* a demonstração da *repercussão geral* das questões constitucionais discutidas. Não presente a repercussão geral, o recurso extraordinário pode deixar de ser recebido pelo voto de 2/3 de seus membros. Dispõe o art. 543-A, § 1º, do Código de Processo Civil que "para efeito da repercussão geral, será considerada a existência, ou não, de questões relevantes do ponto de vista econômico, político, social ou jurídico, que ultrapassem os interesses subjetivos da causa". Esse instituto surgiu pela reforma empreendida pela EC nº 45/2004 e tinha a finalidade de desafogar o STF do número de recursos extraordinários que lhe aportavam.

11.2.1.2.3. Súmulas vinculantes

O Supremo Tribunal Federal também é competente para, de ofício ou por provocação, mediante decisão de dois terços dos seus membros, após reiteradas decisões sobre matéria constitucional, *aprovar súmula* que, a partir de sua publicação na imprensa oficial, terá efeito vinculante em relação aos demais órgãos do Poder Judiciário e à administração pública direta e indireta, nas esferas federal, estadual e municipal, bem como proceder à sua revisão ou cancelamento, na forma estabelecida em lei (art. 103-A, *caput*, da CF/1988).

As súmulas vinculantes têm origem no direito português e nos Assentos. Originalmente, Portugal apresentava uma dualidade nas fontes jurídicas, ou seja, vigiam as Ordenações, que deviam ser entendidas como um direito especial e o Direito romano, compreendido como o direito geral. Essa duplicidade de tratamento por vezes causava dificuldades na aplicação da norma jurídica. Essa confusão somente foi solucionada pela intervenção e obra dos Tribunais Superiores do Reino e por aquilo que era entendido como uma interpretação autêntica. Daí que os tribunais do Reino editavam Assentos que tinham força de lei.

A história dos Assentos é curiosa. Iniciada em Portugal como critério de uniformização e interpretação, foi posteriormente relegada quando de sua constitucionalização, o que gerou novas dificuldades. Uma nova série de mecanismos foi tentada na busca de uma harmonia jurisprudencial. A partir de 1926, tentou-se um mecanismo que permitia ao perdedor de uma demanda socorrer-se ao Superior Tribunal de Justiça, quando houvesse interpretações divergentes sobre o tema. A interpretação por ele dada seria mote a ser utilizado pelos tribunais inferiores e para as demais decisões.

Nessa seara, as súmulas vinculantes consistem em ato jurisdicional por emanarem de órgão do Poder Judiciário. Mas trata-se de *ato jurisdicional normativo* que tem sua origem em ato normativo geral, abstrato e vinculante.

Daí que a súmula tem por *objetivo* a validade, a interpretação e a eficácia de normas determinadas, acerca das quais haja controvérsia atual entre órgãos judiciários ou entre esses e a administração pública e que seja causa de grave insegurança jurídica e relevante multiplicação de processos sobre questão idêntica (art. 103-A, § 1º, da CF/1988).

São requisitos para sua edição: *a)* preexistência de decisões anteriores, o que justifica a alegação de sua inconstitucionalidade formal, caso não existam; *b)* controvérsia entre órgãos judiciários ou entre esses e a administração pública; *ou* controvérsia sobre a validade, interpretação e eficácia de normas determinadas; e *c)* a presença de grave insegurança jurídica e relevante multiplicidade de processos sobre questão idêntica.

Os legitimados para a proposição da edição, revisão ou cancelamento de súmula (sem esquecer a possibilidade de o Supremo Tribunal Federal realizá-la de ofício), segundo o art. 103-A, § 2º, da CF/1988, são os mesmos legitimados para a proposição de ação direta de inconstitucionalidade, arrolados no art. 103, incisos I a IX, isto é, o presidente da República, a Mesa do Senado Federal, a Mesa da Câmara dos Deputados, a Mesa de Assembleia Legislativa ou da Câmara Legislativa do Distrito Federal, o governador de Estado ou do Distrito Federal, o procurador-geral da República, o Conselho Federal da Ordem dos Advogados do Brasil, partido político com representação no Congresso Nacional, e confederação sindical ou entidade de classe de âmbito nacional. A esses, deve-se acrescentar: o defensor público-geral da União e os tribunais superiores, os tribunais de Justiça de Estados ou do Distrito Federal e Territórios, os tribunais regionais federais, os tribunais regionais do trabalho, os tribunais regionais eleitorais e os tribunais militares (art. 3º, incisos VI e XI, da Lei nº 11.417/2006). Município também poderá propor, *incidentalmente,* ao curso de processo em que seja parte, a edição, a revisão ou o cancelamento de enunciado de súmula vinculante, o que não autoriza a suspensão do processo (art. 3º, § 1º, da Lei nº 11.417/2006).

Os efeitos das súmulas são vinculantes em relação ao Poder Executivo e ao Poder Judiciário. Não atinge, porém, o Legislativo, visto ofender o princípio da separação dos poderes.

Caberá reclamação ao Supremo Tribunal Federal do ato administrativo ou decisão judicial que contrariar a súmula aplicável ou que indevidamente a aplicar. Julgando-a procedente, o tribunal anulará o ato ou a decisão reclamada e determinará que outra seja proferida com ou sem a aplicação da súmula (art. 103-A, § 3º, da CF).

11.2.2. Conselho Nacional de Justiça

O Conselho Nacional de Justiça é órgão integrante do Poder Judiciário e é responsável por seu controle. Foi instituído pela reforma do judiciário empreendida pela EC nº 45/2004. Veio, assim, da discussão que apontou como necessárias algumas alterações na estrutura e funcionamento do Poder Judiciário.

Dentro das discussões quanto à reestruturação do judiciário, buscou-se subsídio do direito comparado da existência de Conselhos Nacionais da Magistratura em países europeus como França, Espanha e Portugal. Nesses países, esses conselhos são órgãos do próprio judiciário que têm por finalidade, sobretudo, garantir a independência do Poder Judiciário em relação aos demais poderes.

O Conselho Nacional da Magistratura é composto, nos termos do art. 103-B da CF/1988 por quinze membros com mandato de dois anos, admitida uma recondução. Eles são: *a)* o presidente do Supremo Tribunal Federal; *b)* um ministro indicado entre seus pares pelo Superior Tribunal de Justiça; *c)* um ministro do Tribunal Superior do Trabalho, indicado pelo respectivo tribunal; *d)* um desembargador de tribunal de Justiça e um juiz estadual, indicados pelo Supremo Tribunal Federal; *e)* um juiz de tribunal regional federal e um juiz federal, indicados pelo Superior Tribunal de Justiça; *f)* um juiz de tribunal regional do trabalho e um juiz do trabalho, indicados pelo Tribunal Superior do Trabalho; *g)* um membro do Ministério Público da União e um membro do Ministério Público estadual (segundo listas de indicações formuladas pelas instituições estaduais) *indicados* pelo procurador-geral da República; *h)* dois advogados, indicados pelo Conselho Federal da Ordem dos Advogados do Brasil; e *i)* dois cidadãos, de notável saber jurídico e reputação ilibada, indicados um pela Câmara dos Deputados e outro pelo Senado Federal. Com exceção do presidente do Supremo Tribunal Federal, os outros membros serão nomeados pelo presidente da República, após a escolha ser aprovada por maioria absoluta do Senado Federal (art. 103-B, § 2º, da CF/1988). Se as escolhas não forem realizadas no prazo legal, as indicações caberão ao Supremo Tribunal Federal (art. 103-B, § 3º, da CF/1988).

O Conselho é presidido pelo presidente do Supremo Tribunal Federal e, nas suas ausências, pelo vice-presidente (art. 103-B, § 1º).

A função de ministro Corregedor caberá a ministro do Superior Tribunal de Justiça. Suas funções são: *a)* receber reclamações, denúncias, de qualquer interessado, relativas aos magistrados e aos serviços judiciários; *b)* realizar correições e inspeção geral; e *c)* requisitar e designar magistrados, transferindo-lhes atribuições e requisitar serviços de juízos ou tribunais.

São competências do Conselho Nacional de Justiça o controle da atuação administrativa e financeira do Poder Judiciário e do cumprimento dos deveres funcionais dos juízes, cabendo-lhe ainda, sem prejuízo de outras estabelecidas pelo Estatuto da Magistratura:

   a) zelar pela autonomia do Poder Judiciário e pelo cumprimento do Estatuto da Magistratura, podendo expedir atos regulamentares, no âmbito de sua competência, ou recomendar providências;

b) zelar pela observância do art. 37 da Constituição, referente as normas da administração, e apreciar, de ofício ou mediante provocação, a legalidade dos atos administrativos praticados por membros ou órgãos do Poder Judiciário, podendo desconstituí-los, revê-los ou fixar prazo para que se adotem as providências necessárias ao exato cumprimento da lei, sem prejuízo da competência do Tribunal de Contas da União;

c) receber e conhecer das reclamações contra membros ou órgãos do Poder Judiciário, inclusive contra seus serviços auxiliares, serventias e órgãos prestadores de serviços notariais e de registro que atuem por delegação do poder público ou oficializados, sem prejuízo da competência disciplinar e correicional dos tribunais, podendo avocar processos disciplinares em curso e determinar a remoção, a disponibilidade ou a aposentadoria com subsídios ou proventos proporcionais ao tempo de serviço e aplicar outras sanções administrativas, assegurada ampla defesa;

d) representar ao Ministério Público, no caso de crime contra a administração pública ou de abuso de autoridade;

e) rever, de ofício ou mediante provocação, os processos disciplinares de juízes e membros de tribunais julgados há menos de um ano;

f) elaborar semestralmente relatório estatístico sobre processos e sentenças prolatadas, por unidade da federação, nos diferentes órgãos do Poder Judiciário;

g) elaborar relatório anual, propondo as providências que julgar necessárias, sobre a situação do Poder Judiciário no país e as atividades do Conselho, o qual deve integrar mensagem do presidente do Supremo Tribunal Federal a ser remetida ao Congresso Nacional, por ocasião da abertura da sessão legislativa.

11.2.3. Superior Tribunal de Justiça

O Superior Tribunal de Justiça é composto por, no mínimo, trinta e três ministros, escolhidos pelo presidente da República e aprovados por maioria absoluta do Senado Federal. São requisitos para nomeação ser brasileiro com mais de trinta e cinco e menos de sessenta e cinco anos, de notável saber jurídico e reputação ilibada, sendo: *a)* um terço dos ministros provenientes dentre juízes dos tribunais regionais federais e desembargadores dos tribunais de Justiça, indicados em lista tríplice elaborada pelo próprio tribunal; e *b)* um terço, em partes iguais, dentre advogados e membros do Ministério Público federal, estadual, do Distrito Federal e Territórios, alternadamente, indicados na forma do quinto constitucional (art. 104, parágrafo único, I e II, da CF/1988).

O Superior Tribunal de Justiça serve como *órgão de superposição*, no sentido de que julga causas, em determinadas situações, que hajam exaurido todas as instâncias das Justiças de que provêm. O STJ é o *guardião da lei federal*, no sentido de que lhe compete julgar recursos interpostos contra decisões dos tribunais de Justiça ou tribunais regionais federais, que contrariem ou neguem vigência a tratado ou lei federal, e também *unificador da interpretação do direito*, no sentido de que lhe cabe rever as decisões que derem a lei federal interpretação divergente da que lhe haja atribuído outro tribunal.[207]

A competência originária do STJ, nos termos do art. 105, I, alíneas 'a' a 'i', da CF/1988 é processar e julgar:

1) nos crimes comuns, os governadores dos Estados e do Distrito Federal, e, nestes e nos de responsabilidade, os desembargadores dos tribunais de Justiça dos Estados e do Distrito Federal, os membros dos tribunais de contas dos Estados e do Distrito Federal, os dos tribunais regionais federais, dos tribunais regionais eleitorais e do trabalho, os membros dos conselhos ou tribunais de contas dos municípios e os do Ministério Público da União que oficiem perante tribunais;

2) os mandados de segurança e os *habeas data* contra ato de ministro de Estado, dos comandantes da Marinha, do Exército e da Aeronáutica ou do próprio tribunal;

3) o *habeas corpus*, quando o coator ou paciente for qualquer das pessoas mencionadas no item 1, ou quando o coator for tribunal sujeito à sua jurisdição, ministro de Estado ou comandante da Marinha, do Exército ou da Aeronáutica, ressalvada a competência da Justiça eleitoral;

---

207. CINTRA, Antônio Carlos de Araújo; DINAMARCO, Cândido Rangel; GRINOVER, Ada Pellegrini. *Teoria Geral do Processo*. 23. ed. São Paulo: Malheiros Editores, 2007. p. 200.

4) os conflitos de competência entre quaisquer tribunais, ressalvado a competência do Supremo Tribunal Federal, bem como entre tribunal e juízes a ele não vinculados e entre juízes vinculados a tribunais diversos;

5) as revisões criminais e as ações rescisórias de seus julgados;

6) a reclamação para a preservação de sua competência e garantia da autoridade de suas decisões;

7) os conflitos de atribuições entre autoridades administrativas e judiciárias da União, ou entre autoridades judiciárias de um Estado e administrativas de outro ou do Distrito Federal, ou entre as deste e da União;

8) o Mandado de Injunção, quando a elaboração da norma regulamentadora for atribuição de órgão, entidade ou autoridade federal, da administração direta ou indireta, excetuados os casos de competência do Supremo Tribunal Federal e dos órgãos da Justiça militar, da Justiça eleitoral, da Justiça do trabalho e da Justiça federal;

9) a homologação de sentenças estrangeiras e a concessão de *exequatur* às cartas rogatórias.

Já quanto à *competência recursal*, caberá ao STJ:

a) em *recurso ordinário*, julgar os *habeas corpus* decididos em única ou última instância pelos tribunais regionais federais ou pelos tribunais dos Estados, do Distrito Federal e Territórios, quando a decisão for denegatória; os mandados de segurança decididos em única instância pelos tribunais regionais federais ou pelos tribunais dos Estados, do Distrito Federal e Territórios, quando denegatória a decisão; as causas em que forem partes Estado estrangeiro ou organismo internacional, de um lado, e, do outro, município ou pessoa residente ou domiciliada no país (art. 105, II, da CF);

b) em *recurso especial*, julgar as causas decididas, em única ou última instância, pelos tribunais regionais federais ou pelos tribunais dos Estados, do Distrito Federal e Territórios, quando a decisão recorrida contrariar tratado ou lei federal, ou negar-lhes vigência, julgar válido ato de governo local contestado em face de lei federal ou der à lei federal interpretação divergente da que lhe haja atribuído outro tribunal (art. 105, III, da CF/1988).

11.2.4. Justiça Federal

Os órgãos da Justiça Federal, nos termos da CF/1988, são: *a)* os tribunais regionais federais; e *b)* os juízes federais.

Os tribunais regionais federais são compostos por, no mínimo, sete juízes, recrutados, quando possível, na respectiva região e nomeados pelo presidente da República dentre brasileiros com mais de trinta e menos de sessenta e cinco anos (art. 107 da CF/1988). A maior parte corresponde à promoção de juízes federais com mais de cinco anos de exercício, promovidos por antiguidade e merecimento. A outra parte é composta por meio do quinto constitucional.

É competência dos tribunais regionais federais (art. 108 da CF/1988):

1) processar e julgar, *originariamente*: *a)* os juízes federais da área de sua jurisdição, incluídos os da Justiça militar e da Justiça do trabalho, nos crimes comuns e de responsabilidade, e os membros do Ministério Público da União, ressalvada a competência da Justiça eleitoral; *b)* as revisões criminais e as ações rescisórias de julgados seus ou dos juízes federais da região; *c)* os mandados de segurança e os *habeas data* contra ato do próprio tribunal ou de juiz federal; *d)* os *habeas corpus*, quando a autoridade coatora for juiz federal; *e)* os conflitos de competência entre juízes federais vinculados ao tribunal; e

2) julgar, em grau de recurso, as causas decididas pelos juízes federais e pelos juízes estaduais no exercício da competência federal da área de sua jurisdição.

É competência dos juízes federais processar e julgar (art. 109 da CF):

a) as causas em que a União, entidade autárquica ou empresa pública federal forem interessadas na condição de autoras, rés, assistentes ou oponentes, exceto as de falência, as de acidentes de trabalho e as sujeitas à Justiça eleitoral e à Justiça do trabalho;

b) as causas entre Estado estrangeiro ou organismo internacional e município ou pessoa domiciliada ou residente no país;

c) as causas fundadas em tratado ou contrato da União com Estado estrangeiro ou organismo internacional;

d) os crimes políticos e as infrações penais praticadas em detrimento de bens, serviços ou interesse da União ou de suas entidades autárquicas ou empresas públicas, excluídas as contravenções e ressalvada a competência da Justiça militar e da Justiça eleitoral;

e) os crimes previstos em tratado ou convenção internacional, quando, iniciada a execução no país, o resultado tenha ou devesse ter ocorrido no estrangeiro, ou reciprocamente;

f) as causas relativas a direitos humanos, suscitadas por incidente de deslocamento de competência para a Justiça Federal;

g) os crimes contra a organização do trabalho e, nos casos determinados por lei, contra o sistema financeiro e a ordem econômico-financeira;

h) os *habeas corpus*, em matéria criminal de sua competência ou quando o constrangimento provier de autoridade cujos atos não estejam diretamente sujeitos a outra jurisdição;

i) os mandados de segurança e os *habeas data* contra ato de autoridade federal, excetuados os casos de competência dos tribunais federais;

j) os crimes cometidos a bordo de navios ou aeronaves, ressalvada a competência da Justiça militar;

k) os crimes de ingresso ou permanência irregular de estrangeiro, a execução de carta rogatória, após o *exequatur*, e de sentença estrangeira, após a homologação, as causas referentes à nacionalidade, inclusive a respectiva opção, e à naturalização;

l) a disputa sobre direitos indígenas.

Haverá incidente de deslocamento de competência para a Justiça Federal, quando houver grave violação de direitos humanos, hipótese na qual, o procurador-geral da República o suscitará (art. 109, § 5º, da CF/1988).

11.3. MAGISTRATURA

A magistratura consiste no conjunto de juízes que integram o Poder Judiciário, sendo magistrados apenas os juízes de direito.[208] Excluem-se os juízes de paz, os árbitros, os conciliadores e os juízes leigos.

---

208. CINTRA, Antônio Carlos de Araújo; DINAMARCO, Cândido Rangel; GRINOVER, Ada Pellegrini. *Teoria Geral do Processo*. 23. ed. São Paulo: Malheiros Editores, 2007. p. 185-6.

Nos termos do art. 93 da CF/1988, lei complementar, de iniciativa do Supremo Tribunal Federal, disporá sobre o Estatuto da Magistratura, observados os princípios do ingresso na carreira, da promoção, do acesso aos tribunais de segundo grau, entre outros. Trataremos desses de maneira específica.

11.3.1. Carreira e recrutamento dos juízes

Os juízes ingressam na carreira, cujo cargo inicial é o de juiz substituto, através de concurso público de provas e títulos, obedecendo-se, nas nomeações, à ordem de classificação (art. 93, I, da CF/1988). Deve haver no concurso a participação da Ordem dos Advogados do Brasil em todas as fases. Os requisitos para o ingressos são: *a)* ser bacharel em direito; e *b)* ter cumprido três anos de atividade jurídica.

A carreira corresponde à possibilidade de acesso a cargos elevados dentro da magistratura. Nesse sentido, garante a Lei Maior a promoção de entrância para entrância, alternadamente, pelos critérios de *antiguidade* e *merecimento* (art. 93, II, da CF/1988).

A promoção por merecimento é disciplinada na forma seguinte (art. 93, II, alíneas 'a' a 'c'). É obrigatória a promoção do juiz que figure por três vezes consecutivas ou cinco alternadas em lista de merecimento. A promoção por merecimento pressupõe dois anos de exercício na respectiva entrância, além de integrar o juiz a quinta parte da lista de antiguidade desta, salvo se não houver quem, com os requisitos, não aceite o lugar vago. Os critérios para aferição de merecimento serão fundamentados pelo desempenho e pelos critérios objetivos de produtividade e presteza no exercício de jurisdição e pela frequência e aproveitamento em cursos oficiais ou reconhecidos de aperfeiçoamento.

Já na promoção por antiguidade, o tribunal somente poderá recusar o juiz mais antigo por voto fundamento de dois terços de seus membros, conforme procedimento próprio, e assegurada ampla defesa (art. 93, II, alínea 'd', da CF/1988).

Não será promovido o juiz que, injustificadamente, retiver autos em seu poder além do prazo legal, não podendo devolvê-los ao cartório sem o devido despacho ou decisão (art. 93, II, alínea 'e', da CF/1988).

O acesso aos tribunais de segundo grau, por regra, far-se-á pelos critérios de antiguidade e merecimento, alternadamente, apurados na última ou única entrância (art. 93, III, da CF/1988). Regra geral, pois há situações excepcionais, como a que contempla a regra do quinto constitucional.

Há previsão de cursos oficiais de preparação, aperfeiçoamento e promoção de magistrados (art. 93, IV, da CF/1988).

11.3.1.1. O quinto constitucional

Consagra a regra do *quinto constitucional* o art. 94 da CF/1988. Estabelece que um quinto dos lugares dos tribunais regionais federais, dos tribunais dos Estados e do Distrito Federal e Territórios será composto por: *a)* membros, do Ministério Público, com mais de dez anos de carreira; e *b)* advogados de notório saber jurídico e de reputação ilibada, com mais de dez anos de efetiva atividade profissional. Os órgãos de representação das respectivas classes os indicarão em lista sêxtupla.

Recebidas as indicações, cada tribunal formará lista tríplice e as enviará ao Poder Executivo, que nos vinte dias subsequentes, escolherá um dos integrantes para nomeação (art. 94, parágrafo único, da CF/1988).

Nos termos dos dispositivos dos arts. 111-A, I, e 115, I, a regra do quinto constitucional se estende para os tribunais regionais do trabalho, para o Tribunal Superior do Trabalho.

11.3.2. Outros princípios da magistratura

De acordo com o art. 93 da Constituição, o Estatuto da Magistratura será disposto por lei complementar, observados alguns princípios. Alguns deles referem-se à carreira e ao recrutamento. Outros princípios também consagrados são:

1) o subsídio dos ministros dos tribunais superiores corresponderá a noventa e cinco por cento do subsídio mensal fixado para os ministros do Supremo Tribunal Federal e os subsídios dos demais magistrados serão fixados em lei e escalonados, em nível federal e estadual, conforme as respectivas categorias da estrutura judiciária nacional, não podendo a diferença entre uma e outra ser superior a dez por cento ou inferior a cinco por cento, nem exceder a noventa e cinco por cento do subsídio mensal dos ministros dos tribunais superiores, respeitados os limites do art. 37, XI, da Carta (art. 93, V, da CF/1988);

2) o juiz titular deverá residir na respectiva comarca, salvo autorização do tribunal (art. 93, VII, da CF/1988);

3) o ato de remoção, disponibilidade e aposentadoria do magistrado, por interesse público, fundar-se-á em decisão por voto da maioria absoluta do respectivo tribunal ou do Conselho Nacional de Justiça, assegurada ampla defesa (art. 93, VIII, da CF/1988);

4) todos os julgamentos dos órgãos do Poder Judiciário são públicos, e fundamentadas todas as decisões, sob pena de nulidade, podendo a lei limitar a presença, em determinados atos, às próprias partes e a seus advogados, ou somente a estes, nos casos específicos de preservação do direito à intimidade do interessado no sigilo (art. 93, IX, da CF/1988);

5) as decisões administrativas dos tribunais são motivadas e em sessão pública, sendo as disciplinares tomadas pelo voto da maioria absoluta de seus membros (art. 93, X, da CF/1988);

6) a atividade jurisdicional é *ininterrupta*, sendo vedado férias coletivas nos juízos e tribunais de segundo grau, funcionando, nos dias em que não houver expediente forense normal, juízes em plantão permanente (art. 93, XII);

7) o número de juízes na unidade jurisdicional será proporcional à efetiva demanda judicial e à respectiva população (art. 93, XIII);

8) os servidores receberão delegação para a prática de atos de administração e atos de mero expediente sem caráter decisório (art. 93, XIV);

9) a distribuição de processos será imediata, em todos os graus de jurisdição (art. 93, XV).

11.3.3. Garantias do Poder Judiciário

Ao Poder Judiciário há uma série de garantias que, similarmente as atribuídas aos outros poderes, vêm assegurar, sobretudo, a sua independência. José Afonso da Silva divide-as em *a) garantias institucionais*, referentes ao

Poder Judiciário como um todo; e *b) garantias funcionais ou de órgãos*, que garantem independência aos membros do judiciário.[209]

11.3.3.1. Garantias institucionais

As garantias institucionais correspondem à autonomia administrativa e financeira assegurada ao Poder Judiciário.

A *autonomia financeira* é garantida pelos seguintes dispositivos, entre outros, pela elaboração pelos tribunais de suas propostas orçamentárias dentro dos limites estipulados conjuntamente com os demais poderes na lei de diretrizes orçamentárias (art. 99, § 1º, da CF/1988). O encaminhamento da proposta, ouvidos os outros tribunais interessados, nos termos do § 2º do art. 99, competirá: no âmbito da União, aos presidentes do Supremo Tribunal Federal e dos tribunais superiores, com a aprovação dos respectivos tribunais; e no âmbito dos Estados e no do Distrito Federal e Territórios, aos presidentes dos tribunais de Justiça, com a aprovação dos respectivos tribunais.

Já a *autonomia administrativa* consiste nas competências:

a) dos tribunais, para eleger seus órgãos diretivos e elaborar seus regimentos internos, com observância das normas de processo e das garantias processuais das partes, dispondo sobre a competência e o funcionamento dos respectivos órgãos jurisdicionais e administrativos; organizar suas secretarias e serviços auxiliares e os dos juízos que lhes forem vinculados, velando pelo exercício da atividade correicional respectiva; prover, na forma prevista na Constituição, os cargos de juiz de carreira da respectiva jurisdição; propor a criação de novas varas judiciárias; prover, por concurso público de provas, ou de provas e títulos, os cargos necessários à administração da Justiça, exceto os de confiança; e conceder licença, férias e outros afastamentos a seus membros e aos juízes e servidores que lhes forem imediatamente vinculados (art. 96, I, da CF);

b) do Supremo Tribunal Federal, dos tribunais superiores e dos tribunais de Justiça, para propor ao Poder Legislativo respectivo a alteração do

---

209. SILVA, José Afonso da. *Curso de Direito Constitucional Positivo*. 35. ed. São Paulo: Malheiros Editores, 2011. p. 588.

número de membros dos tribunais inferiores; a criação e a extinção de cargos e a remuneração dos seus serviços auxiliares e dos juízos que lhes forem vinculados, bem como a fixação do subsídio de seus membros e dos juízes, inclusive dos tribunais inferiores, onde houver; a criação ou extinção dos tribunais inferiores; e a alteração da organização e da divisão judiciárias (art. 96, II, da CF/1988);

c) e dos *tribunais de Justiça*, para julgar os juízes estaduais e do Distrito Federal e Territórios, bem como os membros do Ministério Público, nos crimes de responsabilidade, ressalvada a competência da Justiça eleitoral (art. 96, III, da CF/1988).

11.3.3.2. Garantias funcionais

As garantias funcionais são de dois tipos: *a)* garantias de independência; e *b)* impedimentos que garantem imparcialidade.

As *garantias de independência* são (art. 95 da CF/1988):

1) *Vitaliciedade,* que corresponde à prerrogativa do membro do judiciário de não perder o cargo, salvo por sentença judicial transitada em julgado. Essa garantia só será adquirida após dois anos de exercício, dependendo a perda, nesse período, de deliberação do tribunal a que estiver vinculado.

2) *Inamovibilidade,* que corresponde à prerrogativa do juiz não ser removido ou promovido contra a própria vontade. Excepcionalmente – por *interesse público* e pelo *voto da maioria absoluta* do tribunal a que estiver vinculado ou do Conselho Nacional de Justiça – pode ser removido, aposentado compulsoriamente ou colocado em disponibilidade, assegurado em qualquer caso a ampla defesa. Trata-se de hipótese de interesse público, e não pode ser confundida com a sanção disciplinar aplicada por incorrer em ilícito.

3) *Irredutibilidade de subsídio,* que corresponde à prerrogativa de ter protegido o seu padrão remuneratório nominal e que não se confunde com as perdas decorrentes do custo inflacionário ou os descontos provenientes do pagamento de impostos e contribuições incidentes na folha de pagamento.

Já os *impedimentos* visam a garantir a imparcialidade. São estabelecidos como forma de preservar a isenção, o seu compromisso primeiro com a função assumida e o seu não comprometimento com os interesses que, por vezes, estão sob seus cuidados. Daí que aos juízes é vedado (art. 95, parágrafo único, incisos I a V, da CF/1988):

1) exercer, ainda que em disponibilidade, outro cargo ou função, salvo uma de magistério;

2) receber, a qualquer título ou pretexto, custas ou participação em processo;

3) dedicar-se à atividade político-partidária;

4) receber, a qualquer título ou pretexto, auxílios ou contribuições de pessoas físicas, entidades públicas ou privadas, ressalvadas as exceções previstas em lei;

5) exercer a advocacia no juízo ou tribunal do qual se afastou, antes de decorridos três anos do afastamento do cargo por aposentadoria ou exoneração.

11.3.4. Lei Orgânica da Magistratura Nacional – LOMAN

As normas básicas sobre a organização do Poder Judiciário se encontram na Constituição. Outra fonte de normas sobre a organização é a Lei Orgânica da Magistratura Nacional – LOMAN (LC nº 35/1979, alterada pela LC nº 37/1979).

A LOMAN surgiu na vigência ainda da Constituição de 1967, alterada pela Emenda nº 1/1969. Assim, muitas de suas normas, sobretudo, referentes à estrutura judiciária ou as garantias encontram-se positivadas ou alteradas na Constituição atual. Pela idade do texto também muitas de suas normas encontram-se revogadas.

Entre seus dispositivos, destacam-se os deveres dos magistrados, disciplinados pelos arts. 35 a 39 e as penalidades a eles aplicadas (arts. 40 a 48).

CONTROLE DE CONSTITUCIONALIDADE

12.1. PRESSUPOSTOS DO CONTROLE DE CONSTITUCIONALIDADE

O controle de constitucionalidade decorre da necessidade de guarda da Constituição. É indispensável o estabelecimento de mecanismos que a preserve dos arroubos e desrespeito dos demais poderes.

Daí que decorre de dois pressupostos: a ideia de rigidez constitucional e a supremacia da Constituição.

A rigidez constitucional é a essência das Constituições que preveem um procedimento dificultoso para sua transformação, o que faz com que suas normas possuam um nível de hierarquia formal maior do que o de outras do ordenamento, isto é, os custos de sua modificação são mais altos que o de outras. Estas tornam-se subalternas e de inaceitável desrespeito ao mandamento constitucional. Qualquer mudança formal ocorre por emenda, o que exige um quórum de aprovação maior e esbarra em uma série de limitações (como as cláusulas pétreas).

Da ideia de rigidez surge a concepção de supremacia da Constituição. Esta corresponde à noção de primazia material da Constituição sobre as outras normas (supremacia material) e de primazia no ordenamento (supremacia formal). Pela supremacia da Constituição, nenhuma outra norma pode violá-la por lhe ser subalterna.

12.2. CONCEITO DE CONTROLE DE CONSTITUCIONALIDADE

Controle de constitucionalidade corresponde à apreciação da compatibilidade entre uma lei ou ato normativo com a Constituição, devendo lhe guardar uma relação de adequação.

Os requisitos de constitucionalidade são formais e materiais. Os requisitos formais correspondem à adequação de uma lei ou ato normativo com o processo legislativo esculpido na Constituição. A adequação formal subjetiva corresponde à legitimidade e iniciativa para iniciar o processo de elaboração da norma. Já a adequação formal objetiva, corresponde à obediência da norma às demais fases do processo legislativo (art. 69 da CF/1988). Os requisitos materiais referem-se à adequação da lei ou ato normativo ao conteúdo da Constituição.

12.3. INCONSTITUCIONALIDADE

O controle de constitucionalidade pressupõe, assim, a ideia de inconstitucionalidade, correspondente à situação de incompatibilidade entre uma norma infraconstitucional e a Constituição.

A inconstitucionalidade pode ser tipificada e sua tipificação é de utilidade para investigação do próprio vício:

1) Quanto à sua natureza jurídica, ela é: *a)* formal: incompatibilidade quanto à forma de produção da norma, desrespeito as diretrizes formais estabelecidas na Constituição, no que se refere ao órgão competente para criá-la ou modo de elaboração; e *b)* material: incompatibilidade em face de matéria albergada por princípio ou norma constitucional.

2) Quanto à forma de expressão: *a)* inconstitucionalidade por ação: elaboração de lei ou ato normativo em desrespeito à Constituição; e *b)* por omissão: conduta omissiva do legislador ou do administrador, em não elaborar norma (lei ou ato normativo), a despeito de determinação do texto constitucional.

Poderia o Executivo deixar de cumprir norma tida por inconstitucional? Existem posições que a admitem (majoritária) e outras que não. O entendimento mais acertado é o de que somente ao chefe do Executivo caberia, com fundamento em seu poder hierárquico, expedir determinações aos demais servidores e agentes.[210]

12.4. TIPOS DE CONTROLE DE CONSTITUCIONALIDADE

12.4.1. Controle de constitucionalidade repressivo e preventivo

Quanto ao momento do controle de constitucionalidade, divisam-se dois tipos: *a)* repressivo: quando a ordem jurídica já foi inovada por ato normativo ou lei, em face da qual, se aprecia a inconstitucionalidade; e *b)* e o preventivo: que é aquele exercido quando a ordem jurídica não foi ainda inovada. O ato normativo ou a lei está em vias de ser produzido. Foi realizado antes do ocaso do processo legislativo.

12.4.1.1. Controle preventivo

O controle de constitucionalidade preventivo é realizado tanto pelo Poder Legislativo quanto pelo Poder Executivo.

Pelo Poder Legislativo, é empreendido pelas Comissões Permanentes, que são órgãos perenes, criados no âmbito das respectivas casas legislativas, com atribuições regimentais ou decorrentes de seu ato de criação (art. 58, *caput*, da CF/1988). Como exemplo, temos a Comissão de Constituição, Justiça e de Cidadania (art. 32, IV, do Regimento Interno da Câmara dos Deputados), Comissão de Constituição, Justiça e Cidadania (art. 101 do Regimento Interno do Senado Federal). O controle preventivo pelo legislativo também é feito no Plenário das casas legislativas, com a não aprovação de projeto de lei viciado por inconstitucionalidade.

O controle pelo Poder Executivo se dá por meio do veto jurídico, que é atribuição concedida ao chefe do Executivo, para barrar o processo legislativo, se entender que a norma a ser elaborada vulnera a Constituição (art. 66, § 1º, da CF/1988).

---

210. MORAES, Alexandre de. *Direito Constitucional*. 19. ed. São Paulo: Atlas, 2006. p. 639.

12.4.1.2. Controle repressivo

O órgão que exerce o controle repressivo, como regra geral, é o Judiciário. A Constituição federal, contudo, estabelece algumas exceções:

a) faculdade conferida ao Senado para sustar através de resolução, os atos normativos do Poder Executivo, que exorbitem a atribuição regulamentar, ou dos limites da delegação legislativa (art. 49, V, da CF/1988);

b) apreciação feita pelo Congresso Nacional das medidas provisórias editadas pelo presidente da República. Afinal, é ato normativo que, ao ser editado, produz efeitos e obriga. Seu conhecimento pelo Congresso Nacional ocorre *a posteriori*, ou seja, quando o mundo jurídico já foi inovado.

12.4.2. Controle de constitucionalidade jurídico e político

O controle de constitucionalidade apresenta especial nuança a depender do órgão encarregado do seu exercício e pode ser:

a) *político*: realizado por órgão com competência específica para o controle e diverso do Poder Judiciário. Como exemplo, podemos apontar o controle de constitucionalidade realizado pelo Conselho Constitucional da República Francesa de 1958. Inclusive, é uma fiscalização tão peculiar que é empreendida preventivamente (durante o trâmite do processo legislativo);

b) *jurídico*: controle concedido a órgão jurisdicional. É o mais comum. Como exemplo, apontamos os sistemas de controle, como compreendidos na Alemanha (tribunal constitucional) ou nos Estados Unidos (por todo o judiciário);

c) *misto*: parte do controle é outorgado a um órgão político e outra parte a órgão jurisdicional.

12.4.3. Sistemas de controle jurisdicional de constitucionalidade

Em regra, há um padrão de duas formas para se empreender o controle de constitucionalidade. Padrão que guarda simetria com as características dos dois sistemas de controle: o modelo americano e o modelo europeu. Ambos têm identidades que acabam por diferenciá-los, quer no que se reporta à competência jurisdicional para o seu exercício, quer quanto ao modelo processual e procedimental empregado

Quanto à competência do órgão jurisdicional encarregado da fiscalização de controle jurídico de constitucionalidade:

a) o *sistema difuso*: que tem origem nos Estados Unidos, através da atuação da Suprema Corte, sobretudo, no Caso Marbury *vs* Madison. Nesse sistema, todos os órgãos do Poder Judiciário têm competência para investigar e conhecer a constitucionalidade das normas. Conhecido como sistema americano;

b) o *sistema concentrado* ou *sistema europeu*: a competência para investigar e conhecer a constitucionalidade das normas é prerrogativa de somente um dos órgãos jurisdicionais (tribunais ou cortes constitucionais). Os demais órgãos não dispõem da mesma competência e se limitam a aplicar a norma ao caso tratado. Tem origem na Áustria, com a Constituição de 1920, e foi obra do gênio inventivo de Hans Kelsen. Por isso, conhecido como modelo kelseniano.

Quanto ao modelo processual empregado na fiscalização do controle jurídico de constitucionalidade:

a) controle abstrato ou *por ação*: é de sua essência a discussão da matéria constitucional como objeto principal do processo. Inexiste pretensão à reparação a um direito ameaçado ou ofendido. O tribunal ou corte constitucional não soluciona um caso concreto, não aplica ou deixa de aplicar uma norma na decisão de uma relação jurídica, mas limita-se a aferir a compatibilidade ou incompatibilidade, adequação lógica, de uma lei ou ato normativo em face da Constituição. O provimento jurisdicional é um silogismo, na qual abstratamente são comparadas normas de hierarquia diversa. Litígio inexiste, e não existindo conflitos de interesses a serem decididos, não há interessados diretos no deslinde da demanda. Por isso o processo que veicula o modelo, é chamado de objetivo;

b) controle incidental, prejudicial ou *por via de exceção*: diversamente do controle abstrato, a averiguação da constitucionalidade no modelo incidental apresenta uma finalidade e que é a solução de um conflito de interesses trazido ao conhecimento do Poder Judiciário. Só é possível ao judiciário prestar a tutela buscada, se antes solucionar o assunto constitucional, que condiciona o desate da lide. No controle indireto, incidental ou concreto, a questão constitucional é veiculada como prejudicial (*incidenter tantum*). Isso implica reconhecer que ninguém poderá postular em juízo a declaração pura da constitucionalidade ou inconstitucionalidade de uma lei ou ato normativo (desvinculada de uma pretensão). A constitucionalidade é resolvida, mas não decidida,[211] e como incidente, antecedente e condicionante do mérito da ação, nunca como objeto principal da demanda. Permanece na fundamentação do decidido e não em sua parte dispositiva.

Muitos, de forma errônea, identificam o sistema difuso com o controle incidental, e o sistema concentrado com o modelo abstrato. Se isso é verdadeiro para o ordenamento jurídico brasileiro, o mesmo não acontece em outros, no qual é possível um controle incidental e concentrado. O importante lembrar é que são categorias diversas porque fundamentadas em critérios distintos (competência e modelo processual).

12.5. HISTÓRICO DO CONTROLE DE CONSTITUCIONALIDADE NA ORGANIZAÇÃO CONSTITUCIONAL BRASILEIRA

O controle jurisdicional de constitucionalidade, de modelo americano, remonta à Constituição de 1891. Foi um controle difuso quanto à competência, porque todos os órgãos jurisdicionais podiam fiscalizar a inconstitucionalidade das leis normas, incidental no que se refere ao conhecimento da questão constitucional, que se dava como prejudicial ao objeto da lide.

A Constituição de 1934 trouxe novidades para o controle difuso e incidental. Seu art. 179 exigia o voto da maioria absoluta da totalidade dos juízes dos tribunais, como requisito para decretação da inconstitucionalidade de leis ou atos do poder público. Leia-se, por isso, a competência exclusiva do plenário dos tribunais – não de seus órgãos fracionários – para o reconhecimento

---

211. Essa terminologia diferenciando solução da questão prejudicial, da decisão da questão principal, ou objeto do processo, é empregada por Celso Agrícola Barbi em *Comentários ao Código de Processo Civil* (1998, v. I. p. 63-4).

da inconstitucionalidade. Também, na mesma oportunidade, conferiu-se ao Senado Federal a competência para "[...] suspender a execução, no todo ou em parte, de qualquer lei ou acto, deliberação ou regulamento, quando hajam sido declarados inconstitucionaes pelo Poder Judiciário" (*sic*) (art. 91, inciso IV).[212] Ambos os dispositivos foram absorvidos pelo nosso direito constitucional e reiterados de forma assemelhada pelas constituições seguintes.

Inovou, também, na declaração de inconstitucionalidade para evitar a intervenção federal. A intervenção federal, para assegurar a observância dos princípios constitucionais – previstos no art. 7º, inciso I e alíneas – e para a execução de lei federal (art. 12, inciso V), exigia lei do Congresso Nacional. Todavia, a eficácia dessa norma ficava suspensa até a declaração de constitucionalidade pela "Corte Suprema", em procedimento iniciado por representação do procurador-geral da República (art. 12, § 2º). Essa novidade iria ser preservada nas constituições seguintes, só que com o sinal trocado. A partir da Constituição de 1946, o que passou a ser submetido à apreciação do Supremo Tribunal Federal, por provocação do procurador-geral da República, foi a lei estadual ofensiva ao princípio constitucional sensível, e não mais a lei interventiva.

Com a Emenda de nº 16/1965 à Constituição de 1946, instituiu-se uma fiscalização abstrata de inconstitucionalidade. A Constituição de 1967 e a Emenda de nº 1/1969 mantiveram nos mesmos moldes a representação de inconstitucionalidade, e inovaram em pequeno detalhe: a possibilidade de se pretender liminar.

A Constituição de 1988 absorveu o avanço de quase um século de controle de constitucionalidade. Sua redação originária previu o controle de constitucionalidade incidental em seu art. 102, inciso III, e alíneas, conferindo competência ao Supremo Tribunal Federal para conhecer o recurso extraordinário. Positivou ainda a cláusula de reserva de plenário e a competência do Senado Federal para suspender a execução de lei declarada inconstitucional pelo Supremo Tribunal Federal. A ação de inconstitucionalidade interventiva foi prevista no art. 36, inciso III.

No controle abstrato, foi criada a ação direta de inconstitucionalidade (art. 102, inciso I), a legitimação conferida a diversos entes (art. 103, e incisos), com a citação prévia do advogado-geral da União para defender a norma im-

---

212. CAMPANHOLE, Hilton Lobo; CAMPANHOLE, Adriano [Cop.]. *Constituições do Brasil*. 13. ed. São Paulo: Atlas, 1999. p. 709.

pugnada (art. 103, § 3º). Ao lado dela, positivou-se uma ação de competência concentrada para conhecer das omissões inconstitucionais (art.103, § 2º).[213]

A EC nº 3/1993 criou a ação declaratória de constitucionalidade, com competência concentrada no Supremo Tribunal Federal (art. 102, inciso I, alínea 'a', *in fine*, da CF/1988), cujo objeto era declarar a constitucionalidade de lei ou ato normativo federal. Em 1999, foi criada a arguição de descumprimento de preceito fundamental (Lei nº 9.882/1999).

12.6. CLÁUSULA DE RESERVA DE PLENÁRIO

Pela regra da cláusula de *reserva de plenário* ou *fullbench*, a inconstitucionalidade somente pode ser reconhecida pela maioria absoluta dos membros de um tribunal (art. 97 da CF/1988). No mesmo sentido, a Súmula Vinculante nº 10 prescreve que viola a cláusula a decisão de órgão fracionário de tribunal que, embora não declare expressamente a inconstitucionalidade de lei ou ato normativo, afaste sua incidência, no todo ou em parte.

A regra do *fullbench* é de observância cogente tanto no controle concentrado, que é o que se depreende do art. 23 da Lei nº 9.868/1999, quanto no controle difuso (arts. 480 a 482 do Código de Processo Civil).[214]

Não veda, pela regra, a possibilidade de um juiz monocrático conhecer da inconstitucionalidade de uma lei ou ato normativo. É regra aplicável para órgãos colegiados.

12.7. EFEITOS DA DECISÃO QUE RECONHECE A INCONSTITUCIONALIDADE

A sentença que reconhece inconstitucionalidade pode ter efeitos distintos (controle abstrato ou incidental de constitucionalidade), quer no que se

---

213. A omissão inconstitucional que torne impossível o exercício dos direitos e liberdades constitucionais e as prerrogativas inerentes à nacionalidade, soberania e cidadania também foi atacada pela via incidental do *writ* do Mandado de Injunção (art. 5º, inciso LXXI).
214. AMARAL JÚNIOR, José Levi Mello. *Incidente de Arguição de Inconstitucionalidade*. São Paulo: Revista dos Tribunais, 2002. p. 17.

refere aos submetidos aos efeitos da decisão, quer quanto à produção de efeitos no tempo.

O controle por via de ação possui efeitos *erga omnes*. Com *erga omnes*, quer-se dizer que o acórdão produz efeitos que atingem a todos os indivíduos submetidos a um dado ordenamento e à jurisdição do tribunal constitucional. É efeito natural e que ataca o ato normativo que em princípio é geral e abstrato, em contraposição, o modelo incidental se cinge às partes implicadas no litígio. É decorrência da coisa julgada e, por essa razão, não suplanta os lindes do processo. Os efeitos da inconstitucionalidade operam entre as partes (*inter partes*) em disputa. Como o controle difuso é realizado pelo Supremo Tribunal Federal, em sede de Recurso Extraordinário (art. 102, III, 'a', da CF/1988), nos termos do art. 52, X, da CF/1988, deve haver comunicação ao Senado, para que providencie a suspensão da execução da lei declarada inconstitucional no todo ou em parte. Editada a resolução que suspende a execução, esta terá efeitos *ex nunc* no sentido de que terá eficácia apenas a partir de sua publicação, e *erga omnes*. A atribuição do Senado para expedir resolução é de natureza discricionária. O Senado pode apreciar não só o aspecto da conveniência e oportunidade da suspensão, como também o aspecto formal da decisão.

O debate que envolve a produção de efeitos no tempo da decisão que reconhece a inconstitucionalidade está vinculado com aquele sobre a validade do ato inconstitucional.

O direito constitucional pátrio – fundado na doutrina do *Chief Justice Marshall*, cultivada por Rui Barbosa – compreende o ato inconstitucional como nulo e írrito (*voidandnull*).[215] Trata-se de um princípio implícito da Constituição.[216]

Sendo nula e de nenhum efeito, a decisão que a reconhece é declaratória, de mero reconhecimento de uma situação existente. Logo, pela lógica, uma vez declarada, a sanção opera de pleno efeito, remontando à inovação do ordenamento pelo ato impugnado. A despeito, para a jurisprudência e para a doutrina, é a decisão de inconstitucionalidade que produz efeitos *ex*

---

215. Cf. FERREIRA FILHO, Manoel Gonçalves. *Princípios Fundamentais de Direito Constitucional*. 2. ed. São Paulo: Saraiva, 2010. p. 124.
216. Cf. RAMOS, Elival da Silva. *A Inconstitucionalidade das Leis: Vício e Sanção*. São Paulo: Saraiva, 1994. p. 112-20.

tunc. A lei é nula, mas não ela por si somente, e sim os efeitos da decisão que alcançam fatos pretéritos e consolidados, ou seja, desde o início do ato inquinado. Independentemente da controvérsia, algo é certo, a nulidade desconstitui todas as situações formadas sob a égide da lei inconstitucional. É efeito tão portentoso, que em muitos casos as consequências podem trazer efeitos nefastos, o que fez com que o Supremo Tribunal Federal, em uma série de decisões, procurasse atenuar os seus efeitos.[217]

Foi traçada, todavia, nova diretriz à questão dos efeitos da norma inconstitucional. Ao que parece, adotou-se o modelo kelseniano de nulidades. Para Kelsen, a lei inconstitucional não é nula, mas anulável. Enquanto não reconhecida pelo órgão competente, a inconstitucionalidade continua a produzir e gerar efeitos, o que faz com que, pela lógica, validade e eficácia ocupem planos distintos. Pela mesma teoria, a anulabilidade tem graus: quanto ao alcance e quanto ao seu efeito no tempo. Logo, a decisão que a reconhece não é declaratória, mas desconstitutiva.

A primeira grande mudança em nosso sistema jurídico foi trazida pela Lei nº 9.868/1999, posteriormente reproduzida pela Lei nº 9.882/1999, que consiste na possibilidade de o Supremo Tribunal Federal – no âmbito das Ações Diretas de Inconstitucionalidade, Declaratória de Constitucionalidade e Arguição de Descumprimento de Preceito Fundamental – modelar os efeitos da decisão de inconstitucionalidade, pela maioria de dois terços de seus membros, em face de razões de segurança jurídica ou de excepcional interesse social. Preenchidos os requisitos exigidos, o Supremo Tribunal Federal pode decidir a partir de qual momento a lei ou norma inquinada deixará de produzir efeitos e desconstituir as situações jurídicas nascidas sob sua égide.

Pode, assim, o Supremo Tribunal Federal restringir os efeitos de sua decisão, transformando-a em *ex nunc*. Temos, então, que, em sede de controle concentrado, os efeitos são, por regra geral, *ex tunc*, mas eles podem ser restringidos, em situações excepcionais.

Os efeitos da decisão que reconhece a inconstitucionalidade no controle incidental são *ex tunc*. Na quase totalidade dos casos, as relações jurídicas

---

217. À guisa de exemplo, as modalidades distintas de interpretação constitucional: interpretação conforme a Constituição, declaração de inconstitucionalidade parcial sem redução de texto, declaração de inconstitucionalidade sem pronúncia de nulidade.

nascidas sob o manto da lei inconstitucional são desfeitas (ainda que restrito às partes implicadas). Entretanto, justifica anotação que o Supremo Tribunal Federal, em algumas de suas decisões, proferidas no âmbito do controle incidental de inconstitucionalidade, tem estendido a aplicação do art. 27 da Lei nº 8.868/1999. O *leading case* foi a decisão em um recurso extraordinário, na qual se discutia a limitação do número de vereadores da Câmara do Município de Mira Estrela. O Supremo Tribunal Federal deu provimento ao recurso extraordinário e, de forma expressa, determinou que os efeitos da decisão teriam exclusivamente eficácia futura. Leia-se: *ex nunc*.[218]O mesmo aconteceu no *habeas corpus*, no qual *incidenter tantum* decidiu-se pela inconstitucionalidade do § 1º do art. 2º da Lei nº 8.072/1990 (Lei dos Crimes Hediondos), que vedava a progressão de regime para os apenados com delitos daquele jaez. Na mesma oportunidade, e em sequência, tendo em vista outros reflexos da decisão, em especial a possibilidade de se pretender indenização pelo cumprimento da pena sem a respectiva progressão, por votação unânime, conferiu-se à decisão efeitos *ex nunc*.[219]

As decisões mencionadas demonstram uma clara propensão a empregar no controle incidental categorias do controle abstrato. E a propensão não se limita ao mencionado art. 27 da Lei nº 8.898/1999, mas também à eficácia *erga omnes*. Existem aqueles que apontam o envelhecimento da regra que confere ao Senado Federal a competência para suspender a execução da lei declarada inconstitucional no controle incidental. É o que a doutrina tem chamado de "Abstrativização do controle incidental de constitucionalidade".

---

218. Cf. BRASIL. Supremo Tribunal Federal. Recurso Extraordinário nº 197917/SP – São Paulo. Rel. Min. Maurício Corrêa. Requerente: Ministério Público Estadual. Requerido: Câmara Municipal de Mira Estrela e outros. Disponível em: <http://www.stf.jus.br/portal/jurisprudencia/listarJurisprudencia.asp?s1=(RE$.SCLA.%20E%20197917.NUME.)%20OU%20(RE.ACMS.%20ADJ2%20197917. ACMS.)&base=baseAcordaos>. Acesso em: 12.6.2009, às 15h44.

219. Cf. BRASIL. Supremo Tribunal Federal. *Habeas Corpus* nº 82959. Rel. Min. Marco Aurélio. Paciente/Impetrante: Oseas de Campos. Disponível em: <http://www.stf.jus. br/portal/diarioJustica/verDiarioProcesso.asp?numDj=169&dataPublicacaoDj=01/09/ 2006&numProcesso=82959&siglaClasse=HC&codRecurso=0&tipoJulgamento=M&co dCapitulo=5&numMateria=27&codMateria=1>. Acesso em: 12.6.2009, às 15h44.

12.8. CONTROLE DIFUSO E INCIDENTAL DE CONSTITUCIONALIDADE

Esse controle, como visto, é realizado por todo o judiciário, podendo qualquer juiz ou tribunal declarar a inconstitucionalidade. Também tem efeitos *inter partes* e *ex tunc*. Possui peculiaridades a justificar anotação:

1) A legitimidade processual para provocá-lo é a mais ampla possível e está vinculado ao princípio da indeclinabilidade da jurisdição (art. 5º, XXXV, da CF/1988). Pode ser invocado por qualquer pessoa que busca defender-se contra a aplicação de um ato normativo inconstitucional. Ao contrário, o controle abstrato e concentrado de constitucionalidade limita legitimação processual a alguns órgãos, entes ou autoridades. Pode-se dar a suspensão de efeitos não só de leis federais, como também de leis estaduais, distritais e municipais. Vale ressaltar que não cabe Ação direta de inconstitucionalidade genérica contra lei municipal, embora caiba Arguição de descumprimento de preceito fundamental.

2) O controle de constitucionalidade, porventura, empreendido em Ação Civil Pública é de natureza incidental. Ocorre que em virtude de suas peculiaridades – que implicam a solução de ofensas a direito metaindividuais –, suas decisões produzem efeitos *erga omnes* (art. 16 da Lei nº 7.347/1985). Logo, em regra, é inaceitável o controle de constitucionalidade por haver usurpação de competência jurisdicional do Supremo Tribunal Federal (que no controle abstrato tem como dar dimensões *erga omnes* ao decidido).

3) É possível o controle de constitucionalidade difuso durante o processo legislativo em defesa de prerrogativa ou direito de parlamentar, não cabendo o controle concentrado. Todavia, não se admite o controle de legalidade do processo legislativo em face do regimento interno. Somente à casa legislativa cabe interpretar norma interna (ato *interna corporis*).

12.9. CONTROLE CONCENTRADO E ABSTRATO DE CONSTITUCIONALIDADE

Como dispomos, o objetivo do controle concentrado é extirpar do ordenamento norma tida como inconstitucional. Ataca-se o ato normativo diretamente, não como incidente de outro processo.

12.9.1. Modalidades de ação direta

São modalidades de ação direta ou do controle abstrato: *a)* a Ação Direta de Inconstitucionalidade Genérica (ADI); *b)* Ação Declaratória de Constitucionalidade (ADC); *c)* Arguição de Descumprimento de Preceito Fundamental (ADPF); *d)* Ação de Inconstitucionalidade por Omissão (ADO); e *e)* Ação Direta de Inconstitucionalidade Interventiva (ADI Interventiva).

12.9.2. Legitimação processual

Nos termos do art. 103, incisos I a IX, da CF/1988, arts. 2º e 12-A da Lei nº 9.868/1999 e art. 2º, I, da Lei nº 9.882/1999, são legitimados para a propositura da Ação Direta de Inconstitucionalidade Genérica, da Ação de Inconstitucionalidade por Omissão, da Ação Declaratória de Constitucionalidade e da Arguição de Descumprimento de Preceito Fundamental:

a) o presidente da República;

b) a Mesa do Senado Federal;

c) a Mesa da Câmara dos Deputados;

d) a Mesa de Assembleia Legislativa ou da Câmara Legislativa do Distrito Federal;

e) o governador de Estado ou do Distrito Federal;

f) o procurador-geral da República;

g) o Conselho Federal da Ordem dos Advogados do Brasil;

h) partido político com representação no Congresso Nacional;

i) confederação sindical ou entidade de classe de âmbito nacional.

A Ação de Inconstitucionalidade Interventiva, ao reverso, tem como legitimado tão somente o procurador-geral da República.

Para alguns legitimados, há necessidade de ser comprovada a pertinência temática, que consiste na presença de interesse próprio do legitimado na propositura da demanda. Destarte, o governador de Estado ou do Distrito Federal, a Mesa da Assembleia Legislativa do Estado ou Câmara Legislativa do Distrito Federal somente poderão patrocinar interesses dessas entidades da federação, enquanto as confederações sindicais ou entidades de âmbito nacional somente os interesses que lhe guardarem relação com o fim estatutário.

Para os legitimados que gozam de plena legitimidade é dispensável a prova desse requisito. Gozam de legitimação universal.

12.9.3. Ação Direta de Inconstitucionalidade Genérica

12.9.3.1. Objeto da ADI

O objeto da ADI é lei ou ato normativo federal ou estadual. Também lei ou ato normativo distrital, quando a norma referir-se a exercício de competência pelo Distrito Federal que é atribuída aos Estados-membros.

Não se admite controle de constitucionalidade por ADI de:

1) ato normativo ou lei que tenha sido revogada ou cuja eficácia já tenha sido exaurida (*eg.* medida provisória não convertida em lei). Em casos tais, caso se admitisse o controle, a ADI seria transformada em instrumento para proteção de interesses individuais e concretos, ou seja, daqueles que sofreram as consequências das normas não mais existentes no mundo jurídico;

2) lei ou ato normativo incompatível com a Constituição e elaborados antes de seu advento. Com efeito, não se trata de questão de inconstitucionalidade, mas de revogação. A inconstitucionalidade pressupõe a não adequação de uma norma com uma Constituição em vigor e a não recepção da incompatibilidade normativa com uma norma que posteriormente a suprima (a despeito de lhe ser superior).

Excepcionalmente admite-se o controle de constitucionalidade de decreto regulamentar, quando esse se constituir em decreto autônomo, extravasando a competência atribuída ao presidente da República (art. 84, inciso IV, da CF/1988) e invadindo esfera privativa da lei formal (art. 5º, inciso II, da CF/1988) (ADI 3.232/TO).

As resoluções administrativas dos tribunais, por ostentarem caráter genérico e eficácia externa ao próprio órgão jurisdicional, admitem a fiscalização pela via abstrata. Convenção coletiva de trabalho, ato normativo de caráter concreto, súmula de tribunal e respostas do Tribunal Superior Eleitoral (Resoluções) às consultas que lhe forem feitas, por não disporem de caráter normativo, não são atacáveis por ADI.

Quantos aos tratados internacionais, por se equipararem a leis ordinárias, podem ser objeto de controle. Os que versarem sobre direitos humanos, por terem status de emendas à Constituição, devem ser fiscalizados como tais.

Não existe norma constitucional inconstitucional e, dessa feita, não há fiscalização de norma constitucional originária. Emendas constitucionais estão sujeitas a controle quando ofenderem limitações constitucionais (formais ou materiais).

Os atos praticados no âmbito do Poder Legislativo ou Executivo, em aplicação unicamente de normas regimentais, são considerados atos *interna corporis*. Nesse sentido, merece um controle menos intenso por parte do Poder Judiciário, o que foi evidenciado pela jurisprudência do STF em face de controvérsias relativas ao processo legislativo.[220] Em contraposição, se a controvérsia se fundamentasse no processo como determinado pela Constituição, aí sim é objeto de controle. Todavia, por meio de ADI, somente após o sua perfeição (quando já se tornou lei). Do contrário, o caminho é o controle incidental.

A doutrina das questões políticas tem origem norte-americana e se insere na lógica de limitar as práticas judiciárias de controle de constitucionalidade. Ela se refere à atuação discricionária dos órgãos políticos, esfera de que não cabe o controle jurisdicional. Assim, não pode ser objeto do controle de constitucionalidade o que for questão política, isto é, aquilo que não é jurídico e estiver dentro da ampla esfera das opções políticas. A dificuldade existe em se identificar o que se considera matéria política e matéria jurídica. De acordo com Ramos, o exame das inúmeras listas de matérias ensejadoras de discricionariedade política, como propostas por doutrinadores como Rui Barbosa, na esteira da melhor doutrina estadunidense, torna visível a enorme plasticidade da categoria das questões políticas.[221] Embora invocada na jurisprudência mais recente do Supremo Tribunal Federal, a doutrina das questões política acaba constituindo uma categoria meramente retórica e não científica que vem a justificar toda sorte de autocontenção judiciária. É solução que se encontra tão somente casuisticamente ao sabor das diferentes decisões do Supremo Tribunal Federal.

220. Cf. RAMOS, Elival da Silva. *Ativismo Judicial*. São Paulo: Saraiva, 2010. p. 159.
221. RAMOS, Elival da Silva. *Op. cit.* p. 150.

12.9.3.2. Procedimento

A finalidade da ADI é retirar do ordenamento jurídico norma tida como inconstitucional. Assume papel, assim, de legislador negativo.

Não se admite desistência em sede de ADI.

Admite-se o pedido de medida cautelar nas ações diretas de inconstitucionalidade (art. 102, I, 'p', da CF/1988). Sua finalidade é preservar a utilidade da eficácia da decisão final. Por requisito, exige-se a comprovação de perigo de lesão irreparável (afinal, presumem-se constitucionais todas as normas elaboradas). Os efeitos dessa decisão são, por regra geral, *ex nunc*, e, excepcionalmente, *ex tunc* (art. 11, § 1º, *in fine*, da Lei nº 9.868/1999). A concessão de medida cautelar torna aplicável a legislação anterior, salvo se houver manifestação em sentido contrário (art. 11, § 2º, da Lei nº 9.868/1999). O ajuizamento de ADI após transcurso de lapso considerável de tempo da produção da norma não gera direito à cautelar em face da ausência do perigo de lesão. É possível a reiteração de pedido de cautelares, desde que fatos supervenientes venham exigir.

ADI não está sujeita a prazo decadencial ou prescricional.

O procurador-geral da República deverá ser ouvido em todo e qualquer processo de competência do Supremo Tribunal Federal e, principalmente, nas Ações Diretas de Inconstitucionalidade que não haja promovido (art. 103, § 1º, da CF/1988).

O advogado-geral da União terá participação obrigatória na ação, cabendo-lhe defender a sua constitucionalidade, quer seja a norma federal ou estadual (art. 103, § 3º, da CF/1988). Se agir de maneira diversa, descumprirá função constitucional que lhe foi confiada. Excepcionalmente, o Supremo Tribunal Federal tem admitido o ataque à norma, quando houver precedente da corte sobre a inconstitucionalidade.

Os efeitos da decisão em ADI, como já exposto, são, por regra geral, *erga omnes* e *ex tunc*. A exceção são os casos de modulação de efeitos.

A Lei nº 8.868/1999 e a EC nº 45/2004 estenderam para a Ação Direta de Inconstitucionalidade o efeito vinculante[222] do julgado, devendo ser respeitado por todos os órgãos estatais, sobretudo pelo Poder Judiciário (art. 28,

---

222. Sobre o tema, v. LEAL, Roger Stiefelmann. *O Efeito Vinculante na Jurisdição Constitucional*. São Paulo: Saraiva, 2006.

parágrafo único, da Lei nº 8.868/1999 e 102, § 2º, da CF/1988). Esse efeito vinculante não se aplica, porém, ao Poder Legislativo, que poderá editar nova lei em sentido contrário à decisão de inconstitucionalidade.

12.9.4. Ação Declaratória de Constitucionalidade

A criação da Ação Declaratória de Constitucionalidade (ADC) se deu pela EC nº 3/1993. Seu fim é declarar a constitucionalidade de uma norma, afastando controvérsia judicial.

Houve inicialmente discussão sobre sua inconstitucionalidade.[223] Sustentava-se uma série de violações: ao princípio da separação dos poderes, do acesso à justiça e do devido processo legal. O Supremo Tribunal Federal, porém, pacificou a controvérsia no sentido de sua constitucionalidade.

O seu objeto é lei ou ato normativo federal. Assim, é mais restrito que o das ADIs, visto que não admite leis ou atos estaduais. Dela difere também pela exigência de demonstração de controvérsia jurisprudencial. Não basta controvérsia doutrinária.

O seu procedimento é semelhante ao da ADI e inicia-se com a petição inicial acompanhada de prova de controvérsia judicial e documentação relativa ao processo legislativo. Não se determina a citação do advogado-geral da União para manifestação, visto que a constitucionalidade do objeto já é afirmada na inicial.

Os legitimados para a propositura são os mesmos da ADI genérica.

As decisões, quanto a seus efeitos, são *erga omnes*, *ex tunc* e vinculantes.

12.9.5. Ação de Inconstitucionalidade por Omissão

A Constituição prevê em seu art. 103, § 2º, a Ação de Inconstitucionalidade por Omissão. Nos termos do texto, declarada a inconstitucionalidade por omissão de medida para tornar efetiva norma constitucional, será dada ciência ao poder competente para a adoção das providências necessárias e, em se tratando de órgão administrativo, para fazê-lo em trinta dias.

---

223. Cf. SILVA, José Afonso da. *Curso de Direito Constitucional Positivo*. São Paulo: Malheiros Editores, 2011. p. 56.

A finalidade é reconhecer a omissão de órgão administrativo ou legislativo em concretizar norma constitucional (tornando-a eficaz). Não se trata apenas de omissão legislativa, como trata a norma que a inspirou (art. 283º da Constituição portuguesa), mas, sim, também omissão administrativa.

A omissão pode ser total ou parcial. É total, quando não houver o cumprimento constitucional do dever de legislar; e parcial, quando houver a lei, mas esta for insuficiente.[224]

Os legitimados para sua proposição são os mesmos da ADI.

O procedimento é semelhante ao da ADI genérica, com algumas diferenças. Por exemplo, não é obrigatória a oitiva do advogado-geral da União, pois não existe ato a ser defendido. O relator poderá, entretanto, solicitar a manifestação do advogado-geral da União, que deverá encaminhá-la no prazo de quinze dias (art. 12-E, § 2º, da Lei nº 9.868/1999). O procurador-geral da República, nas ações em que não for autor, terá vista do processo por 15 (quinze) dias, após o decurso do prazo para informações (art. 12-E, § 3º, da Lei nº 9.868/1999). Não existe prazo para a propositura da ação. A omissão deverá ser reconhecida caso a caso.

Admite-se medida cautelar, que consistirá na suspensão da aplicação da lei ou do ato normativo questionado, no caso de omissão parcial, bem como na suspensão de processos judiciais ou de procedimentos administrativos, ou ainda em outra providência a ser fixada pelo Supremo Tribunal Federal (art. 12-F, § 1º, da Lei nº 9.868/1999).

Os efeitos da decisão tomam duas dimensões a depender do órgão omisso. Quando se referir a órgão administrativo, este deve cumpri-la no prazo de trinta dias, ou em prazo razoável a ser estipulado pelo Supremo Tribunal Federal, tendo em vista as circunstâncias específicas do caso e o interesse público implicado (art. 12-H, § 1º, da Lei nº 9.868/1999). Quando a omissão provier do Poder Legislativo ou do chefe do Executivo será dada ciência para adoção, sem estabelecimento de prazo. Uma vez declarada a inconstitucionalidade, fixa-se a data da omissão, com efeitos *ex tunc* e *erga omnes*. Posteriormente, permite-se a responsabilização por perdas e danos.

O objetivo da ADO é semelhante ao Mandado de Injunção, estudado em tópico próprio: dar efetividade à norma constitucional tornada inefetiva por omissão dos poderes.

---

224. LENZA, Pedro. *Direito Constitucional Esquematizado*. 14. ed. São Paulo: Saraiva, 2010. p. 306.

Há diferenças específicas entre as duas, entre elas:

1) a ADO trata de controle concentrado de constitucionalidade e o Mandado de Injunção se refere a um controle difuso;

2) os legitimados para a proposição de ADO são aqueles estabelecidos no rol do art. 103, I a IX, da CF/1988, e os do Mandado de Injunção são quaisquer pessoas que tenham interesse jurídico;

3) quanto ao objeto das ações, a matéria de ADO é considerada em abstrato, enquanto o Mandado de Injunção se refere a um caso concreto de lesão, devido à ausência de lei que impossibilite o gozo de direitos e liberdades constitucionais e das prerrogativas inerentes à nacionalidade, soberania e à cidadania (art. 5, LXXI, da CF/1988).

12.9.6. Arguição de Descumprimento de Preceito Fundamental (ADPF)

Trata-se de ação com fulcro no art. 102, § 1º, da CF/1'988, que estabelece que a arguição de descumprimento de preceito fundamental, decorrente desta Constituição, será apreciada pelo Supremo Tribunal Federal, na forma da lei (Lei nº 9.882/1999).

As suas origens são o recurso constitucional Alemão (*Verfassungsbeschwerde*), que é interposto perante o tribunal constitucional ante a violação de direitos fundamentais ou direitos assemelhados por parte do poder público.[225]

São hipóteses de cabimento da ADPF, nos termos do art. 1º, *caput,* da Lei nº 9.882/1999: *a)* evitar ou reparar lesão a preceito fundamental, resultante de ato do poder público (arguição de caráter repressivo e preventivo); e *b)* solucionar controvérsia constitucional sobre lei ou ato normativo federal, estadual, municipal, incluídos os anteriores à Constituição (art. 1º, parágrafo único, I, da Lei nº 9.882/1999).

O objeto de controle da arguição de descumprimento de preceito fundamental é mais amplo do que o da ação direta de inconstitucionalidade e da ação declaratória de constitucionalidade. Abrange ofensa perpetrada por ato

---

225. MORAES, Alexandre de. "Arguição de descumprimento de preceito fundamental". In: TAVARES, André Ramos; ROTHENBURG, Walter Claudius (Org.). *Arguição de Descumprimento de Preceito Fundamental: Comentários à Lei nº 9.882, de 3.12.1999.* São Paulo: Atlas, 2001. p. 17.

do poder público federal, estadual e municipal, ainda que anterior à Constituição (art. 1º, parágrafo único, inciso I, da Lei nº 9.882/1999). O ato do poder público poderá ser abstrato ou concreto, de natureza administrativa, legislativa ou jurisdicional.[226] Existem os que admitem arguição de descumprimento de preceito fundamental contra ato infralegal, hipótese de inconstitucionalidade indireta, que até então não era aceita pelo Supremo Tribunal Federal.[227]

O dispositivo legal permite a identificação de duas ações: *a) arguição autônoma* que é uma ação objetiva cuja finalidade é evitar ou reparar lesão a preceito fundamental por qualquer ato do poder público, quer seja abstrato, quer seja concreto (art. 1º, *caput,* da Lei nº 9.882/1999); e *b) arguição por equivalência ou equiparação* cujo objeto é a controvérsia constitucional sobre lei ou ato normativo federal, estadual ou municipal, incluídos os anteriores à Constituição. Assim como na ADC, nessa última hipótese, há necessidade de demonstração da controvérsia. A arguição de descumprimento de preceito fundamental não deve ser confundida com o incidente de inconstitucionalidade, ou seja, com a possibilidade de se suscitar o procedimento em uma ação em

---

226. Observe-se que, até então, o direito não recepcionado era conhecido e fiscalizado só no controle incidental. Isso em virtude da "recepção" e da "não recepção" implicarem diretamente questão de revogação de uma norma por outra – ainda que a norma revogadora seja de hierarquia superior – enquanto a inconstitucionalidade implica a não observância, quando da gênese de uma disposição legislativa, das determinações formais ou materiais de uma constituição em vigor. Por essa razão, o controle abstrato de normas admitiria a discussão de constitucionalidade ou inconstitucionalidade, nunca de "não recepção".

227. Segundo jurisprudência consolidada, a fiscalização abstrata de constitucionalidade dá-se exclusivamente entre norma constitucional e norma infraconstitucional, que lhe retira fundamento de validade. As normas secundárias, que têm o fundamento de validade em outras normas que não a constituição, não se submetem ao controle abstrato de inconstitucionalidade. Compreende o Supremo Tribunal Federal que nessa hipótese, há uma questão de compatibilidade com a norma infraconstitucional, que demanda resolução anteriormente à questão constitucional. Isso é verdadeiro mesmo nas hipóteses do regulamento autônomo, quando há uma invasão de campo material constitucionalmente confiado à lei. Em casos tais, há ofensa, direta, aos princípios da separação de poderes e da legalidade. Como a lei da arguição não excepcionou quais atos do poder público não são sindicados, não existe empecilho para que a inconstitucionalidade indireta fosse controlada por essa via (Cf. SARMENTO, Daniel. "Apontamentos sobre a Arguição de descumprimento de Preceito Fundamental. In: TAVARES, André Ramos; ROTHENBURG, Walter Claudius (Org.). *Arguição de Descumprimento de Preceito Fundamental: Análises à luz da Lei nº 9.882, de 3.12.1999*. São Paulo: Atlas, 2001. p. 95-6.; MENDES, Gilmar Ferreira. *Arguição de Descumprimento de Preceito Fundamental: Comentários à Lei nº 9.882, de 3.12.1999*. São Paulo: Saraiva, 2007. p. 80-7).

concreto tramitando, que ficaria sobrestado no aguardo do pronunciamento do Supremo Tribunal Federal, ainda que tenha sido essa uma das intenções dos elaboradores dos anteprojetos que culminaram na Lei nº 9.882/1999. É ação que obedece ao requisito da subsidiariedade, sendo admitida somente quando não existir outro meio de sanar a lesividade. Logo, há necessidade de se esgotarem todos os meios disponíveis para sanar ou afastar a lesão à norma impugnada. Entre os meios disponíveis compreendam os processos objetivos.

Ocorre que a Constituição e a lei não esclarecem o que deve ser compreendido por preceito fundamental, o que é de indispensável necessidade, por consistir no parâmetro do controle. E mesmo a doutrina titubeia sobre a conceituação. Gilmar Ferreira Mendes, um dos primeiros idealizadores do instituto, aponta a dificuldade. Ressalva, entretanto, que alguns dispositivos estão fora da zona de incerteza e não há como negar-lhes a qualidade de preceitos fundamentais: *a)* os direitos e garantias individuais; *b)* os princípios protegidos nas cláusulas pétreas; e *c)* os princípios constitucionais sensíveis. Em especial, no que se refere a esses últimos princípios, não se pode compreender preceito fundamental exclusivamente quando a ele referido, mas também a todo e qualquer outro dispositivo constitucional, com ele relacionado, que lhe dê concreção e densidade. E essas associações têm sido realizadas pelo Supremo Tribunal Federal.[228]

Os legitimados para a proposição de ADPF são os mesmos que ostentam legitimação para propositura da ADI (art. 103, incisos, da CF/1988), guardados os requisitos de pertinência temática aplicáveis àqueles titulares da ação.

Há possibilidade de concessão de liminar pela maioria absoluta dos membros do Supremo Tribunal Federal ou pelo relator (*ad referendum* do Tribunal), desde que presentes os requisitos da extrema urgência ou perigo de lesão grave, ou quando em recesso o Tribunal. O conteúdo da liminar deve conter *a)* suspensão de andamento processual; *b)* suspensão de efeitos de decisão judicial; e *c)* qualquer outra medida que apresente relação com a arguição (não se aplica para os casos de coisa julgada).

A decisão na Arguição de Descumprimento de Preceito Fundamental produz efeitos *erga omnes* e vinculante para os demais órgãos do poder público.

---

228. MENDES, Gilmar Ferreira. *Arguição de Descumprimento de Preceito Fundamental: Comentários à Lei nº 9.882, de 3.12.1999*. São Paulo: Saraiva, 2007. p. 80-4.

12.9.7. Ação Direta de Inconstitucionalidade Interventiva

A Ação Direta de Inconstitucionalidade Interventiva corresponde a um dos requisitos para a decretação de intervenção federal. É prevista no art. 36, III, da Constituição, que dispõe que a decretação da intervenção dependerá de provimento, pelo Supremo Tribunal Federal, de representação do procurador-geral da República, nas hipóteses de violação de princípios constitucionais sensíveis (art. 34, inciso VII, alíneas 'a' a 'e': forma republicana, sistema representativo, regime democrático, direitos da pessoa humana, autonomia municipal, prestação de contas da administração pública, direta e indireta e aplicação do mínimo exigido da receita resultante de impostos estaduais, compreendida a proveniente de transferências, na manutenção e desenvolvimento do ensino e nas ações e serviços públicos de saúde).

O procurador-geral da República é o único legitimado a promovê-la. Seu objeto é o ato ou omissão, legislativo ou governamental, estadual ou distrital que violarem os preceitos mencionados.

O procedimento se inicia com a proposição da ação pelo procurador-geral da República, quando houver violação dos princípios especificados. O Supremo Tribunal Federal, se julgar procedente a ação, fará requisição ao presidente da República para que este decrete a intervenção.

Há possibilidade também de ação direta de inconstitucionalidade interventiva estadual, que ocorre no caso previsto no art. 35, IV, da CF/1988, que prescreve a intervenção dos Estados em seus municípios, quando o tribunal de Justiça der provimento à representação para assegurar a observância de princípios indicados na Constituição estadual.

12.10. CONTROLE DE CONSTITUCIONALIDADE DE LEI OU ATO NORMATIVO MUNICIPAL OU ESTADUAL PERANTE A CONSTITUIÇÃO DO ESTADO

Também há previsão na Constituição do controle de constitucionalidade de lei ou ato normativo municipal ou estadual perante a Constituição do Estado (art. 125, § 2º, da CF/1988).

A competência é dos tribunais de Justiça estaduais.

A legitimidade não poderá ser atribuída a somente um órgão ou autoridade.

O objeto é lei ou ato normativo estadual ou municipal em contradição com a Constituição do Estado.

Se houver tramitação simultânea e paralelamente de duas ações de inconstitucionalidade, uma perante o tribunal de Justiça versando sobre norma confrontada com a Constituição do Estado (repetição de norma da Constituição federal) e outra versando sobre a inconstitucionalidade da mesma disposição normativa em face da Constituição federal (ADI), a primeira deverá ser suspensa até o julgamento definitivo da última.

Não se admite controle de constitucionalidade concentrado de lei municipal perante a Constituição federal. Se as Constituições estaduais instituírem em favor de seus tribunais de Justiça, estarão usurpando competência constitucional do Supremo Tribunal Federal, o que redundaria na teratológica situação de o STF ficar adstrito ao decidido em tribunais inferiores.

13

FUNÇÕES ESSENCIAIS À JUSTIÇA

As funções essenciais à Justiça são aquelas compostas por todas as atividades profissionais públicas ou privadas, sem as quais o Poder Judiciário não pode funcionar ou funcionaria muito mal.[229] De acordo com a Constituição, são: o Ministério Público, a Advocacia, a Advocacia-Geral da União, os procuradores dos Estados e do Distrito Federal e a Defensoria Pública.

13.1. MINISTÉRIO PÚBLICO

13.1.1. Histórico

A origem do Ministério Público é francesa, embora houvesse funções similares antecedentes, mesmo no antigo Egito.[230] Entretanto, é comum apontar a criação da instituição, na França, com a figura dos procuradores do rei. Eram eles meros encarregados da defesa dos interesses do soberano.

No Brasil, o Ministério Público surge no Código de Processo Criminal de 1832, com a referência ao "promotor da ação penal". O Decreto nº 120, de 1843, estabeleceu os procedimentos de nomeação dos promotores.[231]

O surgimento do Ministério Público como instituição necessária, porém, se dá através do Decreto nº 1.030, de 1890. A Constituição republicana

---

229. SILVA, José Afonso da. *Curso de Direito Constitucional Positivo*. São Paulo: Malheiros Editores, 2011. p. 594.
230. MORAES, Alexandre de. *Direito Constitucional*. 19. ed. São Paulo: Atlas, 2006. p. 541.
231. MORAES, Alexandre de. *Op. cit.* p. 545.

de 1891, em seguida, acaba por se referir ao procurador-geral da República, que seria escolhido entre membros do Supremo Tribunal Federal.

A Constituição de 1934 estabeleceu disciplina mais ampla da instituição, prevendo a existência dos ministérios públicos da União, do Distrito Federal, dos Territórios e dos Estados. Estabeleceu também procedimento distinto para a nomeação do procurador-geral da República. A partir dessa, todas as Constituições posteriores deram ampla regulamentação ao órgão.

Na Constituição de 1967, entretanto, o Ministério Público era referido apenas como instituição que exercia o encargo anômalo de representação dos interesses do Poder Executivo em juízo, conforme o seu art. 126. Essa representação é totalmente diversa de sua visão na Constituição atual, no sentido da preservação dos valores fundamentais da comunidade.[232]

13.1.2. Ministério Público na ordem jurídica brasileira

Na Constituição de 1988, o Ministério Público é disciplinado na Seção I, que integra o Capítulo IV, referente às "Funções Essenciais à Justiça".

Nos termos do art. 127, *caput*, o Ministério Público é definido como instituição permanente, essencial à função jurisdicional do Estado, incumbindo-lhe a defesa da ordem jurídica, do regime democrático e dos interesses sociais e individuais disponíveis.

A instituição também é disciplinada por leis. Nesse sentido, temos a Lei nº 8.625/1993 (Lei Orgânica Nacional do Ministério Público), a Lei Complementar nº 75/1993 (Lei Orgânica do Ministério Público da União) e as leis complementares estaduais, referente à instituição em seu âmbito federativo.

13.1.3. Princípios do Ministério Público

São princípios institucionais do Ministério Público a unidade, a indivisibilidade e a independência funcional (art. 127, § 1º, da CF).

---

232. CINTRA, Antônio Carlos de Araújo; DINAMARCO, Cândido Rangel; GRINOVER, Ada Pellegrini. *Teoria Geral do Processo*. 23. ed. São Paulo: Malheiros Editores, 2007. p. 227.

A unidade corresponde à ideia de que seus membros fazem parte de apenas uma única corporação, sob a direção do procurador-geral da República. Já a indivisibilidade é complementar e consiste na não vinculação dos membros do Ministério Público aos processos em que oficiam, podendo ser substituídos por outros em suas funções. Por fim, a independência fundamentada no princípio de que cada membro atua de acordo com sua consciência e segundo as leis e a Constituição, não sofrendo ingerência nem dos poderes do Estado nem de seus superiores hierárquicos.

13.1.4. Garantias

Ao Ministério Público são asseguradas garantias institucionais, referentes à instituição como um todo, e garantias funcionais, relativas a seus membros.

Entre as garantias institucionais, temos:

1) Autonomia funcional e administrativa, consistente em poder propor ao Poder Legislativo sua organização e funcionamento, sobretudo, a criação e extinção de seus cargos e serviços auxiliares, que são providos por concurso público de provas ou provas e títulos, bem como propor sua política remuneratória e os planos de carreira (art. 127, § 2º, da CF/1988).

2) Autonomia orçamentária. O Ministério Público elaborará sua proposta orçamentária dentro dos limites estabelecidos pela Lei de Diretrizes Orçamentárias (art. 127, § 3º, da CF/1988).

Os membros do Ministério Público, como os juízes, também possuem garantias funcionais referentes à (art. 128, § 5º, I, da CF/1988):

1) Vitaliciedade, que corresponde à prerrogativa do membro do Ministério Público de não perder o cargo, salvo por sentença judicial transitada em julgado. Essa garantia só será adquirida após dois anos de exercício, dependendo a perda, nesse período, de deliberação do tribunal a que estiver vinculado.

2) Inamovibilidade que corresponde à prerrogativa de o membro do Ministério Público não ser removido ou promovido contra a própria vontade. Excepcionalmente – por interesse público e pelo voto da maioria absoluta do órgão colegiado a que estiver vinculado – pode ser removido, aposentado compulsoriamente ou colocado em disponibilidade, assegurada em qualquer caso a ampla defesa. Trata-se de hipótese de interesse público, e não pode ser confundida com a sanção disciplinar aplicada por incorrer em ilícito.

3) *Irredutibilidade de subsídio* que corresponde à prerrogativa de ter protegido o seu padrão remuneratório nominal, e que não se confunde com as perdas decorrentes do custo inflacionário ou os descontos provenientes do pagamento de impostos e contribuições incidentes na folha de pagamento.

Já os impedimentos visam a garantir a imparcialidade. São estabelecidos como forma de preservar a isenção, o seu compromisso primeiro com a função assumida e o seu não comprometimento com os interesses que, por vezes, estão sob seus cuidados. Daí que ao membro do Ministério Público é vedado (art. 128, § 5º, inciso II, da CF/1988):

1) exercer, ainda que em disponibilidade, outro cargo ou função, salvo uma de magistério;

2) receber, a qualquer título ou pretexto, honorários, percentagem ou custas processuais;

3) exercer a advocacia;

4) participar de sociedade comercial na forma da lei;

5) dedicar-se à atividade político-partidária;

6) receber, a qualquer título ou pretexto, auxílios ou contribuições de pessoas físicas, entidades públicas ou privadas, ressalvadas as exceções previstas em lei; e

7) exercer a advocacia no juízo, tribunal ou órgão do Ministério Público junto ao qual serviu, antes de decorridos três anos do afastamento do cargo por aposentadoria ou exoneração.

13.1.5. Estrutura

O Ministério Público compreende (art.128 da CF/1988):

1) Ministério Público da União: que compreende os ministérios públicos federais, do trabalho, militar e o do Distrito Federal e Territórios; e

2) Ministérios Públicos dos Estados.

O chefe do Ministério Público da União é o procurador-geral da República (art. 128, § 1º, da CF/1988). Será nomeado pelo presidente da República após aprovação de sua indicação por maioria absoluta do Senado Federal. São requisitos para a nomeação: *a)* ser integrante da carreira; e *b)* maior de trinta e cinco anos. O mandato é de dois anos, sendo permitida a recondução.

O presidente da República pode, com aprovação de maioria absoluta do Senado Federal, destituir o procurador-geral da República (art. 128, § 2º, da CF/1988).

O procurador-geral dos ministérios públicos dos Estados e do Distrito Federal será escolhido e nomeado pelo governador do Estado ou do Distrito Federal entre os membros da carreira integrantes de lista tríplice (formulada pela própria instituição) (art. 128, § 3º). São nomeados para um mandato de dois anos, permitida uma recondução. Poderão ser destituídos por deliberação da maioria absoluta da assembleia ou câmara legislativa (art. 128, § 4º, da CF/1988).

Como aponta José Afonso da Silva, embora a Constituição fale constantemente em mandato, o regime de investidura é distinto.[233] Não se trata de representação, trata-se de investidura a tempo certo, passível, por isso mesmo, de ser interrompida antes de terminar o prazo.

13.1.6. Funções

São funções institucionais do Ministério Público (art. 129 da CF/1988):

a) promover, privativamente, a ação penal pública;

b) zelar pelo efetivo respeito dos poderes públicos e dos serviços de relevância pública aos direitos assegurados na Constituição, promovendo as medidas necessárias a sua garantia;

c) promover o inquérito civil e a ação civil pública, para a proteção do patrimônio público e social, do meio ambiente e de outros interesses difusos e coletivos;

d) promover a ação de inconstitucionalidade ou representação para o fim de intervenção da União e dos Estados, nas hipóteses previstas no ordenamento;

---

233. SILVA, José Afonso da. *Curso de Direito Constitucional Positivo.* São Paulo: Malheiros Editores, 2011. p. 599.

e) defender judicialmente os direitos e interesses das populações indígenas;

f) expedir notificações nos procedimentos administrativos de sua competência, requisitando informações e documentos para instruí-los, na forma da lei complementar respectiva;

g) requisitar diligências investigatórias e a instauração de inquérito policial, indicados os fundamentos jurídicos de suas manifestações processuais;

h) exercer o controle externo da atividade policial;

i) exercer outras funções que lhe forem conferidas, desde que compatíveis com sua finalidade, sendo-lhe vedada a representação judicial e a consultoria jurídica de entidades públicas.

13.1.6.1. *Poder de investigação criminal pelo Ministério Público*

Temática importante é a possibilidade de investigação criminal ser conduzida pelo Ministério Público. Questiona-se se tal poder é exclusivo ou não das polícias federais e civis estaduais.

Essa matéria está sendo julgada pelo Supremo Tribunal Federal, no Recurso Extraordinário nº 593727, de Relatoria do Ministro Cezar Peluso. Não se decidiu o recurso até a presente data.[234]

Já houve no Supremo Tribunal Federal, porém, outras decisões que afirmaram o papel da instituição na investigação. À guisa de exemplo, a Segunda Turma, na decisão do *Habeas Corpus* nº 91661-9.[235] Decidiu que é possível que o órgão do Ministério Público promova a colheita de determinados elementos de prova que demonstrem a existência da autoria e da materialidade de determinado delito. Essa conclusão não significa retirar da polícia judiciária as atribuições previstas constitucionalmente, mas apenas harmonizar as normas dos arts. 129 e 144 da CF/1988, de modo a compatibilizá-las para permitir a correta e regular apuração dos fatos supostamente delituosos e também a formar a *opinio delicti*.

---

234. 20.6.2012.
235. HC 91661-9. Disponível em: *http://redir.stf.jus.br/paginadorpub/paginador.jsp?docTP= AC&docID=584784*>. Acesso em: 20.6.2012.

13.1.6.2. Custos constitutionis

Nos termos do art. 103, § 1º, da Constituição: "O Procurador-Geral da República deverá ser previamente ouvido nas ações de inconstitucionalidade e em todos os processos de competência do Supremo Tribunal Federal". Estabelece-se, assim, a função do chefe do Procurador-Geral da República de *custos constitutionis*, isto é, fiscal da Constituição.

No mesmo sentido, é ele legitimado para a proposição, como já visto, de ação direta de inconstitucionalidade genérica, ação direta de inconstitucionalidade por omissão, arguição de descumprimento de preceito fundamental e ação declaratória de constitucionalidade. Também tem legitimidade exclusiva para propor ação direta de inconstitucionalidade interventiva.

13.1.7. Carreira

O ingresso na carreira do Ministério Público se dá mediante concurso público de provas e títulos, assegurada a participação da Ordem dos Advogados do Brasil em sua realização, exigindo-se do bacharel em direito, no mínimo, três anos de atividade jurídica e observando-se, nas nomeações, a ordem de classificação (art. 129, 3º, da CF/1988). O constituinte consagrou, assim, a "carreira" do Ministério Público, similarmente ao ingresso no Poder Judiciário. Por esse motivo, aplicam-se-lhe, no que couber, as normas referentes a este poder, dispostas no art. 93 da Lei Maior, sobretudo referente à promoção (art. 129, § 4º).

13.1.8. Conselho Nacional do Ministério Público

Para controle externo do Ministério Público, no mesmo sentido que do Poder Judiciário, consagra a Lei Maior o Conselho Nacional do Ministério Público.

13.1.8.1. Composição

Compõe-se de quatorze membros nomeados pelo presidente da República, depois de aprovada a escolha pela maioria absoluta do Senado Federal, para um mandato de dois anos, admitida uma recondução. A escolha deve recair sobre (art. 130-A, I a VI, da CF/1988):

a) o procurador-geral da República, que o presidirá;

b) quatro membros do Ministério Público da União, assegurada a representação de cada uma de suas carreiras;

c) três membros do Ministério Público dos Estados;

d) dois juízes, indicados um pelo Supremo Tribunal Federal e outro pelo Superior Tribunal de Justiça;

e) dois advogados, indicados pelo Conselho Federal da Ordem dos Advogados do Brasil;

f) dois cidadãos de notável saber jurídico e reputação ilibada, indicados um pela Câmara dos Deputados e outro pelo Senado Federal.

Os membros do Conselho oriundos do Ministério Público serão indicados pelos respectivos Ministérios Públicos, na forma de lei.

É da competência do Conselho Nacional do Ministério Público o controle da atuação administrativa e financeira do Ministério Público e do cumprimento dos deveres funcionais de seus membros. São funções específicas (art. 130-A, § 2º, I a V, da CF/1988):

a) zelar pela autonomia funcional e administrativa do Ministério Público, podendo expedir atos regulamentares, no âmbito de sua competência, ou recomendar providências;

b) zelar pela observância do art. 37 da Lei Maior, referente à administração, e apreciar, de ofício ou mediante provocação, a legalidade dos atos administrativos praticados por membros ou órgãos do Ministério Público da União e dos Estados, podendo desconstituí-los, revê-los ou fixar prazo para que se adotem as providências necessárias ao exato cumprimento da lei, sem prejuízo da competência dos tribunais de contas;

c) receber e conhecer das reclamações contra membros ou órgãos do Ministério Público da União ou dos Estados, inclusive contra seus serviços auxiliares, sem prejuízo da competência disciplinar e correicional da instituição, podendo avocar processos disciplinares em curso, determinar a remoção, a disponibilidade ou a aposentadoria com subsídios ou proventos proporcionais ao tempo de serviço e aplicar outras sanções administrativas, assegurada ampla defesa;

d) rever, de ofício ou mediante provocação, os processos disciplinares de membros do Ministério Público da União ou dos Estados julgados há menos de um ano;

e) elaborar relatório anual, propondo as providências que julgar necessárias sobre a situação do Ministério Público no país e as atividades do Conselho, o qual deve integrar a mensagem prevista no art. 84, XI, da Constituição.

Serão criadas por lei ouvidorias do Ministério Público, competentes para receber reclamações e denúncia de qualquer interessado contra membros ou órgãos do Ministério Público, inclusive contra seus serviços auxiliares, representando diretamente ao Conselho.

13.1.8.2. Corregedoria Nacional

O corregedor nacional será escolhido pelo Conselho, em votação secreta, dentre os membros do Ministério Público que o integram, vedada a recondução (art. 130-A, § 3º, da CF/1988).

São suas funções, além de outras atribuídas por lei (incisos I a III):

a) receber reclamações e denúncias, de qualquer interessado, relativas aos membros do Ministério Público e dos seus serviços auxiliares;

b) exercer funções executivas do Conselho, de inspeção e correição geral;

c) requisitar e designar membros do Ministério Público, delegando-lhes atribuições, e requisitar servidores de órgãos do Ministério Público.

13.1.9. Estratégias de Comunicação do Ministério Público

Dadas as funções do Ministério Público de proteção dos direitos da comunidade, vem a desenvolver a instituição ações de comunicação social, no sentido de estabelecer uma maior atuação. Assim, busca-se um avanço no campo da comunicação, sobretudo no sentido de abertura e transparência para a sociedade, além de mostrar sua atuação jurídica e política.

Algumas diretrizes para comunicação podem ser apontadas:[236]

1) A comunicação é atividade da instituição, devendo ser regida pelo princípio da impessoalidade. Nesse sentido, os instrumentos de comunicação devem evitar o personalismo, atuando pela instituição como um todo. Não cabe a adoção de assessorias de membros ou de setores ou a contratação de profissionais ou de estagiários desvinculados da instituição. Quanto falar sobre sua atuação, com a imprensa ou em público, o membro ou servidor do Ministério Público se expressa em nome de toda a instituição, devendo, pois, certificar-se de que comunica assunto de sua atribuição. No uso de mídias sociais, o membro da instituição deve ser consciente de que suas atribuições, sua figura privada e sua figura pública se confundem nesses espaços sociais.

2) A atuação do Ministério Público é pública, no sentido de que, em princípio e como regra geral, os membros e servidores da instituição têm a obrigação de informar a sociedade sobre seu trabalho e resultados. O momento de prestar informações à sociedade e as informações a serem prestadas devem, entrementes, ser responsavelmente avaliados, conforme o interesse público, os direitos fundamentais e o segredo de justiça, quando existir. Esse momento, em regra, deve ser aquele em que se oferece uma denúncia ou se ajuíza ação civil de grande alcance. Deve-se evitar que a manifestação seja apresentada como decisão final. Quanto a investigações, deve-se aguardar sua conclusão para sua divulgação, salvo quando o assunto for publicado, em que o Ministério Público deve informar à sociedade o fato de já estar atuando. Sempre que um jornalista procurar a instituição, ele deve ser atendido pela assessoria de comunicação, mesmo que seja para dizer que a informação não esteja disponível.

3) Os instrumentos de comunicação a serem utilizados devem ser escolhidos de acordo com o interesse público em questão. Informações gerais devem ser postas em disponibilidade a todos os meios de comunicação interessados. Entrevistas coletivas são recomendadas em momentos de grande interesse público e jornalístico, havendo o cuidado

---

236. Cf. "Sugestões para uma Política de Comunicação do Ministério Público. Conselho Nacional do Ministério Público". 30 de março de 2011. Disponível em: <*http://www.cnmp. gov.br/portal/images/stories/cpcom/Documentos/Comitedepoliticas/Reuniaomarco2011/ sugestoes-de-uma-politica-de-comunicacao-para-o-ministerio-publico.pdf*>. Acesso em: 20.6.2012.

de não expor o membro da instituição em situação de desgaste ou não prejudicar o andamento de processos e investigações. O uso de notas oficiais deve ser feito com parcimônia, quando a posição da instituição precisar ser reforçada. Deve ser dada importância à mídia digital.

4) Em campanhas e peças de comunicação para qualquer mídia, deve ser reforçado o cuidado com a utilização de imagens (sejam fotos, vídeos, ilustrações), para que não venham a ferir a dignidade humana, em especial de crianças e adolescentes, ou incitar, ainda que indiretamente, a preconceito de qualquer tipo.

5) A comunicação interna é condição para o bom funcionamento da instituição, sobretudo para obter o envolvimento e eficácia necessárias para consecução de objetivos de gestão. A circulação de informação entre membros e servidores do Ministério Público deve ser tratada com o mesmo cuidado com que a instituição se dirige a públicos externos.

6) A consolidação de setores de comunicação, dentro do organograma institucional, com estrutura, orçamento e pessoal especializado, preferencialmente de carreira, será privilegiada, a fim de que se possibilite uma política de comunicação consistente e permanente, de acordo com os princípios da instituição.

13.1.10. Atendimento do Ministério Público à comunidade

É de serem previstos meios de atendimento do Ministério Público à comunidade, tendo em vista as funções da instituição.

A Lei nº 8.625/1993 (Lei Orgânica Nacional do Ministério Público – LONMP), em seu art. 32, inciso II, estabelece ao membro do Ministério Público a atribuição de atender a qualquer do povo, tomando as providências cabíveis. Também o art. 43, XIII, estabelece ser dever da instituição "atender aos interessados, a qualquer momento, nos casos urgentes".

Há proposta de Resolução do Conselho Nacional do Ministério Público,[237] para se disciplinar o atendimento ao público. Estabelece, assim, o art. 1º dessa proposta que: "O membro do Ministério Público, no exercício de suas funções institucionais, deve prestar atendimento ao público, sempre

---
237. Em 2 de julho de 2012.

que solicitado, e em local e horário adequados, com a finalidade de avaliar as demandas que lhe sejam dirigidas em face da defesa da ordem jurídica, do regime democrático e dos interesses sociais e individuais indisponíveis."[238] Prevê a mesma proposta, no § 2º a suspensão do atendimento nas hipóteses de férias, licenças e outros afastamentos legais, além, excepcionalmente, em razão de fundada ameaça à integridade física do membro do Ministério Público que decorra de sua atuação funcional. Essa proposta, entretanto, necessita passar pelos ritos cabíveis, para se transformar em Resolução.

De qualquer forma, tendo em vista suas funções, o atendimento ao público é dever do Ministério Público.

13.1.11. Relatório anual de atividades do Ministério Público em defesa dos direitos do cidadão

Estabelece a Lei Orgânica Nacional do Ministério Público (Lei nº 8.625, de 12 de fevereiro de 1993) que cabe ao Ministério Público exercer a defesa dos direitos assegurados nas Constituições federal e estadual, sempre que se cuidar de garantir-lhe o respeito (art. 27).

No exercício dessas atribuições, deverá o Ministério Público promover audiências públicas e emitir relatórios, anuais ou especiais, e recomendações dirigidas aos órgãos e entidades mencionadas requisitando ao destinatário sua divulgação adequada e imediata, assim como resposta por escrito (§ 1º, inciso IV).

13.2. ADVOCACIA

O advogado corresponde ao profissional habilitado a orientar, aconselhar e representar seus clientes, bem como a defender-lhes os direitos e interesses em juízo ou fora dele.[239] É indispensável à administração da justiça, sendo

---

238. Disponível em: <http://www.cnmp.gov.br/portal/images/stories/Normas/projetos_de_resolucao/2012/Proposta_de_Resoluo_-_Atendimento_ao_pblico.pdf>. Acesso em: 2.7.2012.
239. CINTRA, Antônio Carlos de Araújo; DINAMARCO, Cândido Rangel; GRINOVER, Ada Pellegrini. *Teoria Geral do Processo*. 23. ed. São Paulo: Malheiros Editores, 2007. p. 237.

inviolável por seus atos e manifestações no exercício da profissão, de acordo com o art. 133 da CF. A inviolabilidade da advocacia é, assim, proteção constitucional, relativa tanto à advocacia privada quanto à pública.

A lei que regula a atividade do advogado no Brasil é a Lei nº 8.906/1994 (Estatuto da OAB), que também regulamenta a atuação da Ordem dos Advogados do Brasil e, sobretudo, suas prerrogativas, direitos, deveres e vedações.

13.2.1. Advocacia pública

13.2.1.1. A Advocacia-Geral da União

A Advocacia-Geral da União é instituição que, diretamente ou através de órgão vinculado, representa a União, judicial e extrajudicialmente, cabendo-lhe, nos termos da lei complementar que dispuser sobre sua organização e funcionamento, as atividades de consultoria e assessoramento jurídico do Poder Executivo (art. 131, *caput*, da CF/1988). O seu chefe é o advogado-geral da União. O procedimento de sua designação se dá pela livre nomeação pelo presidente da República dentre cidadãos maiores de trinta e cinco anos, de notável saber jurídico e reputação ilibada.

Estabelece-se o princípio da carreira, visto que o ingresso nas classes iniciais dos quadros da instituição far-se-á mediante concurso público de provas e títulos (131, § 2º, da CF/1988).

Em matérias de execução da dívida ativa de natureza tributária, a representação da União cabe à Procuradoria-Geral da Fazenda Nacional, observado o disposto em lei (art. 131, § 3º,da CF/1988).

13.2.1.2. Procuradores das unidades federadas

Os procuradores dos Estados e do Distrito Federal são os representantes de indigitados entes federativos.

São organizados em carreira, na qual o ingresso dependerá de concurso público de provas e títulos, com a participação da Ordem dos Advogados do

Brasil em todas as suas fases. Exercem a representação judicial e a consultoria jurídica das respectivas unidades federadas (art. 132, *caput*, da CF/1988).

Obtém a estabilidade após três anos de efetivo exercício, mediante avaliação de desempenho perante os órgãos próprios, após relatório circunstanciado das corregedorias (art. 132, parágrafo único, da CF/1988).

13.2.2. Defensoria Pública

A Defensoria Pública é instituição essencial à função jurisdicional do Estado, incumbindo-lhe a orientação jurídica e a defesa, em todos os graus, dos necessitados. (art. 134, *caput*, da CF/1988). Esse dispositivo vem a cumprir o direito garantido no art. 5º, LXXIV, da Constituição federal, que determina que o Estado prestará assistência jurídica integral e gratuita aos que comprovarem insuficiência de recursos.

Lei complementar organizará a Defensoria Pública da União e do Distrito Federal e dos Territórios e prescreverá normas gerais para sua organização nos Estados, em cargos de carreira, providos, na classe inicial, mediante concurso público de provas e títulos, assegurada a seus integrantes a garantia da inamovibilidade e vedado o exercício da advocacia fora das atribuições institucionais (art. 134, § 1º, da CF/1988).

Às defensorias públicas estaduais são asseguradas autonomia funcional e administrativa e a iniciativa de sua proposta orçamentária dentro dos limites estabelecidos na lei de diretrizes orçamentárias (art. 134, § 2º, da CF/1988).

14

DEFESA DO ESTADO
E DAS INSTITUIÇÕES DEMOCRÁTICAS

14.1. DEFESA DA ORDEM POLÍTICA E CONSTITUCIONAL

Há situações em que a organização política passa por crises. Nesses momentos, a ordem vem a ruir, o que traz a necessidade de medidas de emergência para saná-la.

A história mostra que foram instituições que sempre estiveram presentes no correr dos séculos. No Direito romano, por exemplo, havia a ditadura,[240] que consistia numa magistratura extraordinária para o combate de crises decorrentes de ataque de inimigo externo ou de revoltas internas. Designava-se um ditador, com uma série de poderes, inclusive o de chefe da República e o de comando das forças armadas.

As Constituições modernas preveem medidas de emergência para lidar com crises constitucionais. São os casos em que a ordem constitucional é posta em grave risco e necessita de instrumentos que a assegurem. Na verdade, o próprio texto constitucional prevê dois tipos de ordem: uma, para situações de normalidade; e outra, para situações excepcionais. A ordem constitucional dá lugar a uma ordem de emergência.

A Constituição brasileira prevê dois tipos de estado de exceção para lidar com os momentos em que a ordem é posta em crise. São os sistemas do *estado de sítio*, mais rigoroso, e do *estado de defesa*.

---

240. Cf. FERREIRA FILHO, Manoel Gonçalves. *O Estado de Sítio na Constituição brasileira de 1946 e na sistemática das medidas extraordinárias de defesa da ordem constitucional*. São Paulo: Saraiva, 1964.

Ouvidos os líderes partidários, comissão composta de cinco membros será designada pela Mesa do Congresso Nacional, para acompanhar e fiscalizar a execução das medidas referentes ao estado de defesa e ao estado de sítio (art. 140 da CF/1988). Cessado o estado de defesa ou o estado de sítio, cessarão também seus efeitos, sem prejuízo da responsabilidade pelos ilícitos cometidos por seus executores ou agentes. Cessados esses estados de exceção, as medidas aplicadas em sua vigência serão relatadas pelo presidente da República, em mensagem ao Congresso Nacional, com especificação e justificação das providências adotadas, com relação nominal dos atingidos e indicação das restrições aplicadas (art. 141, parágrafo único, da CF/1988).

14.2. ESTADO DE DEFESA

O *estado de defesa* é um dos tipos de estado de exceção previstos na Constituição para lidar com situações de crise, nesse caso específico, para preservar ou prontamente restabelecer, em locais restritos e determinados, a ordem pública ou a paz social ameaçadas por grave e iminente instabilidade institucional ou atingidas por calamidades de grandes proporções na natureza (art. 136, *caput*, da CF/1988).

Seus pressupostos são de duas ordens: os de fundo e os de forma.[241]

Os pressupostos de fundo são: *a)* a ordem pública ou da paz social ameaçadas por grave e iminente instabilidade institucional; ou *b)* a ordem pública ou da paz social atingidas por calamidades de grandes proporções na natureza.

Os pressupostos de forma aludem ao seu procedimento. O presidente da República pode decretá-lo, ouvidos o Conselho da República e o Conselho de Defesa Nacional. Decretado o estado de defesa ou sua prorrogação, o presidente, no prazo de vinte e quatro horas, submeterá o ato com a respectiva justificação ao Congresso Nacional, que decidirá por maioria absoluta, dentro de dez dias contados do seu recebimento. Se este estiver em recesso, será convocado, extraordinariamente, no prazo de cinco dias. Deverá o Congresso continuar funcionando enquanto vigorar o estado de defesa. Rejeitado o decreto, cessa imediatamente o estado de defesa. De qualquer forma, o tem-

---

241. SILVA, José Afonso da. *Curso de Direito Constitucional Positivo*. São Paulo: Malheiros Editores, 2011. p. 766.

po de duração do estado de defesa não será superior a trinta dias, podendo ser prorrogado uma vez, por igual período, se persistirem as razões que justificaram a sua decretação (art. 136, § 2º, da CF/1988).

O decreto que instituir o estado de defesa, nos termos do art. 136, § 1º, da CF/1988, determinará o tempo de sua duração, especificará as áreas a serem abrangidas e indicará, nos termos e limites da lei, as medidas coercitivas a vigorarem, dentre as seguintes:

a) restrições aos direitos de reunião, ainda que exercida no seio das associações, ao sigilo de correspondência e de comunicação telegráfica e telefônica;

b) ocupação e uso temporário de bens e serviços públicos, na hipótese de calamidade pública, respondendo a União pelos danos e custos decorrentes.

Na vigência do estado de defesa, a prisão por crime contra o Estado, que não poderá ser superior a dez dias, será determinada pelo executor da medida, mas comunicada imediatamente ao juiz competente, que a manterá ou a relaxará, se não for legal, facultado ao preso requerer exame de corpo de delito à autoridade policial (art. 136, § 3º, I e III, da CF/1988). A comunicação será acompanhada de declaração, pela autoridade, do estado físico e mental do detido no momento de sua autuação (art. 136, § 3º, II, da CF/1988). É vedada a incomunicabilidade do preso (art. 136, § 3º, IV, da CF/1988).

14.3. ESTADO DE SÍTIO

O estado de sítio é forma mais rigorosa que o estado de defesa. É decretado nos casos de comoção grave de repercussão nacional ou ocorrência de fatos que comprovem a ineficácia de medida tomada durante o estado de defesa ou declaração de estado de guerra ou resposta a agressão armada estrangeira (art. 137, I e II, da CF/1998).

O presidente da República pode, ouvidos o Conselho da República e o Conselho de Defesa Nacional, solicitar autorização para decretar o estado de sítio, devendo relatar os motivos determinantes do pedido, ao Congresso Nacional, que decidirá por maioria absoluta. Durante o recesso parlamentar o Congresso Nacional será convocado extraordinariamente pelo presidente do Senado Federal, de imediato, para se reunir dentro de cinco dias, a fim de apreciar o ato. Permanecerá em funcionamento até o término das medidas coercitivas.

O decreto do estado de sítio indicará sua duração, as normas necessárias a sua execução e as garantias constitucionais que ficarão suspensas, e, depois de publicado, o presidente da República designará o executor das medidas específicas e as áreas abrangidas (art. 138, *caput,* da CF/1988).

A duração do estado de sítio, nos casos específicos de comoção grave de repercussão nacional ou de fatos que comprovem a ineficácia de medida tomada durante o estado de defesa, será de trinta dias, não podendo ser prorrogado, de cada vez, por mais do que idêntico período. As medidas a serem tomadas contra as pessoas em sua duração são as seguintes: *a)* obrigação de permanência em localidade determinada; *b)* detenção em edifício não destinado a acusados ou condenados por crimes comuns; *c)* restrições relativas à inviolabilidade da correspondência, ao sigilo das comunicações, à prestação de informações e à liberdade de imprensa, radiodifusão e televisão, na forma da lei; *d)* suspensão da liberdade de reunião; *e)* busca e apreensão em domicílio; *f)* intervenção nas empresas de serviços públicos; e *g)* requisição de bens (art. 139, I a VII, da CF/1988). Como já afirmado em outro momento, a imunidade parlamentar material não se restringirá, no estado de sítio.

Já a duração do estado de sítio nos casos de guerra ou agressão externa se estenderá por quanto perdurarem suas causas (art. 138, § 1º, segunda parte, da CF/1988).

14.4. FORÇAS ARMADAS

As Forças Armadas são instituições nacionais permanentes e regulares, sob a autoridade suprema do Presidente da República, e destinam-se à defesa da pátria, à garantia dos poderes constitucionais e, por iniciativa de qualquer destes, da lei e da ordem (art. 142 da CF). Constituem-se pela Marinha, pelo Exército e pela Aeronáutica.

A organização se estabelece com base na hierarquia e na disciplina. Lei complementar estabelecerá normas gerais quanto à organização, ao preparo e à atuação das Forças Armadas.

Com base nos princípios de hierarquia e disciplina, estabelece a Constituição algumas normas sobre os membros das Forças Armadas (militares) (art. 142, § 3º, I a X,da CF/1988):

a) as patentes, com prerrogativas, direitos e deveres a elas inerentes, são conferidas pelo presidente da República e asseguradas em plenitude aos oficiais da ativa, da reserva ou reformados, sendo-lhes privativos os títulos e postos militares e, juntamente com os demais membros, o uso dos uniformes das Forças Armadas;

b) o militar em atividade que tomar posse em cargo ou emprego público civil permanente será transferido para a reserva, nos termos da lei;

c) o militar da ativa que, de acordo com a lei, tomar posse em cargo, emprego ou função pública civil temporária, não eletiva, ainda que da administração indireta, ficará agregado ao respectivo quadro e somente poderá, enquanto permanecer nessa situação, ser promovido por antiguidade, contando-se-lhe o tempo de serviço apenas para aquela promoção e transferência para a reserva, sendo depois de dois anos de afastamento, contínuos ou não, transferido para a reserva, nos termos da lei;

d) ao militar são proibidas a sindicalização e a greve;

e) o militar, enquanto em serviço ativo, não pode estar filiado a partidos políticos;

f) o oficial só perderá o posto e a patente se for julgado indigno do oficialato ou com ele incompatível, por decisão de tribunal militar de caráter permanente, em tempo de paz, ou de tribunal especial, em tempo de guerra;

g) o oficial condenado na justiça comum ou militar à pena privativa de liberdade superior a dois anos, por sentença transitada em julgado, será submetido ao julgamento previsto no inciso anterior;

h) a lei disporá sobre o ingresso nas Forças Armadas, os limites de idade, a estabilidade e outras condições de transferência do militar para a inatividade, os direitos, os deveres, a remuneração, as prerrogativas e outras situações especiais dos militares, consideradas as peculiaridades de suas atividades, inclusive aquelas cumpridas por força de compromissos internacionais e de guerra.

Não caberá *habeas corpus* em relação a punições disciplinares militares (art. 142, § 2º, da CF/1988). O serviço militar é obrigatório nos termos da lei (art. 143, *caput*, da CF/1988). Será estabelecido por lei serviço alternativo atribuído aos que, em tempo de paz, após alistados, alegarem imperativo de consciência, entendendo-se como tal o decorrente de crença religiosa e de convicção filosófica ou política, para se eximirem de atividades de caráter essencialmente militar (art. 143, § 1º, da CF/1988). As mulheres e os eclesiásticos ficam isentos do serviço militar obrigatório em tempo de paz, sujeitos, porém, a outros encargos que a lei lhes atribuir (art. 143, § 2º, da CF/1988).

14.5. SEGURANÇA PÚBLICA

A segurança pública, que é dever do Estado, direito e responsabilidade de todos, é exercida para a preservação da ordem pública e da incolumidade das pessoas e do patrimônio.

É composta pelos seguintes órgãos: *a)* polícia federal; *b)* polícia rodoviária federal; *c)* polícia ferroviária federal; *d)* polícias civis; e *e)* polícias militares e corpos de bombeiros militares (art. 144, I a V, da CF/1988). A lei disciplinará a organização e o funcionamento dos órgãos responsáveis pela segurança pública, de maneira a garantir a eficiência de suas atividades (art. 144, § 7º, da CF/1988).

14.5.1. Polícias da União

O órgão da polícia federal, organizado pela União tem as seguintes finalidades: *a)* apurar infrações penais contra a ordem política e social ou em detrimento de bens, serviços e interesses da União ou de suas entidades autárquicas e empresas públicas, assim como outras infrações cuja prática tenha repercussão interestadual ou internacional e exija repressão uniforme, segundo se dispuser em lei; *b)* prevenir e reprimir o tráfico ilícito de entorpecentes e drogas afins, o contrabando e o descaminho, sem prejuízo da ação fazendária e de outros órgãos públicos nas respectivas áreas de competência; *c)* exercer as funções de polícia marítima, aeroportuária e de fronteiras; e *d)* exercer, com exclusividade, as funções de polícia judiciária da União (art. 144, § 1º, I a IV, da CF/1988). Estruturar-se-á o órgão em carreira.

Destacam-se outros dois órgãos, também organizados pela União. O primeiro é a polícia rodoviária federal, que se destina ao patrulhamento ostensivo das rodovias federais (art. 144, § 2º, da CF/1988). O segundo é a polícia ferroviária federal, que se destina ao patrulhamento ostensivo das ferrovias federais (art. 144, § 3º, da CF/1988).

14.5.2. Polícias estaduais

Os órgãos das polícias civis, polícias militares e bombeiros militares são subordinados pela Constituição aos governos dos Estados, do Distrito Federal e dos Territórios (art. 144, § 6º, da CF).

As funções das polícias civis, dirigidas por delegados de polícias de carreira, ressalvada as atribuídas à polícia federal, no âmbito da União, são as funções de polícia judiciária e a apuração de infrações penais, exceto as específicas militares. As funções das polícias militares são de polícia ostensiva e a preservação da ordem pública. Já as funções dos corpos de bombeiros militares, além das atribuições definidas em lei, são as atribuições de defesa civil.

14.5.3. Guardas municipais

Nos termos do art. 144, § 8º, da CF, Os municípios poderão constituir guardas municipais destinados à proteção de seus bens, serviços e instalações, na forma de lei.

15

FINANÇAS PÚBLICAS E ORÇAMENTO

As finanças públicas, no conceito de Tavares, compreendem a arrecadação de tributos e de outras verbas, que constituem os recursos públicos, e sua destinação e aplicação.[242] Assim, toda atividade exercida pelo Estado para arrecadação de recursos e sua destinação corresponde à sua atividade financeira.

A Constituição federal tem capítulo próprio sobre finanças públicas (Título VI, Capítulo II). Deste trataremos de alguns institutos, referentes a suas normas gerais, emissão de moeda, normas sobre o Banco Central, orçamentos públicos, vedações orçamentárias, entre outros.

15.1. NORMAS GERAIS SOBRE FINANÇAS PÚBLICAS

Estabelece o art. 163 da Constituição federal que são temas sujeitos à reserva de lei complementar:

1) as finanças públicas no seu sentido mais geral;

2) dívida pública externa e interna, que inclui a das autarquias, fundações e outras entidades controladas pelo poder público;

3) concessão de garantias da dívida pública;

4) emissão e resgate de títulos da dívida pública;

5) fiscalização financeira da administração pública direta e indireta;

6) operações de câmbio realizadas por órgãos e entidades da União, dos Estados, do Distrito Federal e dos Municípios;

---

242. TAVARES, André Ramos. *Curso de Direito Constitucional.* São Paulo: Saraiva, 2002. p. 886.

7) compatibilização das funções das instituições oficiais de crédito da União, resguardadas as características condições operacionais plenas das voltadas ao desenvolvimento regional.

15.2. DO BANCO CENTRAL

A competência de emitir moeda (competência essa exclusiva da União, segundo o art. 21, VII, da CF/1988) é exercida pelo banco central, que prevê o art. 164 da CF/1988. Ressalta José Afonso da Silva que se lavra "banco central", com minúsculas, para indicar que a expressão se refere a qualquer instituição financeira que exerça essas funções, sendo hoje o Banco Central do Brasil, mas que outrora foi a Superintendência da Moeda e do Crédito do Banco do Brasil.[243]

É vedado a ele conceder, direta ou indiretamente, empréstimos ao Tesouro Nacional e a qualquer órgão ou entidade que não seja instituição financeira (art. 164, § 1º). Permite-se, por outro lado, que compre e venda títulos de emissão do mesmo Tesouro Nacional, com o objetivo de regular a oferta de moeda ou a taxa de juros (art. 164, § 2º).

Estabelece a Constituição também que as disponibilidades de caixa da União serão depositadas no banco central; já as dos Estados, do Distrito Federal, dos Municípios e de seus órgãos e entidades, em instituições financeiras oficiais, ressalvados os casos previstos em lei.

15.3. ORÇAMENTOS PÚBLICOS

Serão estabelecidos por leis de iniciativa do Poder Executivo (art. 165): *a)* o plano plurianual; *b)* as diretrizes orçamentárias; e *c)* os orçamentos anuais.

O plano plurianual corresponderá às diretrizes, objetivos e metas da administração pública federal para as despesas de capital e outras delas decorrentes e também as relativas aos programas de duração continuada, estabelecido, de forma regionalizada (art. 165, § 1º, da CF/1988).

---

243. SILVA, José Afonso da. *Curso de Direito Constitucional Positivo*. São Paulo: Malheiros Editores, 2011. p. 737.

A lei de diretrizes orçamentárias abrangerá as metas e prioridades da administração pública federal, incluindo as despesas de capital para o exercício financeiro subsequente, orientará a elaboração de lei orçamentária anual, disporá sobre as alterações da legislação tributária e também estabelecerá política de aplicação de agências oficiais de fomento (art. 165, § 2º, da CF/1988).

A lei orçamentária anual englobará três orçamentos (art. 165, § 5º, da CF/1988): *1)* o orçamento fiscal, referente aos Poderes da União, seus fundos, órgãos e entidades da administração direta e indireta (inciso I); *2)* orçamento de investimento das empresas em que a União, direta ou indiretamente, detenha a maioria do capital social com direito a voto (inciso II); e *3)* orçamento da seguridade social, abrangendo todas as entidades e órgãos a ela vinculados, da administração direta ou indireta, bem como fundos e fundações instituídos e mantidos pelo poder público (inciso III).

Quanto à lei orçamentária anual, veda-se inserir nela dispositivos estranhos à previsão da receita e à fixação da despesa, os famosos *riders* ou "caudas orçamentárias". Dada a importância da lei orçamentária, que é condição da arrecadação dos tributos e autorização para despesas, não podem os chefes de Executivo vetá-la, se eivada de inconveniências, sem correr o risco de paralisar a máquina do Estado. Assim, sobretudo nos regimes presidencialistas, surgiu a prática de os parlamentares inserirem nos projetos de orçamento disposições parasitárias, muitas vezes sem nenhuma relação com as finanças públicas, que seriam vetadas se objeto de proposição isolada. Proíbe a Constituição, pois, a inclusão de "caudas orçamentárias", com exceção da autorização para abertura de créditos suplementares e contratação de operação de crédito, ainda que por antecipação de receita (art. 165, § 8º, da CF/1988). Este dispositivo também é conhecido como princípio da exclusividade.

Destaca José Afonso da Silva que a lei complementar, prevista no art. 165, § 9º, da CF/1988, deverá dispor sobre o exercício financeiro, vigência, prazos, elaboração e organização do plano plurianual, da lei de diretrizes orçamentárias e da lei orçamentária anual e também estabelecer normas de gestão financeira e patrimonial da administração direta e indireta, bem como condições para instituição e funcionamento de fundos.[244] Segundo o autor, trata-se de lei normativa com característica de lei sobre as leis do sistema, já que deverão fundamentar-se nela.

---

244. SILVA, José Afonso da. *Curso de Direito Constitucional Positivo*. São Paulo: Malheiros Editores, 2011. p. 738.

15.3.1. Procedimento de formação de leis sobre orçamento público

O procedimento para apreciação de projetos de lei relativos ao plano plurianual, às diretrizes orçamentárias, ao orçamento anual e aos créditos adicionais é estabelecido no art. 166. A apreciação será feita pelas duas casas do Congresso Nacional, na forma do regimento comum (art. 166, *caput,* da CF/1988).

Caberá a uma comissão mista permanente de senadores e deputados examinar e emitir parecer (art. 166, § 1º, da CF/1988) sobre os projetos e sobre contas apresentadas pelo presidente da República, bem como sobre os planos e programas nacionais, regionais e setoriais previstos nesta Constituição e exercer o acompanhamento e a fiscalização orçamentária, sem prejuízo da atuação das demais comissões do Congresso Nacional e de suas casas.

As emendas serão apresentadas na comissão mista, que sobre elas emitirá parecer, e apreciadas pelo Plenário das duas casas do Congresso (art. 166, § 2º, da CF/1988). Emendas ao projeto de lei de orçamento anual ou aos projetos que o modifiquem só poderão ser aprovados (art. 166, § 3º, incisos I a III, da CF/1988) se forem compatíveis com o plano plurianual e com a lei de diretrizes orçamentárias (art. 166, § 3º, I, da CF/1988), se indicarem recursos necessários, admitidos apenas os provenientes de anulação de despesa, com exceção das que incidam sobre dotações para pessoal e encargos, serviço da dívida e transferências tributárias constitucionais para Estados, Municípios e Distrito Federal e que se relacionem com correção de erros e omissões ou com dispositivos do texto do projeto. Já as emendas ao projeto de lei de diretrizes orçamentárias não poderão ser aprovadas se incompatíveis com o plano plurianual (art. 166, § 4º, da CF/1988).

Os projetos de lei referidos serão enviados pelo residente da República, que também poderá enviar posteriormente mensagem ao Congresso Nacional para sua modificação, enquanto não iniciada a votação (art. 166, §§ 5º e 6º, da CF/1988).

Aplicar-se-ão aos projetos mencionados, no que não contrariar o estabelecido acima, as demais normas relativas ao processo legislativo, inclusive quanto à aprovação e rejeição pelo Congresso, salvo quanto ao projeto de lei de diretrizes orçamentárias) e sanção presidencial, podendo o presidente da República vetar no todo ou em parte quaisquer dos projetos aprovados.[245]

---

245. SILVA, José Afonso da. *Curso de Direito Constitucional Positivo.* São Paulo: Malheiros Editores, 2011. p. 749.

15.3.2. Vedações orçamentárias

O art. 167 da Constituição federal estabelece uma série de vedações em matéria orçamentária. De acordo com o diploma, são vedados:

a) início de programas ou projetos não incluídos na lei orçamentária anual (art. 167, I, da CF/1988);

b) realização de despesas ou assunção de obrigações diretas que excedam os créditos orçamentários ou adicionais (art. 167, II, da CF/1988) ou a de operações de créditos que excedam o montante das despesas de capital, salvo as autorizadas mediante créditos suplementares ou especiais com finalidade precisa, aprovados pelo legislativo com maioria absoluta (art. 167, III, da CF/1988);

c) vinculação de receita de impostos a órgão, fundo ou despesa, ressalvadas a repartição do produto da arrecadação dos impostos a que se referem os arts. 158 e 159 da CF/1988, a destinação de recursos para as ações e serviços públicos de saúde, para manutenção e desenvolvimento do ensino e para a realização de atividades de administração tributária, como determinado, respectivamente, pelos arts. 198, § 2º, 212 e 37, XXII, da CF/1988, e a prestação de garantias às operações de crédito por antecipação de receita, previstas no art. 165, §§ 4º e 8º, da CF/1988. É vedação também conhecida como princípio da não vinculação ou da não afetação de receita (art. 167, IV, da CF/1988);

d) abertura de crédito suplementar ou especial sem prévia autorização legislativa e sem indicação dos recursos correspondentes (art. 167, V, da CF/1988);

e) transposição, remanejamento ou transferência de recursos de uma categoria de programação para outra ou de um órgão para outro, sem prévia autorização legislativa (art. 167, VI, da CF/1988);

f) concessão ou utilização de créditos ilimitados (art. 167, VII, da CF/1988). Essa vedação também é conhecida como princípio da quantificação dos créditos orçamentários;

g) utilização, sem autorização legislativa específica, de recursos dos orçamentos fiscal e da seguridade social para suprir necessidade ou cobrir déficit de empresas, fundações e fundos (art. 167, VIII, da CF/1988);

h) instituição de fundos de qualquer natureza, sem prévia autorização legislativa (art. 167, IX, da CF/1988);

i) transferência voluntária de recursos e a concessão de empréstimos, inclusive por antecipação de receita, pelos governos federal e estaduais e suas instituições financeiras, para pagamento de despesas com pessoal ativo, inativo e pensionista, dos Estados, do Distrito Federal e dos Municípios (art. 167, X, da CF/1988);

j) a utilização dos recursos provenientes das contribuições sociais de que trata o art. 195, I, 'a', e II, para a realização de despesas distintas do pagamento de benefícios do regime geral de previdência social de que trata o art. 201 (art. 167, XI).

A Constituição também estabelece que:

— nenhum investimento cuja execução ultrapasse um exercício financeiro poderá ser iniciado sem que haja prévia inclusão no plano plurianual ou lei que autorize a inclusão, sob pena de crime de responsabilidade (art. 167, § 1º, da CF/1988);

— os créditos especiais e extraordinários terão vigência no exercício financeiro em que forem autorizados, salvo se o ato de autorização for promulgado nos últimos quatro meses daquele exercício, caso em que serão incorporados ao orçamento do exercício financeiro subsequente, reaberto nos limites de seus saldos (art. 167, § 2, da CF/1988);

— a abertura de crédito extraordinário somente será admitida para atender a despesas imprevisíveis e urgentes, como as decorrentes de guerra, comoção interna ou calamidade pública (art. 167, § 3º, da CF/1988).

15.3.3. Disponibilidade de recursos a órgãos dotados de autonomia

Os recursos destinados aos órgãos do Poder Legislativo e Judiciário, do Ministério Público e da Defensoria Pública, correspondentes às dotações orçamentárias (compreendidos créditos suplementares e especiais), ser-lhe-ão entregues até o dia 20 de cada mês, em duodécimos, conforme determina o art. 168 da CF/1988.

16

Ordem econômica e financeira

16.1. ORDEM ECONÔMICA E CONSTITUIÇÃO: CONCEITO E HISTÓRICO

O direito constitucional econômico tem como objeto as bases da organização jurídica da economia.[246] Sua finalidade é estabelecer controles da economia, regendo a atuação econômica dos indivíduos, dos grupos e do Estado. Estabelece, pois, normas jurídicas que regulam a economia, de maneira básica, disciplinando-a, a fim de se evitarem falhas e abusos.

As constituições do primeiro sopro do constitucionalismo (século XVIII) tinham como preocupação apenas a ordem política, encarregando-se de organizar o poder e limitá-lo, além de estabelecer âmbitos para as liberdades individuais. Não cuidavam, pois, de regular a atividade econômica, que deveria ser livre à iniciativa privada. A ordem econômica, de acordo com a proposição ideológica dos liberais, trataria de se autodisciplinar, de acordo com uma "Ordem Natural", não reclamando outro instrumento nesse sentido.[247] As funções do Estado liberal (disciplinado por uma Constituição liberal), contraposto ao Estado absolutista, assim, seriam quase restritas à proteção da ordem social interna e à segurança externa, com mínimo de intervenção na sociedade civil.

---

246. FERREIRA FILHO, Manoel Gonçalves. *Curso de Direito Constitucional*. 28. ed. São Paulo: Saraiva, 2002. p. 344.
247. PINHO, Diva Benevides. "Aspectos da evolução da ciência econômica: do início do século XXI às raízes do pensamento econômico". In: PINHO, Diva Benevides; VASCONCELLOS, Marco Antônio Sandoval de; TONETO Jr., Rudinei (Org.). *Manual de Economia*. 6. ed. São Paulo: Saraiva, 2011. p. 33.

De acordo com Manoel Gonçalves Ferreira Filho, cabe ressaltar, entretanto, que nessas primeiras constituições, sobretudo nas declarações de direitos que as precediam ou acompanhavam, já encontrávamos algumas normas de repercussão econômica.[248] Entre algumas, podemos citar os princípios geral de liberdade e de afirmação do direito de propriedade, além do reconhecimento da liberdade de trabalho, indústria e comércio, que se encontram na Declaração dos Direitos do Homem e do Cidadão, de 1789. Nenhuma dessas normas, porém, correspondia a uma disciplina sistemática da atividade econômica.

A história da disciplina constitucional da ordem econômica tem início com a Constituição mexicana de 1917 e a alemã de Weimar, de 1919.[249] Essas cartas foram as primeiras a estabelecer princípios e limitações à atividade econômica, embora a segunda haja tido mais influência quanto ao constitucionalismo ocidental. A Constituição brasileira de 1934, influenciada por ela, foi a primeira, entre as cartas brasileiras, a reconhecer princípios e normas econômicas. A Constituição brasileira de 1988 disciplina a Ordem Econômica e Financeira, em seu Título VII, compreendendo os seguintes tópicos: Dos Princípios Gerais da Atividade Econômica (arts. 170 a 181), Da Política Urbana (arts. 182 e 183), Da Política Agrícola e Fundiária e da Reforma Agrária (arts. 184 a 191) e Do Sistema Financeiro Nacional (art. 192). Trataremos desses tópicos abaixo.

16.2. ORDEM ECONÔMICA: FUNDAMENTOS, FINS E PRINCÍPIOS

16.2.1. Fundamentos e fins

A ordem econômica disciplinada pela Constituição se funda na valorização do trabalho humano e na livre iniciativa, como estabelece o *caput* do art. 170. Essas mesmas bases são, pela mesma Carta (art. 1º, IV), também fundamentos da República Federativa do Brasil, o que denota sua importância.[250]

---

248. FERREIRA FILHO, Manoel Gonçalves. *Curso de Direito Constitucional*. 28. ed. São Paulo: Saraiva, 2002. p. 342.
249. Cf. SILVA, José Afonso da. *Curso de Direito Constitucional Positivo*. São Paulo: Malheiros Editores, 2011. p. 788.
250. LENZA, Pedro. *Direito Constitucional Esquematizado*. 14. ed. São Paulo: Saraiva, 2010. p. 984.

A livre iniciativa corresponde à consagração do modelo econômico capitalista ou de economia de mercado. Nesse modelo, temos os agentes econômicos resolvendo isoladamente seus negócios, sobrevivendo dentro de uma concorrência imposta pela ordem econômica, e sinalizando-se pelo sistema de preços formado.[251] A ação de cada indivíduo seria dirigida por uma "mão invisível, contribuindo para o interesse comum e bom funcionamento do sistema".

Ocorre que esse sistema, em seu modelo puro, apresenta uma série de imperfeições na vida real, que levam a uma má distribuição de renda e de bem-estar.[252] Essas falhas e imperfeições acabam por exigir a atuação do Estado para sua correção e regulamentação. A Constituição consagra, assim, o segundo fundamento, que serve de princípio para atuação estatal, a fim de corrigir falhas da economia capitalista, acentuando os valores sociais do trabalho.

Temos consagrados assim o modelo capitalista, mas atenuado por intervenções estatais.

O *caput* do art. 170 da Constituição ainda estabelece que a ordem econômica tem por fim assegurar a todos existência digna, conforme os ditames da justiça social. Todavia, alerta-nos Silva para não nos enganarmos com a retórica constitucional, visto que assegurar a todos uma existência digna numa ordem capitalista não é tarefa fácil.[253] Mais, o autor aponta que justiça social só se realiza mediante distribuição de riqueza equitativa e que um sistema econômico fundado na apropriação privada dos meios de produção não a realiza, já que manifesta grande diversidade de classe social, com amplas camadas da população carente ao lado de minoria afortunada. Vale a pena ressaltar, entretanto, que esse pressuposto de que capitalismo é antagônico à justiça social não é aceito sem reservas.[254] O que temos por certo é que a Constituição admite a economia de mercado, desde que compreendida com um elemento ético, de justiça.

---

251. RIZZIERI, Juares Alexandre Baldini. "Introdução à Economia". In: PINHO, Diva Benevides; VASCONCELLOS, Marco Antônio Sandoval de; TONETO Jr., Rudinei (Org.). *Manual de Economia*. 6. ed. São Paulo: Saraiva, 2011. p. 16.
252. RIZZIERI, Juares Alexandre Baldini. *Op. cit.* In: PINHO, Diva Benevides. *Op. cit.* p. 17.
253. SILVA, José Afonso da. *Curso de Direito Constitucional Positivo*. São Paulo: Malheiros Editores, 2011. p. 790-1.
254. Cf. FRIEDMAN, Milton. *Capitalismo e Liberdade*. 2. ed. São Paulo: Nova Cultural, 1985.

16.2.2. Princípios da ordem econômica

Os princípios da ordem econômica (estabelecidos no art. 170, incisos I a IX, e parágrafo único, de nossa Carta) são os seguintes:

16.2.2.1. Soberania nacional

Também fundamento da República Federativa do Brasil (art. 1º, I, da CF), a soberania, como princípio de ordem econômica, tem como desiderato evitar a influência de outros países em nossa economia.[255] Põe-se, assim, ênfase na área econômica. Lembra bem o autor que isso não representa uma blindagem em relação ao investimento estrangeiro.

No mesmo sentido, prescreve o art. 172 da Constituição: "A lei disciplinará, com base no interesse nacional, os investimentos de capital estrangeiro, incentivará os reinvestimentos e regulará a remessa de lucros".

16.2.2.2. Propriedade privada e sua função social

A propriedade privada, elevada a princípio da ordem econômica, corresponde à propriedade dos bens de produção. É, assim, mais um elemento central da qualificação da economia como de mercado, visto ser a propriedade privada característica central do capitalismo.

Sua função social corresponde ao cumprimento dos fins da ordem econômica e a seus fundamentos (valorizar o trabalho humano e assegurar a todos existência digna, conforme os ditames da justiça social).

16.2.2.3. Livre iniciativa, livre concorrência e proibição do abuso do poder econômico

Embora alçada a fundamento econômico, a liberdade de iniciativa é retomada no art. 170, parágrafo único, da CF/1988: "é assegurado a todos o livre exercício de qualquer atividade econômica, independentemente de autori-

---
255. LENZA, Pedro. *Direito Constitucional Esquematizado*. 14. ed. São Paulo: Saraiva, 2010. p. 985.

zação dos órgãos públicos, salvo nos casos previstos em lei". Essa liberdade, como afirmado acima, encontra seus limites na ideia de valorização do trabalho humano e justiça social.

A livre concorrência é corolário da livre iniciativa e corresponde à situação ideal do sistema capitalista em que os agentes econômicos competem sem nenhuma espécie de privilégio de um sobre o outro. Proíbe-se, assim, o comportamento de concentração, que impede a concorrência. Nesse sentido, o art. 173, § 4º, da CF/1988, estabelece que a lei reprimirá o abuso do poder econômico que vise à dominação dos mercados, à eliminação da concorrência e ao aumento arbitrário dos lucros. Reconhece a Carta, deste modo, a existência de um poder econômico capaz de impedir a iniciativa dos outros. Essa situação de abuso deve ser reprimida pela atuação do Estado. Vale destacar aqui a existência do Conselho Administrativo de Defesa Econômica (CADE), autarquia federal que tem como objetivo a orientação, a prevenção e a repressão de abusos do poder econômico.

16.2.2.4. Defesa do consumidor

O reconhecimento da defesa do consumidor como princípio da ordem econômica consagra o princípio da vulnerabilidade, nas relações de consumo. Nestas, determina o constituinte que o consumidor é a parte mais fraca.[256] É mister lembrar também que a defesa do consumidor também foi alçada a direito fundamental, no art. 5º, XXXII, da Constituição.

16.2.2.5. Defesa do meio ambiente

A atividade econômica deve encontrar limites para que se proteja o meio ambiente. Isso traz à tona o tema do desenvolvimento sustentável e parte do reconhecimento de que os recursos naturais são, em sua maioria, escassos e têm usos alternativos.[257]

---

256. LENZA, Pedro. *Direito Constitucional Esquematizado*. 14. ed. São Paulo: Saraiva, 2010. p. 986.

257. OLIVEIRA, Roberto Guena. "Economia do Meio Ambiente". In: PINHO, Diva Benevides; VASCONCELLOS, Marco Antônio Sandoval de; TONETO Jr., Rudinei (Org.). *Manual de Economia*. 6. ed. São Paulo: Saraiva, 2011. p. 581.

A proteção ao meio ambiente ainda encontra paralelo no art. 225 da CF/1988 que prescreve: "Todos têm direito ao meio ambiente ecologicamente equilibrado, bem de uso comum do povo e essencial à sadia qualidade de vida, impondo-se ao Poder Público e à coletividade o dever de defendê-lo e preservá-lo para as presente e futuras gerações". Reconheceu o constituinte, assim, a importância do meio ambiente. Deste tema, trataremos posteriormente.

16.2.2.6. Redução das desigualdades regionais e sociais

Este princípio também é um dos objetivos da República Federativa do Brasil (art. 3º, III, da Constituição). Nossa Carta reconhece, assim, uma finalidade dirigente da economia, em busca de um estado do bem-estar social.[258] A intervenção do Estado na economia deve fundar-se, dessa maneira, na busca da equidade.

16.2.2.7. Busca do pleno emprego

A busca do pleno emprego é mais um reflexo do fundamento da ordem econômica de valorização do trabalho humano.

16.2.2.8. Tratamento favorecido para as empresas de pequeno porte constituídas sob as leis brasileiras que tenham sua sede e administração no país

Trata-se de mais uma proteção ao princípio da livre concorrência. Para assegurar a competição de pequenos grupos com grandes conglomerados, necessário se faz garantir proteção aos primeiros.

---

258. ARAUJO, Luiz Alberto David; NUNES JÚNIOR, Vidal Serrano. *Curso de Direito Constitucional.* 7. ed. São Paulo: Saraiva, 2003. p. 420.

16.3. ATUAÇÃO ESTATAL NA ORDEM ECONÔMICA

Para a compreensão da atuação econômica do Estado, mister é fazer uma distinção entre serviços públicos e atividade econômica.[259] Os primeiros, os serviços públicos, num sentido restrito, podemos definir como as atividades de relevância social cuja exploração a Constituição reserva ao Estado a fim de assegurar o acesso a toda gente. Já as atividades econômicas, em sentido restrito, são aquelas que se desenvolvem no âmbito da iniciativa privada, sem uma exclusividade estatal. É importante ressaltar que as duas possuem conteúdo econômico, embora os primeiros sejam reservados ao Estado.

Útil traçar o discrime, visto que o Estado, de acordo com a Constituição, pode atuar de diversas formas na ordem econômica. Em um primeiro sentido, pode explorar diretamente atividade econômica (art. 173 da CF/1988); em um segundo, pode atuar como agente normativo e regulador (art. 174 da CF/1988); em um último, pode atuar como prestador de serviços públicos, diretamente ou sob regime de concessão ou permissão. Trataremos o tema quanto a essa divisão.

16.3.1. Exploração direta de atividade econômica pelo Estado

Estabelece o *caput* do art. 173 da Constituição federal que a exploração direta de atividade econômica pelo Estado só será permitida quando necessária aos imperativos da segurança nacional ou à relevante interesse coletivo, na forma da lei. A expressão "Estado" abrange todas os entes federativos (União, Estado, Distrito Federal e Municípios) e não apenas a União, como se poderia imaginar.[260]

Além disso, também prescreve a Carta que a lei estabelecerá o estatuto jurídico da empresa pública, sociedade de economia mista e de suas subsidiárias que explorem a atividade econômica de produção ou comercialização ou prestação de serviços (art. 173, § 1º, da CF/1988). Esta lei disporá sobre:

---

259. Sobre o tema, v. GRAU, Eros Roberto. *A Ordem Econômica na Constituição de 1988*. 5. ed. Malheiros Editores: São Paulo, 2000.
260. SILVA, José Afonso da. *Curso de Direito Constitucional Positivo*. São Paulo: Malheiros Editores, 2011. p. 806.

a) função social da entidade e as formas de fiscalização pelo Estado e pela sociedade; *b)* sujeição ao regime jurídico próprio das empresas privadas, inclusive quanto aos direitos e obrigações civis, comerciais, trabalhistas e tributárias; *c)* licitação e contratação de obras, serviços, compras e alienações, observados os princípios da administração pública; *d)* constituição e funcionamento de seus conselhos de administração e fiscal, com a participação de acionistas minoritários; e *e)* por fim, os mandatos, a avaliação de desempenho e a responsabilidade dos administradores.

Outra distinção importante é a que divide a exploração direta da atividade econômica pelo Estado em "intervenção por absorção" e "intervenção por participação".[261] Naquela, a atuação estatal deve ocorrer no regime de monopólio; nesta, na competição com empresas privadas. Na hipótese do art. 173, não ocorre o monopólio, reservado o regime estritamente aos casos indicados pelo art. 177 do diploma, como se verá posteriormente. A razão é que, visto a Constituição exigir um regime jurídico atribuído às empresas privadas, a fim de se preservar a competição, não faria sentido exigir o mesmo regime aos entes que atuam com monopólio.

16.3.2. Estado como agente normativo e regulador da atividade econômica

Outra forma de intervenção estatal na economia é aquela pela qual o ente político atua como agente normativo e regulador. Há dois propósitos básicos nessa atuação: preservar o mercado de suas falhas e assegurar a realização dos fins da ordem econômica (realização de justiça social).[262]

De acordo com o art. 174 da Constituição, a atuação do Estado como agente normativo e regulador compreenderá as funções de fiscalização, incentivo e planejamento.

A função de fiscalização tem por objetivo a supervisão do mercado, sobretudo para os fins compreendidos pelo art. 173, § 4º, da Constituição, que predispõe a fiscalização do Estado à repressão do abuso do poder econômi-

---

261. Cf. GRAU, Eros Roberto. *A Ordem Econômica na Constituição de 1988*. 5. ed. São Paulo: Malheiros Editores, 2000t.

262. ARAUJO, Luiz Alberto David; NUNES JÚNIOR, Vidal Serrano. *Curso de Direito Constitucional*. 7. ed. São Paulo: Saraiva, 2003. p. 423.

co que vise aos objetivos de dominação dos mercados, eliminação da livre concorrência e aumento arbitrário dos lucros.²⁶³ Essa se faz por atuação do Conselho Administrativo de Defesa Econômica (CADE), nos termos da Lei nº 8.884/1999.

Já na função de incentivo, temos o Estado como promotor da economia, exercendo a atividade de fomento. Fomento abrange atividade administrativa de incentivo à iniciativa privada de utilidade pública, compreendendo formas como auxílios financeiros ou subvenções, financiamento, favores fiscais e desapropriações.²⁶⁴ A própria Constituição indicou apoio a atividades específicas como cooperativismo e associativismo (art. 174, § 2º).

Por fim, a função de planejamento econômico compreende um procedimento de intervenção estatal com a finalidade de organizar atividades econômicas para obter certos resultados preestabelecidos.²⁶⁵ Prescreve o diploma constitucional, no § 1º do art. 174, que a lei estabelecerá diretrizes e bases do planejamento do desenvolvimento nacional equilibrado, o qual incorporará e compatibilizará planos nacionais e regionais de desenvolvimento.

16.3.3. Serviços públicos

Como já apontamos, podemos definir serviço público, em um sentido restrito, como atividades de relevância social cuja exploração a Constituição reserva ao Estado a fim de assegurar o acesso a toda gente. Nesse sentido, o art. 175 prescreve que incumbirá ao poder público, na forma da lei, diretamente ou sob regime de concessão ou permissão, sempre através de licitação, a prestação de serviços públicos. No primeiro caso, temos a prestação do serviço diretamente pelos órgãos da União, Estados, Distrito Federal e Municípios ou por entes da administração indireta. Abrangemos aqui a descentralização por serviços²⁶⁶ em que se transfere às entidades a titularidade e a execução do

---

263. ARAUJO, Luiz Alberto David; NUNES JÚNIOR, Vidal Serrano. *Curso de Direito Constitucional*. 7. ed. São Paulo: Saraiva, 2003. p. 424.
264. DI PIETRO, Maria Sylvia Zanella. *Direito Administrativo*. 24. ed. São Paulo: Atlas, 2011. p. 56.
265. SILVA, José Afonso da. *Curso de Direito Constitucional Positivo*. São Paulo: Malheiros Editores, 2011. p. 811.
266. DI PIETRO, Maria Sylvia Zanella. *Op. cit.* p. 422.

serviço. No segundo caso, da descentralização por colaboração,[267] conserva o poder público a titularidade do serviço e transfere apenas sua execução para pessoa jurídica de direito privado.

Quanto à prestação de serviços públicos, estabelece a Constituição que a lei disporá sobre (art. 175, parágrafo único): *a)* o regime das empresas concessionárias e permissionárias de serviços públicos, o caráter especial de seu contrato e de sua prorrogação, bem como as condições de caducidade, fiscalização e rescisão da concessão ou permissão; *b)* direito dos usuários; *c)* política tarifária; e *d)* a obrigação de manter serviço adequado.

16.3.4. Monopólios

Como afirma José Afonso da Silva, a Constituição não é favorável aos monopólios.[268] Assim, só haverá monopólio público quando expressamente for previsto; se não, falaremos de atuação do Estado em competição com a iniciativa privada.

São monopólios da União, de acordo com o art. 177 da Constituição:

a) a pesquisa e a lavra das jazidas de petróleo e gás natural e outros hidrocarbonetos fluidos;

b) o refino de petróleo nacional ou estrangeiro;

c) a importação e exportação dos produtos e derivados básicos resultantes das atividades previstas nos incisos anteriores;

d) transporte marítimo do petróleo bruto de origem nacional ou de derivados básicos de petróleo produzidos no país, bem assim o transporte, por meio de conduto, de petróleo bruto, seus derivados e gás natural de qualquer origem;

e) a pesquisa, a lavra, o enriquecimento, o reprocessamento, a industrialização e o comércio de minérios e minerais nucleares e seus derivados, com exceção dos radioisótopos cuja produção, comercialização e utilização poderão ser autorizadas sob regime de permissão.

---

267. DI PIETRO, Maria Sylvia Zanella. *Direito Administrativo*. 24. ed. São Paulo: Atlas, 2011. p. 424.

268. SILVA, José Afonso da. *Curso de Direito Constitucional Positivo*. São Paulo: Malheiros Editores, 2011. p. 807.

16.3.5. Propriedade de interesse público: recursos minerais e potenciais hidroelétricos

São propriedade de interesse público os bens sujeitos a regime jurídico especial em virtude dos interesses públicos a serem tutelados, inerente a sua utilidade e valor.[269] Esse regime especial sujeita os bens a controle de circulação, uso e alienação.

Estabelece, assim, a Constituição federal, no art. 176, *caput*, que as jazidas, em lavra ou não, e demais recursos minerais e os potenciais hidroelétricos constituem propriedade distinta da do solo, para efeito de exploração ou aproveitamento, e pertencem à União, garantida ao concessionário a propriedade do produto da lavra. Apenas brasileiros ou empresa constituída sob leis brasileiras com sede e administração no país poderão realizar a pesquisa e a lavra desses bens, mediante autorização ou concessão da União, na forma da lei, que estabelecerá condições específicas quando as atividades se derem em faixa de fronteira ou em terra indígena (art. 176, § 1º). A participação do proprietário do solo nos resultados da lavra é assegurada, na forma e no valor que dispuser a lei (art. 176, § 2º). A autorização de pesquisa será sempre por prazo determinado, e as autorizações e concessões não poderão ser cedidas ou transferidas, sem prévia anuência do poder concedente (art. 176, § 3º). Também estabelece a Carta que não dependerá de autorização ou concessão o aproveitamento do potencial de energia renovável de capacidade reduzida (art. 176, § 4º).

16.4. POLÍTICA AGRÁRIA

A Constituição disciplina a propriedade rural, que se caracteriza pela propriedade da terra, vista como bem de produção, nos arts. 184 a 191 da CF/1988. Esse regime jurídico está pressuposto em três fundamentos: a função social da propriedade rural, o planejamento agrícola e a reforma agrária.[270]

---

269. SILVA, José Afonso da. *Curso de Direito Constitucional Positivo.* São Paulo: Malheiros Editores, 2011. p. 817.

270. ARAUJO, Luiz Alberto David; NUNES JÚNIOR, Vidal Serrano. *Curso de Direito Constitucional.* 7. ed. São Paulo: Saraiva, 2003. p. 428.

16.4.1. Função social da propriedade rural

O regime jurídico específico da propriedade rural consagra o princípio da função social da propriedade, pelo qual a propriedade deve ser utilizada segundo uma finalidade social e que traga benefícios ao mesmo tempo ao proprietário e à comunidade.

A função social da propriedade rural (art. 186 da CF/1988) é cumprida quando atendidos os seguintes requisitos:

a) aproveitamento racional e adequado;

b) utilização adequada dos recursos naturais disponíveis e preservação do meio ambiente;

c) observância das disposições que regulam as relações de trabalho; e

d) exploração que favoreça o bem-estar dos proprietários e dos trabalhos.

A sanção para o descumprimento dos requisitos é a desapropriação para o fim de reforma agrária, mediante prévia e justa indenização em títulos da dívida agrária, com cláusula de preservação do valor real (art. 184 da CF/1988). Não sofre a restrição sancionatória: a) a pequena e média propriedade rural, assim definida em lei, desde que seu proprietário não possua outra (art. 185, I, da CF/1988); e b) a propriedade produtiva (art. 185, II, da CF/1988).

16.4.2. Planejamento agrícola

O planejamento agrícola corresponde aos planos da política agrícola que, nos termos do art. 187 do diploma constitucional, deve ser executada, com a participação efetiva do setor de produção, envolvendo produtores e trabalhadores rurais, bem como dos setores de comercialização, de armazenamento e de transportes, levando em conta, especialmente, os seguintes elementos: a) instrumentos creditícios e fiscais; b) preços compatíveis com os custos de produção e a garantia de comercialização; c) incentivo à pesquisa e à tecnologia; d) assistência técnica e extensão rural; e) seguro agrícola; f) cooperativismo; g) eletrificação rural e irrigação; e h) habitação para o trabalhador rural. Incluir-se-ão no planejamento agrícola as atividades agroindustriais, agropecuárias, pesqueiras e florestais (art. 187, § 1º, da CF/1988).

16.4.3. Reforma agrária

Reforma agrária, no conceito de José Afonso da Silva, é "programa de governo, plano de atuação estatal, mediante intervenção do Estado na economia agrícola, não para destruir o modo de produção existente, mas apenas para promover a repartição da propriedade e da renda fundiária".[271] Coaduna-se, assim, com o modo de produção capitalista, pleiteando apenas uma redistribuição mais justa da terra.

A Constituição federal manifestou-se pela existência de um plano nacional de reforma agrária (art. 188 da CF/1988). Mais, o art. 184, § 4º, prescreve a fixação anual no orçamento de volume de recursos para atender ao programa de reforma agrária no exercício.

16.4.4. Usucapião *pro labore*

Nos termos da Constituição, em seu art. 191, aquele que, não sendo proprietário de outro imóvel rural ou urbano, possuir como seu, por cinco anos ininterruptos e sem oposição, área de terra, em zona rural, não superior a cinquenta hectares, tornando-a produtiva por seu trabalho ou de sua família, tendo nela sua moradia, adquirir-lhe-á a propriedade.

Essa espécie de usucapião chama-se *pro labore*, uma vez que o título que o fundamento decorre de a área ter-se tornado produtiva pelo trabalho do beneficiário ou de sua família.[272] Cabe lembrar que excetuam-se aqui os imóveis públicos, insuscetíveis de usucapião (art. 191, parágrafo único, da CF/1988).

---

271. SILVA, José Afonso da. *Curso de Direito Constitucional Positivo*. São Paulo: Malheiros Editores, 2011. p. 823.
272. SILVA, José Afonso da. *Op. cit.* p. 825.

17

Ordem social

A Constituição disciplina a Ordem Social, em seu Título VIII (arts. 193 a 232), que compreende normas sobre saúde (arts. 196 a 200), previdência social (arts. 201 e 202), assistência social (art. 203), educação, cultura e desporto (arts. 205 a 217), ciência e tecnologia (art. 218), comunicação social (arts. 220 a 224), meio ambiente (art. 225), família, criança, adolescente, jovem e idoso (arts. 226 a 230) e índios (arts. 231 e 232).

A base da ordem social é o primado do trabalho e seus objetivos são o bem-estar e a justiça sociais (art. 193).

17.1. SEGURIDADE SOCIAL

A seguridade social, de acordo com o disposto no *caput* do art. 194 da Constituição, compreende o conjunto integrado de ações de iniciativa dos poderes públicos e da sociedade, destinadas a assegurar os direitos relativos à saúde, previdência e assistência social. Os princípios que a regem são os seguintes:

a) universalidade da cobertura e do atendimento;

b) uniformidade e equivalência dos benefícios e serviços às populações urbanas e rurais;

c) seletividade e distributividade na prestação dos benefícios e serviços;

d) irredutibilidade do valor dos benefícios;

e) equidade na forma de participação do custeio;

f) diversidade da base de financiamento;

g) caráter democrático e descentralizado da administração.

17.1.1. Seguridade social e o problema orçamentário

Estabelece o art. 195 da Carta que o financiamento da seguridade social se dará por toda sociedade, de forma direta e indireta, nos temos da lei, mediante recursos provenientes dos orçamentos da União, dos Estados, do Distrito Federal e dos Municípios, e das contribuições:

1) do empregador, da empresa e da entidade a ela equiparada, incidentes sobre a folha de salários e demais rendimentos do trabalho pagos ou creditados, a receita ou o faturamento e o lucro;

2) do trabalhador e dos demais segurados da previdência social, não incidindo contribuição sobre aposentadoria e pensão concedidas pelo regime geral da previdência social;

3) sobre a receita de concursos de prognósticos;

4) e do importador de bens ou serviços do exterior, ou de quem a lei a ele equiparar.

Destaque-se que essas contribuições sociais têm natureza de tributo.

Urge buscar nesse sistema um equilíbrio financeiro entre os benefícios e serviços da seguridade social e suas fontes de custeio, de forma a lhe garantir continuidade. Muitos descrevem a falência e incapacidade futura do sistema, relacionado ao envelhecimento da população, em razão do aumento da expectativa de vida e da baixa natalidade. No caso brasileiro, é necessário acrescentar outros problemas como a elevação do salário-mínimo, aumento do valor médio dos benefícios previdenciários, aposentadorias precoces, renúncia de receita, sonegação fiscal e evasão e custos administrativos elevados.[273]

Nesse sentido, são necessárias medidas de forma a solucionar ou atenuar o problema do financiamento da seguridade social. Entre algumas, apontadas pela doutrina, temos a necessidade de inclusão no sistema dos que atuam na chamada economia informal – visto que além de não participarem de seu custeio, ainda assim são atendidos por ele, como beneficiários da assistência

---

273. GENTIL, Denise Lobato. A Falsa Crise do Sistema de Seguridade Social no Brasil: uma análise financeira do período 1990-2005. Disponível em: <http://www.corecon-rj.org.br/ced/artigo_denise_gentil_reforma_da_previdencia.pdf>.

social – e a melhora no controle da concessão de benefícios, bem como na arrecadação, fiscalização e cobrança das contribuições previdenciárias.[274]

17.1.2. Saúde

A saúde é concebida como direito de todos e dever do Estado, que deve ser garantido mediante políticas sociais e econômicas que visem à redução do risco de doença e de outros agravos (art. 196 da CF/1988). Também deve ser propiciado o acesso universal igualitário às ações e serviços para sua promoção, proteção e recuperação. As ações e serviços de saúde são considerados de relevância pública, cabendo ao poder público dispor sobre sua regulamentação, fiscalização e controle, devendo sua execução ser feita diretamente ou através de terceiros e, também por pessoa física ou jurídica de direito privado (art. 197 da CF/1988).

As ações e serviços integram rede regionalizada e hierarquizada, constituindo sistema único de saúde, que deve ser organizado segundo as seguintes diretrizes (art. 198, CF/1988):

— descentralização, com direção única em cada esfera do governo;

— atendimento integral, com prioridade para as atividades preventivas, sem prejuízo dos serviços assistenciais;

— participação da comunidade.

O financiamento do sistema único de saúde se dará por recursos do orçamento da seguridade social, da União, dos Estados, do Distrito Federal e dos Municípios, além de outras fontes (art. 198, § 1º, da CF/1988), que deverão aplicar, anualmente, recursos mínimos derivados da aplicação de porcentuais determinados (art. 198, § 2º, da CF/1988).

Garante-se a liberdade à iniciativa privada da assistência à saúde (art. 199 da CF/1988), que poderá participar de forma complementar ao sistema único de saúde, segundo suas diretrizes, mediante contrato de direito público ou convênio, tendo preferência as entidades filantrópicas e as sem fins lucrativos (art. 199, § 1º, da CF/1988). Também é vedada a destinação de recursos pú-

---

274. MENDES, Gilmar; COELHO, Inocêncio Mártires; BRANCO, Paulo Gustavo Gonet. *Curso de Direito Constitucional.* 2. ed. São Paulo: Saraiva, 2008. p. 1.366.

blicos para auxílios ou subvenções às instituições privadas com fins lucrativos (art. 199, § 2º, da CF/1988) e a participação direta ou indireta de empresas ou capitais estrangeiros na assistência à saúde no país, salvo casos previstos em lei (art. 199, § 3º, da CF/1988).

Nos termos do art. 200 e incisos da Constituição, compete ao sistema único de saúde as seguintes atribuições:

a) controlar e fiscalizar procedimentos, produtos e substâncias de interesse para a saúde e participar da produção de medicamentos, equipamentos, imunobiológicos, hemoderivados e outros insumos;

b) executar as ações de vigilância sanitária e epidemiológica, bem como as de saúde do trabalhador;

c) ordenar a formação de recursos humanos na área de saúde;

d) participar da formulação da política e da execução das ações de saneamento básico;

e) incrementar em sua área de atuação o desenvolvimento científico e tecnológico;

f) fiscalizar e inspecionar alimentos, compreendido o controle de seu teor nutricional, bem como bebidas e águas para consumo humano;

g) participar do controle e fiscalização da produção, transporte, guarda e utilização de substâncias e produtos psicoativos, tóxicos e radioativos;

h) colaborar na proteção do meio ambiente, nele compreendido o do trabalho.

17.1.3. Previdência social

Determina a Constituição, no art. 201, que a previdência social será organizada sob a forma de regime geral, de caráter contributivo e de filiação obrigatória, observados critérios que preservem o equilíbrio financeiro e atuarial.

Benefícios previdenciários, no dizer de José Afonso da Silva, são prestações pecuniárias aos segurados e a qualquer pessoa que contribua para a previdência social na forma de planos previdenciários e correspondem aos seguintes: a) auxílios por doença, maternidade, reclusão e funeral; b) seguro-desemprego; c) salário-família; d) pensão por morte de segurado ao cônjuge e dependentes; *e)* sistema especial de inclusão previdenciária; *f)* sistema especial de inclusão previdenciária para atender a trabalhadores de baixa renda e àqueles sem renda própria que se dediquem exclusivamente ao trabalho doméstico no âmbito de sua residência; e *g)* aposentadoria, que é direito de todos os trabalhadores.[275]

Quanto à aposentadoria, além dos casos por invalidez, a Constituição estabelece as seguintes condições cumulativas (art. 201, § 7º da CF/1988): *a)* trinta e cinco anos de contribuição, se homem, e trinta anos de contribuição, se mulher (reduzidos em cinco anos, para o professor que comprove exclusivamente tempo de efetivo exercício das funções de magistério na educação infantil e no ensino fundamental e médio); e *b)* sessenta e cinco anos de idade, se homem, e sessenta anos de idade, se mulher (reduzidos em cinco anos o limite para os trabalhadores rurais de ambos os sexos e para os que exerçam suas atividades em regime de economia familiar, incluídos aqui o produtor rural, o garimpeiro e o pescador artesanal.

É assegurada a contagem recíproca de tempo de contribuição na atividade privada, rural e urbana, e na administração pública, em que os diversos regimes de previdência social se compensarão financeiramente, segundo critérios estabelecidos em lei (art. 201, § 9º, da CF/1988).

A Constituição também disciplina o regime de previdência privada, de caráter complementar e organizado de forma autônoma ao regime geral de previdência social, sendo facultativo e baseado na constituição de reservas que garantam o benefício contratado, com regulação estabelecida por lei complementar (art. 202 da CF/1988).

17.1.4. Assistência social

A Constituição federal regulamenta a assistência social, que será prestada a quem dela necessitar, independentemente de contribuição à seguridade social (art. 203 da CF/1988). Tem por objetivos: *a)* proteção à família, à maternidade, à infância, à adolescência e à velhice; *b)* amparo às crianças e adolescentes carentes; *c)* promoção da integração ao mercado de trabalho;

---

275. SILVA, José Afonso da. *Curso de Direito Constitucional Positivo*. São Paulo: Malheiros Editores, 2011. p. 836.

d) habilitação e reabilitação das pessoas portadoras de deficiência e a promoção de sua integração à vida comunitária; e *e)* por fim, a garantia de um salário-mínimo de benefício mensal à pessoa portadora de deficiência e ao idoso que comprovem não possuir meios de prover à própria manutenção ou de tê-la provida por sua família, conforme dispõe a lei.

O financiamento da assistência social se dará por recursos do orçamento da seguridade social, além de outras fontes, organizados nas seguintes diretrizes (art. 204, CF): *a)* descentralização político-administrativa, cabendo a coordenação e as normas gerais à esfera federal e a coordenação e a execução dos respectivos programas às esferas estaduais e municipais, bem como a entidades beneficentes e de assistência social; e *b)* participação da população, por meio de organizações representativas, na formulação de políticas e no controle das ações em todos os níveis.

17.2. COMUNICAÇÃO SOCIAL

De acordo com Luiz Alberto David Araújo e Vidal Serrano Nunes Júnior, o capítulo da Constituição que cuida da comunicação social retrata, na realidade, o momento constitucional de outubro de 1988, no qual o país estava saindo de um período em que as liberdades democráticas estavam restringidas e a liberdade de imprensa sofria sérias ingerências.[276] Assim, os dispositivos constitucionais refletem a realidade do período, no que se pretendeu estabelecer proteção efetiva do direito à livre informação, livre manifestação do pensamento e livre criação.

Nos termos do art. 220 da CF/1988, a manifestação do pensamento, a criação, a expressão e a informação, sob qualquer forma, processo ou veículo não sofrerão nenhuma restrição, observado o disposto na própria Carta. Entre os meios referidos, podemos compreender os diferentes meios de comunicação, como a imprensa e a radiodifusão sonora ou de sons e imagens. Essa norma deve ser interpretada em conjunto com a garantia do art. 5, IX, da CF/1988, que consagra a liberdade de expressão de atividade intelectual, artística, científica e de comunicação, independentemente de censura ou licença.

---

276. ARAÚJO, Luiz Alberto David; NUNES JÚNIOR, Vidal Serrano. *Curso de Direito Constitucional.* 7. ed. São Paulo: Saraiva, 2003. p. 451.

Estabelece-se que nenhuma lei conterá dispositivo que possa constituir embaraço à plena liberdade de informação jornalística em qualquer veículo de comunicação social, garantidos o direito de resposta e a indenização por dano material ou moral à intimidade, vida privada, honra e imagem das pessoas, a vedação do anonimato, o livre exercício de qualquer trabalho, ofício ou profissão e o direito ao resguardo do sigilo da fonte (art. 220, § 1º, da CF/1988). Veda-se também toda e qualquer censura de natureza política, ideológica e artística (art. 220, § 2º, da CF/1988). Nesse sentido, decidiu o Supremo Tribunal Federal, na Arguição de Descumprimento de Preceito Fundamental nº 130, pela não recepção da Lei nº 5.250/1967, a chamada Lei de Imprensa. Pela garantia da liberdade de informação, preceitua a Carta que a publicação de veículo impresso de comunicação independe de licença de autoridade (art. 220, § 6º, da CF/1988).

A Constituição federal prescreve ser da competência de lei federal (art. 220, § 3º, da CF/1988): *a)* regular as diversões e espetáculos públicos, cabendo ao poder público informar sobre a natureza deles, as faixas etárias a que não se recomendem, locais e horários em que sua apresentação se mostre inadequada; e *b)* estabelecer os meios legais que garantam à pessoa e à família a possibilidade de se defenderem de programas ou programação de televisão e rádio que contrariem os princípios constitucionais, como também da propaganda de produtos, práticas e serviços que possam ser nocivos à saúde e ao meio ambiente. Podem ser restringidas por lei, assim, nos termos da Constituição, as propagandas comerciais de tabaco, bebidas alcoólicas, agrotóxicos, medicamentos terapias, contendo sempre que necessário advertência sobre os malefícios decorrentes de seu uso (art. 220, § 4º, da CF/1988). Também a produção e programação das emissoras de rádio e televisão devem atender aos seguintes princípios (art. 221, I a IV):

— preferência a finalidades educativas, artísticas, culturais e informativas;

— promoção da cultura nacional e regional e estímulo à produção independente que objetive sua divulgação;

— regionalização da produção cultural, artística e jornalística, conforme percentuais estabelecidos em lei;

— respeito aos valores éticos e sociais da pessoa e da família.

A propriedade dos meios de comunicação também é regulada pela Constituição. Não podem esses meios, diretamente ou indiretamente, ser objeto de monopólio ou oligopólio (art. 220, § 5º, da CF/1988). A propriedade de empresa jornalística e de radiodifusão sonora e de sons e imagens é privativa de brasileiros natos ou naturalizados há mais de dez anos, ou de pessoas jurídicas constituídas sob as leis brasileiras e que tenham sede no país (art. 222, *caput*, da CF/1988).

Quanto ao serviço de radiodifusão sonora e de sons e imagens, observado o princípio da complementaridade dos sistemas privado, público e estatal, compete ao Poder Executivo outorgar e renovar concessão, permissão e autorização, com apreciação por parte do Congresso Nacional (art. 223 da CF/1988).

17.3. DA FAMÍLIA, DA CRIANÇA, DO ADOLESCENTE, DO JOVEM, DO IDOSO E DAS PESSOAS PORTADORAS DE DEFICIÊNCIA

A Constituição, em seu art. 226, determina que a família, base da sociedade, tem especial proteção do Estado, garantindo-lhe, nesse sentido, uma série de proteções. Ressalte-se, de início, que a entidade familiar não se resume àquela resultante do casamento: como prescreve o §§ 3º e 4º do mesmo artigo, reconhece-se como entidade familiar a união estável entre o homem e a mulher, devendo a lei facilitar sua conversão em casamento, e também a comunidade formada por qualquer dos pais e seus descendentes.

Ressalte-se aqui que, das decisões do Supremo Tribunal Federal, na ADI 4277 e ADPF 132/2011, reconhece-se a união entre duas pessoas do mesmo sexo. A interpretação do dispositivo do art. 226, § 3º, da CF/1988, que afirma expressamente "homem e mulher", foi ampliada para o reconhecimento desse tipo de união.

Quanto ao casamento, estabelece a Lei Maior que será civil e será gratuita sua celebração (art. 226, § 1º, da CF/1988). Ainda, nos termos do § 2º do art. 226, equipara-se a ele o casamento religioso, tendo este os mesmos efeitos do civil. Determina ainda o § 6º do mesmo artigo que o casamento civil poderá ser dissolvido pelo divórcio.

Consagra ainda a Carta a igualdade de direitos e deveres referentes à sociedade conjugal que serão exercidos pelo homem e pela mulher (art. 226,

§ 5º). É esse dispositivo corolário do princípio da igualdade, afirmado pelo art. 5º, I, e que determina que homens e mulheres serão iguais em direitos e obrigações, nos termos da Constituição.

Cabe ainda ressaltar a liberdade do planejamento familiar, que, segundo a Constituição, fundamenta-se nos princípios da dignidade da pessoa humana e da paternidade responsável (art. 226, § 7º, da CF/1988). Compete ao Estado propiciar recursos educacionais e científicos para o exercício desse direito, sendo vedada qualquer forma coercitiva por parte de instituições oficiais ou privadas. Os pais têm o dever de assistir, criar e educar os filhos menores, assim como os filhos maiores têm o dever de ajudar e amparar os pais na velhice, carência ou enfermidade (art. 229 da CF/1988).

Deve a família, como também a sociedade e o Estado, assegurar à criança, ao adolescente e ao jovem, com prioridade absoluta, os direitos fundamentais (direito à vida, à saúde, à alimentação, à educação, ao lazer, à profissionalização, à cultura, à dignidade, ao respeito, à liberdade e à convivência família e a comunitária), além de colocá-los a salvo de toda forma de negligência, discriminação, exploração, violência, crueldade e opressão (art. 227, *caput,* da CF/1988). Nos termos do Estatuto da Criança e do Adolescente (Lei nº 8.060/1990, considera-se criança a pessoa até doze anos de idade incompletos, e adolescente, a pessoa entre doze e dezoito anos de idade (art. 2º). Deverá, ademais, a lei punir severamente o abuso, a violência e a exploração sexual da criança e do adolescente (art. 227, § 4º, da CF).

No sentido de assegurar os direitos fundamentais à criança, ao adolescente e ao jovem, deverá o Estado promover programas de assistência integral à sua saúde, com a admissão da participação de entidades não governamentais, mediante políticas específicas (art. 227, § 1º, da CF/1988). Deverá ainda o poder público aplicar percentual de recursos públicos destinados à saúde na assistência materno-infantil (art. 227, § 1º, I, da CF/1988).

Cabe ao Estado propiciar a criação de programas de prevenção e atendimento especializado para pessoas portadoras de deficiência física, sensorial ou mental, bem como de integração social do adolescente e do jovem portador de deficiência, mediante treinamento para o trabalho e a convivência, e a facilitação do acesso aos bens e serviços coletivos, com a eliminação de obstáculos arquitetônicos e de todas as formas de discriminação (art. 227, § 1º, II, da CF/1988). Nesse dispositivo, a Constituição fez referência expressa à proteção do portador de deficiência. No § 2º do art. 227 e no art. 244, estabelece ainda que a lei deverá dispor sobre normas de construção dos logradouros e dos edifícios de uso público e de fabricação de veículos de transporte coletivo, a fim de garantir acesso adequado às pessoas portadoras de deficiência. Nesse sentido, destacam-se as Leis nº 8.899/1994, que concede passe livre às pessoas portadores de deficiência, no sistema de transporte interestadual e a Lei nº 10.098/2000, que estabelece normais gerais e critérios para a promoção de sua acessibilidade.

Do texto constitucional, vale a pena ressaltar também a equiparação entre os filhos, havidos ou não da relação de casamento, ou por adoção, que terão os mesmos direitos e qualificações, sendo vedadas discriminações relativas à filiação (art. 227, § 6º, da CF/1988). Essa norma constitucional recebe importância, visto o direito civil brasileiro tradicionalmente ter feito em um passado não muito distante distinções quanto a filhos legítimos, ilegítimos, naturais, adulterinos e incestuosos.[277] Quanto à adoção ainda se afirma o papel do poder público no dever de assisti-la, e também a possibilidade de sua efetivação por estrangeiros, nos termos da lei (art. 227, § 5º, da CF/1988).

Por fim, a Constituição federal protege as pessoas idosas ao determinar que a família, a sociedade e o Estado terão o dever de ampará-los, assegurando-lhes a participação na comunidade, defendendo sua dignidade e bem-estar e garantindo-lhes o direito à vida (art. 230, *caput,* da CF/1988). Os programas de amparo a essas pessoas serão executados preferencialmente em seus lares (art. 230, § 1º, da CF/1988). Aos maiores de sessenta e cinco anos é garantida a gratuidade dos transportes coletivos urbanos (art. 230, § 2º, da CF/1988). No que se refere à legislação infraconstitucional, podemos destacar a Lei nº 8.842/1994, que estabelece Política Nacional do Idoso, que tem por objetivo assegurar os direitos sociais do idoso, criando condições para promover sua autonomia, integração e participação efetiva na sociedade e a Lei nº 10.741/2003 (Estatuto do Idoso).

---

277. Cf. SILVA, José Afonso da. *Curso de Direito Constitucional Positivo.* São Paulo: Malheiros Editores, 2011. p. 853.

17.4. DA EDUCAÇÃO

De acordo com o art. 205 da Constituição, a educação é direito de todos e dever do Estado e deverá ser promovida e incentivada com a colaboração da sociedade, visando ao pleno desenvolvimento da pessoa, seu preparo para o exercício da cidadania e sua qualificação para o trabalho. Assim, deve o Estado promovê-la, de maneira direta por seus estabelecimentos oficiais ou então por meio de parcerias com entes privados.

O ensino deverá ser ministrado, com fundamentos nos seguintes princípios (art. 206 da CF/1988):

a) igualdade de condições para o acesso e a permanência na escola;

b) liberdade de aprender, ensinar, pesquisar e divulgar o pensamento, a arte e o saber;

c) pluralismo de ideias e de concepções pedagógicas, e coexistência de instituições públicas e privadas de ensino;

d) gratuidade do ensino público em estabelecimentos oficiais;

e) valorização dos profissionais da educação escolar, garantidos, na forma da lei, planos de carreira, com ingresso exclusivamente por concurso público de provas e títulos, aos da rede pública;

f) gestão democrática do ensino público;

g) garantia de padrão de qualidade;

h) piso salarial profissional nacional para os profissionais da educação escolar pública, nos termos de lei federal.

Em relação às universidades determina a Constituição que gozarão elas de autonomia didático-científica, administrativa e de gestão financeira e patrimonial (art. 207, *caput,* da CF/1988). Informa-lhe o princípio da indissociabilidade de ensino, pesquisa e extensão. Aplica-se o dispositivo também às instituições de pesquisa científica e tecnológica (art. 207, § 2º, da CF/1988).

O dever do Estado com a educação se efetivará com a garantia (art. 208, I a VII, da CF/1988) de:

— educação básica obrigatória e gratuita dos quatro aos dezessete anos e idade, assegurada ainda a oferta gratuita para os que não tiverem acesso a ela na idade própria;

— progressiva universalização do ensino médio gratuito;
— atendimento educacional especializado aos portadores de deficiência, preferencialmente na rede regular de ensino;
— educação infantil, em creche e pré-escola, a crianças até cinco anos;
— acesso aos níveis mais elevados do ensino, da pesquisa e da criação artística, segundo a capacidade de cada um;
— oferta de ensino noturno regular, adequado às condições do educando;
— atendimento ao educando, em todas as etapas da educação básica, por meio de programas suplementares de material didático-escolar, transporte, alimentação e assistência à saúde.

O ensino obrigatório e gratuito é direito público subjetivo e o seu não oferecimento por parte do poder público ou sua oferta irregular importa responsabilidade à autoridade competente (art. 208, §§ 1º e 2º, da CF/1988).

Os entes federativos organizarão em regime de colaboração seus sistemas de ensino (art. 211). À União, caberá a organização do sistema federal de ensino e o dos Territórios, o financiamento das instituições de ensino públicas federais e o exercício, em matéria educacional, da função redistributiva e supletiva, a fim de garantir a equalização de oportunidades educacionais e do padrão mínimo de qualidade do ensino por meio da assistência técnica e financeira aos outros entes da federação (art. 211, § 1º, da CF/1988). Os municípios deverão atuar prioritariamente no ensino fundamental e na educação infantil e os Estados e Distrito Federal, no ensino fundamental e médio (art. 211, §§ 2º e 3º). É obrigatória a aplicação anual de nunca menos de dezoito por cento, por parte da União, e de vinte e cinco, por parte dos Estados, Distrito Federal e Municípios, da receita resultante de impostos, compreendida a proveniente de transferências, na manutenção e desenvolvimento de ensino (art. 212 da CF).

O ensino é livre à iniciativa privada, desde que atendidos os requisitos de cumprimento das normas gerais da educação nacional e autorização e avaliação de qualidade pelo poder público (art. 209, I e II, da CF/1988).

Por fim, cabe ressaltar que serão fixados quanto ao ensino fundamental conteúdos mínimos, de forma a assegurar formação básica comum e respeito aos valores culturais e artísticos, nacionais e regionais (art. 210 da CF/1988). Também o ensino religioso, de matrícula facultativa, constituirá disciplina dos horários normais das escolas públicas de ensino fundamental, e o ensino fundamental regular será ministrado em língua portuguesa, asseguradas às comunidades indígenas a utilização de suas línguas maternas e processos próprios de aprendizagem (art. 210, §§ 1º e 2º, da CF/1988).

17.5. DOS ÍNDIOS

Reconhece a Constituição aos índios a organização social, os costumes, as línguas e as crenças e tradições (art.231, *caput,* da CF/1988). Como afirma José Afonso da Silva, é o sentimento de pertinência a uma comunidade que identifica o índio.[278] A autoidentificação, que se funda no sentimento de pertinência à comunidade indígena, e a manutenção dessa identidade, fundada na continuidade histórica do passado pré-colombiano que reproduz a mesma cultura, constituem o critério fundamental para a identificação do índio brasileiro. A proteção do índio, assim, significa a proteção da própria cultura indígena.

A Constituição federal reconhece no art. 231, *caput,* os direitos originários dos índios sobre as terras que tradicionalmente ocupam, competindo à União demarcá-las, proteger e fazer respeitar todos os seus bens. A União deveria ter concluído a demarcação das terras indígenas no prazo de cinco anos a partir da promulgação da Constituição (art. 67 da ADCT). Este trabalho ainda não terminou; todavia, não se pode dizer que os índios não tenham os seus direitos assegurados, pois independem de demarcação.[279] Nesse sentido, o art. 25 do Estatuto do Índio (Lei nº6.001/1973) prescreve que o reconhecimento do direito dos índios e grupos tribais à posse permanente das terras por eles habitadas independerá de sua demarcação, e será assegurado pelo órgão federal de assistência aos silvícolas, atendendo à situação atual e ao consenso histórico sobre a antiguidade da ocupação, sem prejuízo das medidas cabíveis que, na omissão ou erro do referido órgão, tomar qualquer dos poderes da República. O procedimento para demarcação é o estabelecido no Decreto nº 1.775/1996.

---

278. SILVA, José Afonso da. *Curso de Direito Constitucional Positivo.* São Paulo: Malheiros Editores, 2011. p. 857.
279. LENZA, Pedro. *Direito Constitucional Esquematizado.* 14. ed. São Paulo: Saraiva, 2010. p. 971.

Consideram-se terras tradicionalmente ocupadas pelos índios as por eles habitadas em caráter permanente, as utilizadas para suas atividades produtivas, as imprescindíveis à preservação dos recursos ambientais necessários a seu bem-estar e as necessárias a sua reprodução física e cultural, segundo seus usos, costumes e tradições (art. 231, § 1º, da CF/1988). Essas terras se destinam à posse permanente dos indígenas, cabendo-lhes o usufruto exclusivo das riquezas do solo, dos rios e dos lagos nelas existentes (§ 2º). Quanto à propriedade, porém, são bens da União (art. 20, XI). Também essas terras são inalienáveis e indisponíveis, e os direitos sobre elas, imprescritíveis (art. 231, § 4º).

A pesquisa e a lavra das riquezas minerais e o aproveitamento de recursos hídricos, incluídos potenciais energéticos, nas terras tradicionalmente ocupadas pelos índios só poderão ser efetivados com autorização do Congresso Nacional, desde que ouvidas as comunidades afetadas, ficando-lhes assegurada participação nos resultados da lavra, na forma da lei (art. 231, § 3º, da CF/1988).

Veda a Constituição, no art. 231, § 5º, a remoção dos grupos indígenas de suas terras, salvo em caso de catástrofe ou epidemia que ponha em risco sua população ou no interesse da soberania do país, desde que haja referendo do Congresso Nacional, garantido, em qualquer hipótese, o retorno imediato logo que cessar o risco.

Nos termos do § 6º do mesmo artigo, são nulos e extintos os atos que tenham por objeto a ocupação, o domínio e a posse das terras, ou a exploração das riquezas naturais do solo, dos rios e dos lagos nelas existentes, ressalvado o relevante interesse público da União, segundo o que dispuser lei complementar, não gerando a nulidade e extinção de direito a indenização ou ações contra a União, salvo quanto a benfeitorias derivadas da ocupação de boa-fé.

Por fim, cabe ressaltar que os índios, suas comunidades e organizações são partes legítimas para ingressar em juízo em defesa de seus direitos e interesse, intervindo o Ministério Público em todos os atos do processo (art. 232 da CF/1988). Os direitos e interesses dos indígenas têm a natureza de direito coletivo e, como tal, concerne à comunidade toda e a cada índio em particular como membro dela.[280] A competência processual para o conhecimento de ações que impliquem esses direitos é da Justiça Federal (art. 109, XI, da CF/1988).

---

280. SILVA, José Afonso da. *Curso de Direito Constitucional Positivo*. São Paulo: Malheiros Editores, 2011. p. 864.

17.6. O MINISTÉRIO PÚBLICO E A PROTEÇÃO DAS "MINORIAS NACIONAIS"

O Ministério Público Federal atua para garantir os direitos dos povos e comunidades tradicionais, como: *a)* índios; quilombolas, que são os remanescentes das comunidades de quilombos que estejam ocupando suas terras, para quem é reconhecida a propriedade definitiva, devendo o Estado emitir-lhes os títulos respectivos (art. 68 da ADCT); *b)* comunidades extrativistas e ribeirinhas; e *c)* ciganos e outros.[281]

A atuação do Ministério Público, nesses casos, visa a assegurar a esses povos:

— demarcação, titulação e posse das terras tradicionalmente ocupadas;

— saúde e educação;

— registro civil, com autoidentificação;

— autossustentação;

— preservação cultural.

17.7. POLÍTICAS PÚBLICAS

Políticas públicas correspondem ao "conjunto de atividades do Estado tendentes a seus fins, de acordo com metas a serem atingidas".[282] São, assim, medidas dos poderes da República que objetivam a realização dos fins do Estado.

É possível que o judiciário realize o controle das políticas públicas exercidas pelo legislativo e pelo executivo, através dos meios de controle de constitucionalidade, pela análise do atendimento dos fins do Estado, estabelecidos

---

281. "Ministério Público Federal e atuação quanto a índios e comunidades tradicionais". Disponível em:<*http://www.pgr.mpf.gov.br/conheca-o-mpf/publicacoes/folheteria-tematica/09_web_folheteria_indios_101.pdf*> Acesso em: 2.7.2012.
282. CANELA JUNIOR, Oswaldo *apud* GRINOVER, Ada Pellegrini. "O Controle jurisdicional de Políticas Públicas". In: ALMEIDA, Fernando Dias Menezes de; AMARAL JÚNIOR, José Levi Mello do; LEAL, Roger Stiefelmann; HORBACH, Carlos Bastide. *Direito Constitucional, Estado de Direito e Democracia: Homenagem ao Prof. Manoel Gonçalves Ferreira Filho*. São Paulo: Quartier Latin, 2011. p. 29.

na Lei Maior. Pode atuar esse poder para corrigir as políticas públicas dos outros poderes ou mesmo para implementá-las.

O controle jurisdicional de políticas públicas deve respeitar pressupostos e limites.[283] O pressuposto é a garantia do mínimo existencial, compreendido pelas condições básicas de existência, sendo corolário do princípio da dignidade da pessoa humana. O Judiciário pode intervir para garantir esse mínimo existencial. Já os limites compreendem o princípio da proporcionalidade, como já estudado, e da reserva do possível, que consiste na disponibilidade financeiro-orçamentária da política pública. Nesse sentido, deverá o poder público provar a insuficiência de recursos e a falta de previsão orçamentária específica; o Judiciário, nesse caso, determinará que conste da próxima proposta orçamentária a verba necessária para a política pública.[284]

Uma série de ações podem ser utilizadas para pleitear o controle judicial de políticas públicas, como o mandado de segurança coletivo, a ação civil pública, ação popular, ação de improbidade administrativa, arguição de descumprimento de preceito fundamental, ação direta de inconstitucionalidade por omissão, entre outras.

Ressalta-se aqui o papel do Ministério Público quanto à implementação de políticas públicas, tendo em vista suas funções de defesa da ordem jurídica, do regime democrático e dos interesses sociais e individuais indisponíveis. Atua a instituição aqui, sobretudo, por meio de ação civil pública, instrumental de que se pode valer para a defesa dos interesses coletivos, difusos e individuais homogêneos.

17.8. DIREITOS CULTURAIS

Nos termos do art. 215, *caput*, da CF/1988, o Estado garantirá a todos o pleno exercício dos direitos culturais e acesso às fontes da cultura nacional, e apoiará e incentivará a valorização e a difusão das manifestações culturais.

---

283. CANELA JUNIOR, Oswaldo *apud* GRINOVER, Ada Pellegrini. "O Controle jurisdicional de Políticas Públicas". In: ALMEIDA, Fernando Dias Menezes de; AMARAL JÚNIOR, José Levi Mello do; LEAL, Roger Stiefelmann; HORBACH, Carlos Bastide. *Direito Constitucional, Estado de Direito e Democracia: Homenagem ao Prof. Manoel Gonçalves Ferreira Filho*. São Paulo: Quartier Latin, 2011. p. 52.

284. CANELA JUNIOR, Oswaldo. *Op. cit.* p. 39.

A Constituição admite o multiculturalismo, isto é, a existência de muitas culturas. Estabelece, assim, que o Estado protegerá as manifestações das culturas populares, indígenas e afro-brasileiras, bem como as manifestações culturais de outros grupos participantes do processo civilizatório nacional (art. 215, § 1º, da CF/1988). A lei disporá sobre a fixação de datas comemorativas de alta significação para os diferentes segmentos étnicos nacionais (art. 215, § 2º, da CF/1988).

Prevê também que lei estabelecerá o Plano Nacional de Cultura, de duração plurianual, visando ao desenvolvimento cultural do país e à integração das ações do poder público que conduzem à: defesa e valorização do patrimônio cultural brasileiro; produção, promoção e difusão de bens culturais; formação de pessoal qualificado para a gestão da cultura em suas múltiplas dimensões; democratização do acesso aos bens de cultura; e a valorização da diversidade étnica e regional (art. 215, § 3º).

Patrimônio cultural brasileiro é definido como os bens de natureza material e imaterial, tomados individualmente ou em conjunto, portadores de referência à identidade, à ação, à memória dos diferentes grupos formadores de nossa sociedade, nos quais se incluem: as formas de expressão; os modos de criar, fazer e viver; as criações científicas, artísticas e tecnológicas; as obras, objetos, documentos, edificações e demais espaços destinados às manifestações artístico-culturais; os conjuntos urbanos e sítios de valor histórico, paisagístico, artístico, arqueológico, paleontológico, ecológico e científico (art. 216 da CF/1988).

O poder público, com a colaboração da comunidade, promoverá e protegerá o patrimônio cultural brasileiro, por meio de inventários, registros, vigilância, tombamento e desapropriação, e de outras formas de acautelamento e preservação (art. 216, § 1º, da CF/1988). Cabe à administração pública a gestão da documentação governamental e as providências para franquear sua consulta a quantos dela necessitem (art. 216, § 2º, da CF/1988). A lei estabelecerá incentivos para a produção e o conhecimento de bens e valores culturais (art. 216, § 3º, da CF/1988). Punir-se-ão os danos e ameaças ao patrimônio cultural e serão tombados todos os documentos e os sítios detentores de reminiscências históricas dos antigos quilombos (art. 216, §§ 4º e 5º, da CF/1988).

Referências bibliográficas

ALEXY, Robert. *Teoria dos Direitos Fundamentais*. São Paulo: Malheiros Editores, 2008.

ALMEIDA, Fernanda Dias Menezes de. *Competências na Constituição de 1988*. 2. ed. São Paulo: Atlas, 2000.

ALMEIDA, Fernando Dias Menezes de; AMARAL JÚNIOR, José Levi Mello do; LEAL, Roger Stiefelmann; HORBACH, Carlos Bastide. *Direito Constitucional, Estado de Direito e Democracia: Homenagem ao Prof. Manoel Gonçalves Ferreira Filho*. São Paulo: Quartier Latin, 2011.

AMARAL JÚNIOR, José Levi Mello. *Incidente de Arguição de Inconstitucionalidade*. São Paulo: Revista dos Tribunais, 2002.

———. *Medida Provisória: Edição e conversão em lei: Teoria e prática*. 2. ed. São Paulo: Saraiva, 2012.

ARAÚJO, Luiz Alberto David; NUNES JÚNIOR, Vidal Serrano. *Curso de Direito Constitucional*. 7. ed. rev. e atual. São Paulo: Saraiva, 2003.

BANDEIRA DE MELLO, Celso Antônio. *Curso de Direito Administrativo*. 14. ed. rev. ampl. e atual. São Paulo: Malheiros Editores, 2002.

BARROSO, Luís Roberto. *Curso de Direito Constitucional Contemporâneo: os conceitos fundamentais e a construção do novo modelo*. São Paulo: Saraiva, 2009.

BASTOS, Celso Ribeiro; MARTINS, Yves Gandra. *Comentários à Constituição do Brasil*. São Paulo: Saraiva, 1993. v. 3. t. II.

BOBBIO, Norberto; MATTEUCCI, Nicola; PASQUINO, Gianfranco. *Dicionário de Política*. 4. ed. Brasília: Editora Universidade de Brasília, 1992.

BÖCKENFÖRDE, Ernst-Wolfgang. "Le pouvoir constituent du people, notion-limite du droitconstitutionnel". In: JOUJANJAN, Olivier (réunion et présentation). *Le Droit, l'État et la constitution démocratique*. Paris: Librairie Générale de Droit et de Jurisprudence, 2000.

BONAVIDES, Paulo. *Ciência Política*. São Paulo: Malheiros, 1994.

——. *Curso de Direito Constitucional*. 5. ed. rev. e ampl. São Paulo: Malheiros Editores, 1994.

BORJA, Rodrigo. *Enciclopedia de la Política*. México: Fondo de Cultura Económica, 1997.

CAMPANHOLE, Hilton Lobo; CAMPANHOLE, Adriano [Cop.]. *Constituições do Brasil*. 13. ed. São Paulo: Atlas, 1999.

CAMPOS, Francisco. O Estado Nacional. Disponível em: <http://www.ebooksbrasil.org/eLibris/chicocampos.html>. Acesso em: 23.6.2012.

CANELA JUNIOR, Oswaldo *apud* GRINOVER, Ada Pellegrini. "O Controle jurisdicional de Políticas Públicas". In: ALMEIDA, Fernando Dias Menezes de; AMARAL JÚNIOR, José Levi Mello do; LEAL, Roger Stiefelmann; HORBACH, Carlos Bastide. *Direito Constitucional, Estado de Direito e Democracia: Homenagem ao Prof. Manoel Gonçalves Ferreira Filho*. São Paulo: Quartier Latin, 2011.

CANOTILHO, José Joaquim Gomes. *Direito Constitucional e Teoria da Constituição*. 6. ed. Coimbra: Almedina, 2002.

CARBONELL, Miguel [Org.]. *Neoconstitucionalismo(s)*. 2. ed. Madrid: Editorial Trotta, 2005.

CARRAZA, Roque Antônio. *Curso de Direito Constitucional Tributário*. 16. ed. São Paulo: Malheiros Editores, 2001.

CINTRA, Antônio Carlos de Araújo; DINAMARCO, Cândido Rangel; GRINOVER, Ada Pellegrini. *Teoria Geral do Processo*. 23. ed. São Paulo: Malheiros Editores, 2007.

COMPARATO, Fábio Konder. *Direito Público: Estudos e Pareceres*. São Paulo: Saraiva, 1996.

CONSTANT, Benjamin. *Cours de Politique Constitutionelle*. 2. ed. Paris: Librairie de Uillaumin et C., 1872. (tomo 1)

COSTA, José Manuel Cardoso da. "Sociedade Científica da Universidade Católica Portuguesa". In: *Polis: enciclopédia verbo da sociedade e do Estado*. 2. ed. Lisboa/São Paulo: Editorial Verbo, 1997. v. 1. (verbete: *constitucionalismo*).

DALLARI, Dalmo de Abreu. *Elementos de Teoria Geral do Estado*. 25. ed. São Paulo: Saraiva, 2005.

DI PIETRO, Maria Sylvia. *Direito Administrativo*. 24. ed. São Paulo: Atlas, 2011.

DÍAZ, Elias; MIGUEL, Alfonso Ruiz. [Org.]. *Filosofia Política II: Teoria do Estado*. Madrid: Editorial Trotta, 1996.

DIMOULIS, Dimitri. *Manual de Introdução ao Estudo do Direito*. São Paulo: Revista dos Tribunais, 2008.

DINIZ, Maria Helena. *Curso de Direito Civil Brasileiro*. 16. ed. atual. São Paulo: Saraiva, 2002. v. 7: responsabilidade civil.

DROMI, José Roberto. "La Reforma Constitucional: el constitucionalismo del 'por venir'". In: *El Derecho Público de Finales de Siglo: Uma perspectiva Iberoamericana*. Madrid: Fundación BBV, 1997.

DUARTE NETO, José. *A Iniciativa Popular na Constituição Federal*. São Paulo: Revista dos Tribunais, 2005.

―――. *Rigidez e Estabilidade Constitucional: aspectos críticos do exercício frequente da atribuição reformadora*. Belo Horizonte: Del Rey, 2010.

DUARTE, Fernanda et VIEIRA, José Ribas [Org.]. *Teoria da Mudança Constitucional: sua trajetória nos Estados Unidos e na Europa*. Rio de Janeiro: Renovar, 2005.

FERRAZ JUNIOR, Tércio Sampaio. *Introdução ao Estudo do Direito: Técnica, Decisão, Dominação*. 4. ed. São Paulo: Atlas, 2003.

FERRAZ, Anna Cândida da Cunha. *Processos Informais de Mudança na Constituição*. São Paulo: Max Limonad, 1986.

FERREIRA FILHO, Manoel Gonçalves. *O Estado de Sítio na Constituição brasileira de 1946 e na sistemática das medidas extraordinárias de defesa da ordem constitucional*. São Paulo: Saraiva, 1964

———. *O Poder Constituinte*. 3. ed. São Paulo: Saraiva, 1999.

———. *Curso de Direito Constitucional*. 28. ed. atual. São Paulo: Saraiva, 2002.

———. *Estado de Direito e Constituição*. 3. ed. São Paulo: Saraiva, 2004.

———. *Princípios Fundamentais de Direito Constitucional*. 2. ed. São Paulo: Saraiva, 2010.

———. *Do Processo Legislativo*. 3. ed. rev. e atual. São Paulo: Saraiva, 1995.

FRIEDMAN, Milton. *Capitalismo e Liberdade*. 2. ed. São Paulo: Nova Cultural, 1985.

GENTIL, Denise Lobato. "A Falsa Crise do Sistema de Seguridade Social no Brasil: uma análise financeira do período 1990-2005". Disponível em: <http://www.corecon-rj.org.br/ced/artigo_denise_gentil_reforma_da_previdencia.pdf>. Acesso em: 5.6.2012.

GRAU, Eros Roberto. *A Ordem Econômica na Constituição de 1988*. 5. ed. São Paulo: Malheiros Editores, 2000.

GUASTINI, Ricardo. "La 'Constitucionalización' del Ordenamiento Jurídico: el caso italiano". In: CARBONELL, Miguel [Org.]. *Neoconstitucionalismo(s)*. 2. ed. Madrid: Editorial Trotta, 2005. p. 49.

HELLER, Hermann. *Teoria do Estado*. São Paulo: Mestre Jou, 1968.

HORTA, Raul Machado. *Direito Constitucional*. 3. ed. rev. e atual. Belo Horizonte: Del Rey, 2003.

JELLINEK, Georg. *Reforma Y Mutación de la Constitución*. Madrid: Centro de Estúdios Constitucionales, 1991.

JOUJANJAN, Olivier (réunion et présentation). *Le Droit, l'État et la Constitution démocratique*. Paris: Librairie Générale de Droit et de Jurisprudence, 2000.

LEAL, Roger Stiefelmann. *O Efeito Vinculante na Jurisdição Constitucional.* São Paulo: Saraiva, 2006.

LENZA, Pedro. *Direito Constitucional Esquematizado.* 14. ed. rev. atual. e ampl. São Paulo: Saraiva, 2010.

LOCKE, John. *Dois Tratados sobre o Governo.* São Paulo: Martins Fontes, 1988.

LOEWENSTEIN, Karl. *Teoria de La Constitución.* Barcelona: Ediciones Ariel, 1976.

LOPES, Maurício Antônio Ribeiro. *Poder Constituinte Reformador: limites e possibilidades da revisão constitucional brasileira.* São Paulo: Revista dos Tribunais, 1993.

MAITLAND, Frederic William. *The constitutional history of England: a course of lectures.* Nova Jersey: The Lawbook Exchange, LTD. 2001.

MALUF, Sahid. *Teoria Geral do Estado.* 30. ed. São Paulo: Saraiva, 2010.

MAXIMILIANO, Carlos. *Comentários à Constituição Brasileira.* Rio de Janeiro: Livraria Editora Freitas Bastos, 1948. v. 2.

MCILWAIN, Charles Howard. *Constitucionalismo Antiguo y Moderno.* Madrid: Centro de Estudios Constitucionales, 1991.

MENDES, Gilmar; COELHO, Inocêncio Mártires; BRANCO, Paulo Gustavo Gonet. *Curso de Direito Constitucional.* 2. ed. rev. e atual. São Paulo: Saraiva, 2008.

MENDES, Gilmar. *Arguição de Descumprimento de Preceito Fundamental: Comentários à Lei nº.9882 de 3.12.1999.* São Paulo: Saraiva, 2007.

MIRANDA, Jorge. *Manual de Direito Constitucional: constituição e inconstitucionalidade.*3. ed. Coimbra: Coimbra Editora, 1996. v. 2.

―――. *Manual de Direito Constitucional: atividade constitucional do Estado.* Coimbra: Coimbra Editora, 1997. v. 5.

―――. *Teoria do Estado e da Constituição.* Rio de Janeiro: Forense, 2002.

MONTESQUIEU, Charles Louis de Secondat. *O Espírito das Leis.* Brasília: Editora da Universidade de Brasília, 1982.

MORAES, Alexandre de. *Direito Constitucional.* 19. ed. São Paulo: Atlas, 2006.

――――. "Arguição de descumprimento de preceito fundamental". In: TAVARES, André Ramos; ROTHENBURG, Walter Claudius (Org.). *Arguição de Descumprimento de Preceito Fundamental: Comentários à Lei nº 9.882, de 3.12.1999.* São Paulo: Atlas, 2001.

OLIVEIRA, Gustavo Justino de. Governança pública e parcerias do Estado: a relevância dos acordos administrativos para a nova gestão pública. Disponível em: <http://www.ambito-juridico.com.br/site/index.php?n_link=revista_artigos_leitura&artigo_id=5177>. Acesso em: 5.6.2012.

OLIVEIRA, Roberto Guena. "Economia do Meio Ambiente". In: PINHO, Diva Benevides; VASCONCELLOS, Marco Antônio Sandoval de; TONETO Jr. Rudinei (Org.). *Manual de Economia.* 6. ed. São Paulo: Saraiva, 2011.

PINHO, Diva Benevides; VASCONCELLOS, Marco Antônio Sandoval de; TONETO Jr., Rudinei (Org.). *Manual de Economia.* 6. ed. São Paulo: Saraiva, 2011.

RAMOS, Elival da Silva. *Ativismo Judicial.* São Paulo: Saraiva, 2010.

REZEK, Francisco. *Direito Internacional Público.* 11. ed. rev. e atual. São Paulo: Saraiva, 2008.

RIZZIERI, Juares Alexandre Baldini. "Introdução à Economia". In: PINHO, Diva Benevides; VASCONCELLOS, Marco Antônio Sandoval de; TONETO Jr. Rudinei (Org.). *Manual de Economia.* 6. ed. São Paulo: Saraiva, 2011.

RUFFIA, Paolo Biscaretti Di. *Instroducción al derecho constitucional comparado.* México: Fondo de Cultura Econômica, 1979.

SAMPAIO, Nelson de Sousa. *O Poder de Reforma Constitucional.* 3. ed. Belo Horizonte: Nova Alvorada Edições, 1994.

SARMENTO, Daniel. "Apontamentos sobre a Arguição de descumprimento de Preceito Fundamental". In: TAVARES, André Ramos; ROTHENBURG, Walter Claudius (Org.). *Arguição de Descumprimento de Preceito Fundamental: análises à luz da Lei nº 9.882/1999.* São Paulo: Atlas, 2001.

SCHMITT, Carl. *Teoria de la Constitución*. Madrid: Editorial Revista de Derecho, sem data.

SGARBI, Adrian. *O Referendo*. Rio de Janeiro: Renovar, 1999.

SIEYÈS, Emanuel Joseph. *A Constituinte Burguesa: Qu'est-ce que le Tiers État?*. 4. ed. Rio de Janeiro: Lumen Juris, 2001.

SILVA NETO, Francisco da Cunha; IORIO FILHO, Rafael M. "A nova tríade constitucional de ErhardDenninger". In: DUARTE, Fernanda; VIEIRA, José Ribas. [Org.]. *Teoria da Mudança Constitucional: sua trajetória nos Estados Unidos e na Europa*. Rio de Janeiro: Renovar, 2005.

SILVA, José Afonso da. *Curso de Direito Constitucional Positivo*. 35. ed. rev. e atual. São Paulo: Malheiros Editores, 2011.

―――. *Aplicabilidade das Normas Constitucionais*. 7. ed. São Paulo: Malheiros Editores, 2007.

SILVA, Virgílio Afonso da. *Sistemas Eleitorais*. São Paulo: Malheiros Editores, 1999.

―――. "O Proporcional e o Razoável". *RT* 798/23-50, 2002.

―――. *Interpretação Constitucional*. São Paulo: Malheiros Editores, 2007.

―――. *Direitos Fundamentais: conteúdo essencial, restrições e eficácia*. São Paulo: Malheiros Editores, 2011.

STEINMETZ, Wilson. "Princípio da proporcionalidade e atos de autonomia privada restritivos de direitos fundamentais". In: SILVA, Virgílio Afonso da. *Interpretação Constitucional*. São Paulo: Malheiros Editores, 2007.

SUNSTEIN, Cass; NUSSBAUN, Martha. *Animal Rights: current debates & new directions*. Oxford: Oxford University Press, 2004.

TAVARES, André Ramos. *Curso de Direito Constitucional*. São Paulo: Saraiva, 2002.

TAVARES, André Ramos; ROTHENBURG, Walter Claudius (Org.). *Arguição de Descumprimento de Preceito Fundamental: análises à luz da Lei nº 9.882/1999*. São Paulo: Atlas, 2001.

TEMER, Michel. *Elementos de Direito Constitucional.* 10. ed. rev. e atual. São Paulo: Malheiros Editores, 1994.

TEIXEIRA, José Horácio Meirelles. *Curso de Direito Constitucional.* Rio de Janeiro: Forense Universitária, 1991.

VANOSSI, Jorge Reinaldo A. *Teoría Constitucional. Teoria Constituyente. Poder Constituyente: fundacional; revolucionário; reformador.* Buenos Aires: Ediciones Depalma, 1975.

VEDEL, Georges. *Manuel Élémentaire de DroitConstitutionnel.* Paris: Librairie du Recueil Sirey, 1949.

VEGA, Pedro de. *La Reforma Constitucional y la problematica del Poder Constituyente.* Madrid: Tecnos, 2007.

VILLE, M. J. C. *Constitutionalism and Separation of Powers.* 2. ed. Indianápolis: Liberty Fund, 1998.

WEBER, Max. *Economia e Sociedade.* Brasília: Editora Universidade de Brasília, São Paulo: Imprensa Oficial de São Paulo, 1999.

Anexo – Questões de provas

QUESTÕES DO 26º CONCURSO – MPF
PROCURADOR DA REPÚBLICA – 2012

Questão 01 – ASSINALE A ALTERNATIVA INCORRETA:

[A] Somente quando expressamente autorizado pela Constituição o legislador pode restringir ou regular algum direito fundamental.

[B] No âmbito das relações especiais de sujeição, há um tratamento diferenciado com respeito ao gozo dos direitos fundamentais.

[C] De acordo com a jurisprudência do STF, a liberdade de expressão ocupa uma posição especial no sistema constitucional brasileiro, o que lhe atribui peso abstrato elevado em hipótese de colisão com outros direitos fundamentais ou interesses sociais.

[D] Viola o princípio da igualdade material qualquer prática empresarial, governamental ou semigovernamental, de natureza administrativa ou legislativa que, embora concebida de forma neutra, gere, em consequência de sua aplicação, efeitos desproporcionais sobre certas categorias de pessoas.

RESPOSTA: A alternativa incorreta é a "A". O legislador pode restringir um direito fundamental, sempre quando julgar necessário, por meio do sopesamento, para a consecução de outro direito ou interesse fundamental.

Questão 02 – DENTRE OS ENUNCIADOS ABAIXO, QUAIS AS ASSERTIVAS CORRETAS:

I – Não é possível o uso do mecanismo de interpretação conforme a Constituição em relação a dispositivo legal que reproduz norma estabelecida pelo legislador constituinte originário.

II – A interpretação constitucional caracteriza-se como um ato descritivo de um significado previamente dado.

III – Muito embora seja possível o controle de constitucionalidade de emendas constitucionais, este, no que diz respeito ao aspecto material, fica restrito à compatibilidade ou não da reforma constitucional às chamadas "cláusulas pétreas".

IV – O poder de revisão constitucional deve respeitar o núcleo essencial dos principais valores constitucionais, não convindo ao intérprete afastar-se de uma visão prospectiva, que permita às gerações vindouras decidir sobre o seu destino coletivo.

São corretas as assertivas:
[A] I e III.
[B] I, II e III.
[C] II e III.
[D] III e IV.

RESPOSTA: É a alternativa "D". São corretas as assertivas III e IV.

A assertiva I das alternativas A e B está incorreta, visto que, repetindo o legislador dispositivo da Constituição, qualquer "interpretação conforme" implica empobrecimento não só do texto legal, como da própria norma constitucional. Outrossim, a interpretação conforme é técnica, pela qual se evita o reconhecimento de inconstitucionalidades. Faz-se pela escolha de um sentido escorreito e conforme à Constituição. Admiti-la seria acatar de forma inaceitável que a norma constitucional originária, de forma indireta, teria outras interpretações inconstitucionais (que não a escolhida). E não existe norma constitucional inconstitucional.

A assertiva II das alternativas B e C está incorreta, visto que a interpretação constitucional não é apenas descritiva de um significado dado previamente, mas também construtiva, visto que seu sentido é estabelecido por seus intérpretes, conforme sua posição histórica.

Questão 03 – DENTRE OS ENUNCIADOS ABAIXO, APONTE O ÚNICO INCORRETO:

[A] Reserva do possível significa insindicabilidade jurisdicional das opções legislativas quanto à densificação legislativa das normas constitucionais reconhecedoras de direitos sociais.

[B] A proibição de retrocesso resulta, ao menos implicitamente, do sistema internacional de direitos humanos, que impõe a progressiva implementação efetiva da proteção social por parte dos Estados.

[C] Não há Estado de Direito sem a consagração dos direitos à ação e à jurisdição, especialmente quando voltados à responsabilização civil do Estado.

[D] O caráter contramajoritário da jurisdição constitucional, segundo o entendimento dominante, possibilita ao Poder Judiciário atuar ativamente em defesa de direitos fundamentais, desde que se paute por argumentos racionais e controláveis.

RESPOSTA: O único enunciado incorreto é o "A". A reserva do possível consiste na ideia de que o órgão jurisdicional deve buscar a concretização dos direitos sociais, desde que haja disponibilidade financeiro-orçamentária para isso. Ao contrário da alternativa, não significa insindicabilidade, mas é princípio que deriva da atuação jurisdicional.

Questão 04 – DOS ENUNCIADOS ABAIXO, QUAL A ASSERTIVA QUE CORRESPONDE AO ENTENDIMENTO DO STF:

I – Em sede de competência legislativa concorrente, é permitido à lei estadual estabelecer cautelas mais rigorosas, em matéria de saúde e de meio ambiente, do que aquelas contidas na lei federal.

II – A Constituição é norma diretamente habilitadora de atividade administrativa e critério imediato de fundamentação da decisão administrativa.

III – É inconstitucional a fixação de piso salarial nacional para os profissionais da educação escolar pública, tendo em vista o princípio federativo.

IV – O crime de racismo, com as notas de inafiançabilidade e imprescritibilidade que lhe confere o art. 5º, XLII, da CF, tem como sujeito passivo grupos humanos com características biológicas próprias.

Correspondem ao entendimento do STF:

[A] I e III.
[B] I, II e IV.
[C] II e III.
[D] I e II.

RESPOSTA: A resposta é a alternativa "D".

A assertiva III das alternativas A e C não corresponde ao entendimento do STF, visto a ADI 4.167/2008 que decidiu ser constitucional norma geral federal que fixava piso salarial de professores do ensino médio com base no vencimento, e não na remuneração global. Reconheceu-se a competência da União para dispor sobre normas gerais relativas ao piso de vencimento dos professores da educação básica, de modo a utilizá-la como mecanismo de fomento ao sistema educacional e de valorização profissional, e não apenas como instrumento de proteção mínima ao trabalhador.

A assertiva IV da alternativa B também não corresponde ao entendimento do Tribunal. Pelo famoso Caso Ellwanger (HC 82.424/RS/2003), o racismo, previsto na Constituição, não tem como sujeito passivo grupos humanos com características biológicas próprias, mas resulta de um processo de conteúdo político-social. Restou entendido que é inconsistente a permissão de que judeus não são uma raça. Logo, não podem sofrer discriminação capaz de ensejar a exceção constitucional de imprescritibilidade. Pelo contrário, decidiu-se haver no caso o racismo, por ser este um conceito que também compreende componentes sociais.

Questão 05 – ASSINALE A ALTERNATIVA CORRETA. PARA O STF:

[A] Como o direito à moradia é de caráter fundamental, não é legítima a penhora do imóvel residencial do fiador.

[B] A proibição de tratamento caricatural e humorístico a candidatos a cargo eletivos, no período eleitoral, não constitui ofensa à liberdade de imprensa.

[C] No conflito entre o direito de manifestação cultural e a proibição de práticas de crueldade contra os animais, deve prevalecer esta última.

[D] É permitido aos Estados-membros criar outros órgãos encarregados de exercer a segurança pública, além daqueles previstos na Constituição Federal.

RESPOSTA: A correta é a alternativa "C". No Recurso Extraordinário nº 153.531/1998, o caso da "Farra do boi" restou entendido que a obrigação constitucional do Estado de assegurar a todos os cidadãos o pleno exercício de direitos culturais, promovendo a apreciação e difusão de manifestações culturais, não exime o Estado de observar o dispositivo constitucional que proíbe o tratamento cruel dos animais.

Questão 06 – É POSSÍVEL AFIRMAR EM RELAÇÃO AOS PRINCÍPIOS DA INTERCULTURALIDADE E DO MULTICULTURALISMO QUE:

I – Fundamentam-se no princípio da igualdade formal, na medida em que preveem a equiparação de diferentes culturas e etnias perante a lei.

II – Possuem lastro na chamada luta pelo reconhecimento e viabilizam políticas públicas de promoção do direito à diferença dentro de um mesmo Estado.

III – Pressupõem, no interior do Estado Nacional, grupos que possuem modos próprios de criar, fazer e viver, bem como formas próprias de expressão.

IV – O homem, para além de sua dimensão individual, é um ser social, fraternal e comunicativamente vinculado.

Estão corretas as assertivas:

[A] I e II.
[B] I, II e III.
[C] II e III.
[D] II, III e IV.

RESPOSTA: A resposta é a alternativa "D".

A única incorreta é a assertiva I das alternativas A e B. Os princípios da interculturalidade e do multiculturalismo fundamentam-se no princípio da *igualdade material*, visto proclamarem uma igualdade efetiva e social entre os grupos e estimular a atuação do Estado na consecução desse princípio.

Questão 07 – ASSINALE A ALTERNATIVA CORRETA. PARA O STF:

I – Não cabe arguição de descumprimento de preceito fundamental em face de sentenças transitadas em julgado.

II – É possível modular-se os efeitos da declaração de inconstitucionalidade no controle difuso.

III – A liberdade de expressão protege os discursos racistas e preconceituosos, porque o combate a tais ideias deve se dar através de um debate público esclarecedor que demonstre o equívoco que eles encerram.

IV – A norma que invoca a proteção de Deus, no preâmbulo da Constituição Federal, é de reprodução obrigatória nas Constituições estaduais.

Está correta alternativa:
[A] II e III.
[B] I e II.
[C] I, II e IV.
[D] I e IV.

RESPOSTA: A alternativa "B".

As assertivas I e II são entendimentos pacificados do Tribunal.

A assertiva III da alternativa A não corresponde ao entendimento do STF, visto ter-se reconhecido a limitação da liberdade de expressão na prática do racismo, conforme o Caso Ellwanger (HC 82.424/RS).

A assertiva IV das alternativas C e D também não corresponde ao entendimento do Tribunal, pela ADI 2.076, que decidiu não ser de reprodução obrigatórias nas Constituições estaduais a norma que invoca a proteção de Deus, no preâmbulo da Constituição Federal.

Questão 08 – ASSINALE A ALTERNATIVA INCORRETA:

[A] Para o neoconstitucionalismo, todas as disposições constitucionais são normas jurídicas, e a Constituição, além de estar em posição formalmente superior sobre o restante da ordem jurídica, determina a compreensão e interpretação de todos os ramos do Direito.

[B] A visão substancialista da Constituição conduz, no controle de constitucionalidade, a uma postura mais deferente acerca das decisões dos Poderes Públicos.

[C] Para os procedimentalistas, a jurisdição constitucional tem o papel exclusivo de assegurar os pressupostos necessários ao bom funcionamento da democracia.

[D] A Constituição brasileira de 1988 enquadra-se na categoria das constituições dirigentes, porque, além de estabelecer a estrutura básica do Estado e de garantir direitos fundamentais, impõe ao Estado diretrizes e objetivos principalmente tendentes a promover a justiça social, a igualdade substantiva e a liberdade real.

RESPOSTA: A alternativa incorreta é a "B".

A visão substancialista preconiza uma atuação maior da jurisdição constitucional no sentido de se concretizar os valores da Constituição. Assim, exige não uma postura mais deferente, mas uma postura atuante quanto às decisões dos poderes públicos.

Questão 09 – DENTRE OS ENUNCIADOS ABAIXO, ESTÃO CORRETAS AS ASSERTIVAS:

I – Considerando que o pluralismo é um fato da vida social e um valor constitucional da maior relevância, a federação também deve pautar-se pelas diferenças culturais entre as regiões, sem prejuízo da unidade, quando isso for necessário.

II – No âmbito da competência legislativa concorrente, as normas gerais não se prestam a garantir completa uniformidade. As regras absolutamente uniformes só podem ocorrer no domínio da competência privativa da União.

III – A competência legislativa concorrente permite transformar os Estados-membros em verdadeiros laboratórios legislativos, possibilitando que novas e exitosas experiências sejam formuladas e eventualmente adotadas pelos demais entes federados.

IV – Constituições e leis estaduais e municipais vinculam-se apenas às normas de pré-ordenação inscritas na Constituição Federal.

Está correta a alternativa:

[A] I e II.

[B] I, II e III.

[C] I, III e IV.

[D] I, II, III e IV.

RESPOSTA: A resposta é a alternativa "C" com as assertivas corretas I, II e III.

A assertiva IV das alternativas C e D está incorreta, visto que as Constituições e leis estaduais e municipais não se vinculam apenas às normas de pré-ordenação, mas também a outros princípios, como os de limitação, estabelecidos na Constituição, (art. 34, VII), que devem ser observados, sob pena de intervenção.

QUESTÕES DO 25º CONCURSO – MPF
PROCURADOR DA REPÚBLICA– 2011

Questão 10 – ASSINALE A ALTERNATIVA CORRETA:

[A] O procedimentalismo sustenta a legitimidade democrática da jurisdição constitucional, diante da constatação da incapacidade das instâncias representativas de pautarem a sua atuação pela axiologia constitucional.

[B] O positivismo jurídico nega o caráter constitutivo da interpretação do Direito.

[C] No neoconstitucionalismo, preconiza-se a abertura da hermenêutica constitucional aos influxos da moralidade crítica.

[D] No paradigma pós-positivista, os princípios gerais de direito são meios de integração do ordenamento, voltados ao suprimento de lacunas, ao lado da analogia e dos costumes.

RESPOSTA: Correta é a alternativa "C". O neoconstitucionalismo se caracteriza, sobretudo, por uma maior abertura da hermenêutica constitucional ante aos valores morais e à moralidade crítica. A alternativa A é incorreta, pois o procedimentalismo, ao contrário do afirmado, sustenta a legitimidade das instâncias democráticas para a definição dos direitos, buscando a proteção das condições da democracia; o realce na jurisdição constitucional ante a incapacidade das instâncias representativas, na verdade, é atribuído ao substancialismo. A alternativa B também está incorreta, pois o positivismo jurídico não nega o caráter constitutivo da interpretação do Direito. A alternativa D está incorreta, pois, no paradigma pós-positivista, os princípios gerais de direito não são apenas meios de integração do ordenamento, mas possuem eficácia direta ante as regras.

Questão 11 – LEIA OS ENUNCIADOS ABAIXO:

I – O pressuposto da subsidiariedade, na arguição de descumprimento de preceito fundamental de natureza incidental, leva em consideração a existência de outro instrumento no controle abstrato de normas apto a sanar a lesão ao preceito fundamental não apenas para as partes do processo originário, mas para todos os que se encontrarem em situação similar.

II – O princípio da reserva de plenário não se aplica ao próprio STF, no julgamento de recursos extraordinários.

III – Não cabe o controle abstrato de constitucionalidade de decreto expedido pelo Presidente da República.

IV – É incabível a propositura de ADI contra lei formal, dotada de efeitos concretos.

Considerando a jurisprudência atual do STF, qual a alternativa correta?

[A] I e II.
[B] I, II e III.
[C] I, II, III e IV.
[D] III e IV.

RESPOSTA: A resposta correta é a "A". As assertivas corretas são a I e a II. A alternativa I está correta, o pressuposto da subsidiariedade indica que a arguição de descumprimento de preceito fundamental não será admitida quando houver qualquer outro meio eficaz de sanar a lesividade (art. 4º, § 1º, da Lei nº 9.882/1999). A alternativa "II" também está correta, pois o controle difuso se exerce pelo STF pelo Recurso Extraordinário, e as turmas integrantes têm competência para julgá-lo, não havendo violação do art. 97 da Constituição. Já as assertivas III e IV das alternativas B, C e D estão incorretas, pois podem ser objeto de controle abstrato de constitucionalidade o decreto autônomo e a lei de efeitos concretos.

Questão 12 – É CORRETO AFIRMAR QUE:

[A] A ponderação de interesses é técnica que busca equacionar as colisões entre princípios constitucionais através da demarcação dos respectivos âmbitos de proteção, de modo a evitar que normas divergentes incidam concomitantemente sobre a mesma hipótese fática.

[B] O Poder Judiciário deve interpretar os tratados internacionais de direitos humanos à luz da Constituição Federal, mas não o contrário, pois se assim não fosse, subverter-se-ia a hierarquia das fontes normativas e o princípio da supremacia da Constituição.

[C] A mutação constitucional consiste na alteração da jurisprudência do STF sobre algum tema de índole constitucional, sem que haja mudança formal no Texto Magno.

[D] São intérpretes da Constituição não apenas os órgãos do Poder Judiciário, como também os demais poderes políticos, além dos múltiplos atores presentes na sociedade civil, que, em seus debates travados na esfera pública, participam da tarefa de atribuição de sentido às normas constitucionais.

RESPOSTA: A resposta correta é a alternativa "D". A interpretação da Constituição não se realiza apenas pelo Poder Judiciário, que exerce primordialmente o controle de constitucionalidade, mas por todos os órgãos públicos que a aplicam e inclusive a sociedade civil, que estabelece significado às suas normas, por meio do debate público.

A alternativa "A" é incorreta, visto que a ponderação visa à harmonização entre normas que objetivam efeitos sobre um âmbito de proteção coincidente. Assim, busca-se, dada a situação fática, qual norma terá preponderância. Não se evita a divergência entre normas, apenas se as harmoniza. A alternativa "B" é incorreta, pois os tratados que versam sobre direitos humanos serão incorporados como normas constitucionais, desde que observados alguns requisitos, como aprovação por três quintos do Congresso Nacional, em dois turnos. A alternativa "C" também é incorreta, visto que a mutação constitucional, na verdade, consiste na alteração de interpretação, com o encontro de novos sentidos, sem mudança no texto formal da Carta, não se restringindo apenas à jurisprudência do STF.

Questão 13 – LEIA ATENTAMENTE OS ENUNCIADOS ABAIXO:

I – A liberdade de expressão protege as críticas a agentes públicos e detentores de poder social, desde que não realizadas em tom desrespeitoso.

II – O princípio da laicidade do Estado impõe a neutralidade estatal em matéria religiosa, mas não é incompatível com a colaboração entre o Poder Público e representantes das igrejas e cultos religiosos que vise à promoção do interesse público.

III – O direito de resposta, além de tutelar os direitos da personalidade, também configura instrumento para a promoção do pluralismo interno dos meios de comunicação social, na medida em que confere ao público a possibilidade de acesso a posições divergentes sobre tema de interesse social.

IV – Em matéria de direito intertemporal, a Constituição brasileira, de acordo com a jurisprudência do STF, aderiu à chamada teoria objetiva, que veda a retroatividade das leis, mas não a incidência de normas de ordem pública sobre efeitos futuros de negócios jurídicos celebrados no passado.

Qual a alternativa correta?
[A] I e II.
[B] III e IV.
[C] II e III.
[D] I e IV.

RESPOSTA: A resposta é a "C". As assertivas II e III estão corretas. O princípio da laicidade impõe a neutralidade do Estado em questões religiosas, mas não impede a atuação no sentido de proteção das religiões, promovendo a tolerância religiosa, ou a colaboração tendo em vista o interesse público. Quanto à assertiva III, também está correta, pois o direito de resposta promove o pluralismo interno nos meios de comunicação social, ao permitir a divergência de opiniões.

A assertiva I das alternativas A e D está incorreta, pois a liberdade de expressão é ampla, encontrando limitação apenas quanto à violação de outros direitos fundamentais, não admitindo limites quanto a críticas a órgãos públicos, visto ser garantia democrática.

Questão 14 – É INCORRETO AFIRMAR QUE:

[A] A igualdade de gênero justifica medidas protetivas da mulher, bem como políticas de ação afirmativa em seu favor, mas não aquelas que se baseiem na cristalização jurídica de estereótipos culturalmente enraizados.

[B] A igualdade substantiva envolve não apenas o imperativo constitucional de adoção de políticas públicas que visem à redução das desigualdades socioeconômicas, como também a exigência de implementação de medidas que objetivem promover o reconhecimento e respeito das identidades étnicas, culturais e sexuais de membros de grupos estigmatizados pela cultura hegemônica.

[C] As liberdades existenciais e econômicas são protegidas com a mesma intensidade pela nossa ordem constitucional, já que esta estrutura um sistema econômico capitalista, fundado na livre iniciativa.

[D] O principio da solidariedade pode ser invocado para limitar excessos na tendência individualista e egocêntrica que a gramática dos direitos subjetivos pode instaurar.

RESPOSTA: A alternativa incorreta é a "C", visto que a livre iniciativa é, sim, princípio protegido pela ordem econômica constitucional, mas encontra limites em outros princípios como o da valorização do trabalho humano e da justiça social (art. 170 da CF).

A igualdade substantiva será promovida pela adoção de políticas públicas que visem à redução de desigualdades socioeconômicas e medidas que promovam o reconhecimento e respeito das minorias étnicas, culturais e sexuais. São protegidas constitucionalmente a atuação nesse sentido, inclusive quanto à proteção da mulher, desde que isso não implique na afirmação de estereótipos historicamente construídos. Assim, estão corretas as alternativas "A" e "B".

O princípio da solidariedade deve ser compreendido no tom de se dar um sentido social às proteções e direitos fundamentais. A alternativa "D", assim, também está correta.

Questão 15 – ASSINALE A ALTERNATIVA CORRETA:

[A] De todo enunciado normativo é possível extrair-se pelo menos uma norma jurídica, pois deve-se presumir que o legislador jamais emprega palavras em vão.

[B] No sistema jurídico brasileiro, a ordem decrescente de prioridade no que se refere aos critérios para resolução de antinomia é: hierarquia, cronologia e especialidade.

[C] No confronto entre princípios e regras jurídicas, os primeiros devem prevalecer, em razão da sua maior relevância sistêmica e axiológica.

[D] As teorias mais aceitas de argumentação jurídica qualificam o processo de interpretação e aplicação do Direito como um exercício de racionalidade prática, sujeito a alguns constrangimentos institucionais específicos.

RESPOSTA: A correta é a alternativa "D", visto que as teorias modernas de argumentação reconhecem um processo distinto de racionalidade prática, no processo de interpretação e aplicação do Direito, em contraposição à lógica jurídica clássica, que se afirmava nos métodos clássicos de interpretação e no silogismo como aplicação.

A alternativa "A" está incorreta, uma vez que nem todo enunciado normativo corresponde a uma norma.

A alternativa "B" está incorreta, visto que a ordem decrescente de prioridade é hierarquia, especialidade e cronologia. Uma norma especial e anterior prevalece sobre norma geral e posterior.

A alternativa "C" está incorreta, visto que na incidência de um princípio e de uma regra geralmente esta prevalecerá.

QUESTÕES DO 23º CONCURSO – MPF
PROCURADOR DA REPÚBLICA –2006

Questão 16 – SÃO CLÁUSULAS PÉTREAS, SEGUNDO A CONSTITUIÇÃO FEDERAL:

I – A federação e a República;

II – O voto universal, direto, secreto e periódico;

III –A forma federativa de Estado;

IV –A separação dos poderes e os direitos e garantias individuais.

Analisando as assertivas acima, podemos afirmar que:

[A] todas estão corretas;

[B] estão corretas apenas as de números I, II e III;

[C] somente as de número I, II e IV estão corretas;

[D] estão corretas apenas as de números II, III e IV.

RESPOSTA: A resposta correta é a alternativa "D". São cláusulas pétreas, nos termos do § 4º do art. 60 da CF: I – a forma federativa do Estado; II – o voto direto, secreto, universal e periódico; III – a separação dos poderes; IV os direitos e garantias individuais. A forma de governo republicana não é limite material expresso ao poder constituinte reformador. O art. 2º do Ato das Disposições Constitucionais Transitórias previu a realização de um plebiscito para que o povo decidisse sobre a forma de governo (monarquia ou república). A disposição, em verdade, confirma a assertiva de que a "República, nos termos da Constituição, nunca foi cláusula imutável expressa. Contrariamente, admite a interpretação de que realizado o plebiscito, com a decisão do povo, consistiria em limitação implícita ao poder constituinte reformador. De todo modo, nunca explícita.

Questão 17 – O CONSELHO NACIONAL DO MINISTÉRIO PÚBLICO:

I – Deve zelar pela autonomia funcional e administrativa do Ministério Público;

II – É presidido pelo Procurador-Geral da República, oficiando perante ele o Presidente do Conselho Federal da Ordem dos Advogados do Brasil;

III – Pode ter ações contra ele propostas perante o Supremo Tribunal Federal, a quem compete processá-las e julgá-las originariamente;

IV – Pode rever, a qualquer tempo, de ofício ou por provocação, os processos disciplinares de membros do Ministério Público da União ou dos Estados.

Analisando-se as assertivas acima, podemos afirmar que a alternativa correta é:

[A] todas estão corretas;

[B] somente as de números I e II estão corretas;

[C] estão corretas apenas as de números I, II e III;

[D] somente estão corretas as de números II, III e IV;

RESPOSTA: A resposta é a "C", sendo corretas as assertivas I (art. 130-A, § 2º, I da CF), II (art. 130-A, I, e § 4º da CF) e III (art. 102,I, 'r' da CF).

O erro da assertiva IV é quanto à expressão "a qualquer tempo". Cabe ao Conselho Nacional do Ministério Público, nos termos do art. 130-A, § 2º, IV, "rever, de ofício ou mediante provocação, os processos disciplinares de membros do Ministério Público da União ou dos Estados julgados *há menos de um ano*".

Questão 18 – A CONSTITUIÇÃO DA REPÚBLICA GARANTE QUE:

I – A lei não excluirá da apreciação do Poder Judiciário lesão ou ameaça a direito;

II – Em processo administrativo ou judicial, aos litigantes e aos acusados em geral são assegurados o contraditório e a ampla defesa, com os meios e recursos a ela inerentes;

III – Ninguém será privado da liberdade ou de seus bens sem o devido processo legal;

IV – Provas obtidas por meios ilícitos são inadmissíveis no processo.

Analisando-se as assertivas acima, podemos afirmar que a alternativa correta é:

[A] todas estão corretas;

[B] apenas as de números I, III e IV estão corretas;

[C] estão corretas somente as de números I, II e III;

[D] apenas as de números I e III estão corretas;

RESPOSTA: A alternativa correta é a "A". Todas as assertivas estão corretas. A assertiva I corresponde ao direito de ação (art.5°, XXXV, da CF); a assertiva II, as garantias da ampla defesa e do contraditório (art. 5°, LV), a assertiva III, ao devido processo legal (art. 5°, LIV); e assertiva IV, à inadmissão de provas ilícitas (art. 5°, LVI).

Questão 19 – OS TRATADOS E CONVENÇÕES INTERNACIONAIS SOBRE DIREITOS HUMANOS:

I – Têm sempre o valor de normas infraconstitucionais em qualquer hipótese, prevalecendo a lei se com eles for incompatível;

II – Com a finalidade de assegurar o cumprimento de obrigações deles decorrentes, nas hipóteses de grave violação de direitos humanos, podem servir de fundamento ao Procurador-Geral da República para suscitar, perante o Superior Tribunal de Justiça, em qualquer fase do inquérito ou processo, incidente de deslocamento de competência para a Justiça Federal;

III –Como os tratados, convenções e atos internacionais em geral, são celebrados pelo Presidente da República, como Chefe de Estado e sujeitos a referendo do Congresso Nacional;

IV – Que forem aprovados, em cada Casa do Congresso Nacional, em dois turnos, por três quintos dos votos dos respectivos membros, serão equivalentes às emendas constitucionais.

Analisando-se as asserções acima, podemos afirmar que a alternativa correta é:

[A] estão corretas somente as de números I, II e III;

[B] somente as de número II, III e IV estão corretas;

[C] todas estão corretas;

[D] apenas as de número I e III estão corretas.

RESPOSTA: A alternativa correta é a "B".

A assertiva "I" está incorreta, visto que os Tratados e Convenções Internacionais de Direitos Humanos nem sempre terão valor de norma infraconstitucional, visto que quando aprovados, em cada Casa do Congresso Nacional, em dois turnos, por três quintos dos votos dos respectivos membros, serão equivalentes às emendas constitucionais (art. 5º, § 3º). O mesmo dispositivo aponta como correta a assertiva IV.

A assertiva II está correta, correspondendo ao incidente de deslocamento de competência para a Justiça Federal, previsto no art. 109, § 5º.

A assertiva III consiste no processo de celebração de tratados, convenções e atos internacionais que compete privativamente ao Presidente da República, com referendo do Congresso Nacional, nos termos do art. 84, VIII, da Constituição. Também está correta.

Questão 20 – NA FEDERAÇÃO BRASILEIRA, OS ESTADOS-MEMBROS:

I – Organizam-se e regem-se pelas respectivas Constituições, ainda que contrariem os princípios da Constituição Federal, tendo em vista a autonomia estadual e a observância compulsória, como cláusula pétrea, da forma federativa de Estado;

II – Poderão, mediante lei complementar, instituir regiões metropolitanas, aglomerações urbanas e microrregiões, constituídas por agrupamentos de Municípios limítrofes, para integrar a organização, o planejamento e a execução de funções públicas de interesse comum;

III – Poderão sofrer intervenção federal na hipótese, dentre outras, de inobservância do princípio constitucional da autonomia municipal;

IV – Fixarão livremente o número de Deputados à Assembleia Legislativa e os respectivos subsídios, proporcionalmente à sua população, nos termos e segundo os critérios estabelecidos exclusivamente na Constituição Estadual, independentemente de qualquer norma federal.

Analisando-se as assertivas acima, podemos afirmar que a alternativa correta é:

[A] todas estão corretas;
[B] estão corretas apenas as de números I, II e III;
[C] somente as de número II e III estão corretas;
[D] estão corretas apenas as de números II, III e IV.

RESPOSTA: A correta é a alternativa "C".

A assertiva II está correta. Os Estados, nos termos do art. 25, § 3º, "poderão, mediante complementar, instituir regiões metropolitanas, aglomerações urbanas e microrregiões, constituídas por agrupamentos de Municípios limítrofes, para integrar a organização, o planejamento e a execução de funções públicas de interesse comum".

A assertiva III está correta, visto que o art. 34 da Constituição estabelece hipóteses em que a União intervirá nos Estados e no Distrito Federal, entre elas, para assegurar a observância de princípios constitucionais, como a autonomia municipal (inciso VII).

A assertiva I da alternativa B é incorreta, visto que, embora os Estados possuam autonomia, compreendida inclusive como auto-organização por uma Constituição estadual, devem observar obrigatoriamente os princípios da Constituição federal (art. 25, *caput*).

A assertiva IV da alternativa D está incorreta, pois o número de Deputados à Assembleia Legislativa é fixado na Constituição Federal e corresponde ao triplo da representação do Estado na Câmara dos Deputados e, atingido o número de trinta e seis, será acrescido de tantos quantos forem os Deputados Federais acima de doze (art. 27, *caput*, da CF).

Questão 21 – COMPETE À UNIÃO FEDERAL:

   I – Legislar privativamente sobre direito civil, comercial, penal, processual, eleitoral e do trabalho, dentre outros ramos do direito, podendo, contudo, mediante lei complementar, autorizar os Estados a legislar sobre questões específicas relativas a tais matérias;

   II – Legislar concorrentemente com os Estados e o Distrito Federal sobre direito ambiental e defesa do consumidor;

   III – Legislar privativamente sobre populações indígenas;

   IV – Legislar concorrentemente com os Estados, o Distrito Federal e os Municípios sobre desapropriação.

Analisando as asserções acima, podemos afirmar que a alternativa correta é:

   [A] todas estão corretas;
   [B] estão corretas somente as de números I, II e III;
   [C] apenas as de números II, III e IV estão corretas;
   [D] estão corretas somente as de números I, III e IV.

RESPOSTA: A alternativa correta é a "B".

A assertiva I está correta, pois compete privativamente à União legislar sobre direito civil, comercial, penal, processual, eleitoral, agrário, marítimo, aeronáutico, espacial e do trabalho (art. 22, I, da CF) e, por lei complementar, poderá autorizar os Estados a legislar sobre questões específicas de sua competência privativa (art. 22, parágrafo único, da CF).

A assertiva II está correta, visto que compete à União, aos Estados e ao Distrito Federal legislar concorrentemente sobre direito do consumidor e ambiental (CF, art. 24, VIII).

A assertiva III está correta, pois compete privativamente a União legislar sobre populações indígenas (art. 22, XIV da CF).

Por fim, a assertiva IV das alternativas C eD está incorreta, pois legislar sobre desapropriação é competência privativa da União (CF, art. 22, II).

Questão 22 – O CONSELHO NACIONAL DE JUSTIÇA:

I – Deve zelar pela autonomia do Poder Judiciário e pelo cumprimento do Estatuto da Magistratura;

II – É órgão do Poder Judiciário;

III – Pode ter ações contra ele propostas perante o Supremo Tribunal Federal, a quem compete processá-las e julgá-las originariamente;

IV – É presidido pelo Ministro do Supremo Tribunal Federal, oficiando perante ele o Procurador-Geral da República e o Presidente do Conselho Federal da Ordem dos Advogados do Brasil.

Analisando-se as asserções acima, podemos afirmar que a alternativa correta é:

[A] estão corretas apenas as de números I e IV;
[B] todas estão corretas;
[C] estão corretas somente as de números II e III;
[D] apenas as de números I, III e IV;

RESPOSTA: A alternativa correta é "B".

A assertiva I está correta, de acordo com o art. 103-B, § 4º, I, da Lei Maior.

A assertiva II está correta, nos termos do art. 92, I-A, do mesmo diploma.

A assertiva III também está correta e encontra seu fundamento no art. 102, I, 'r', da Carta.

E, por fim, a assertiva IV também é correta, nos termos do § 6º do art. 103-B da Carta.

Questão 23 – NO PROCESSO LEGISLATIVO FEDERAL:

I – Compreende-se a elaboração de leis ordinárias, leis complementares, emendas à Constituição, leis delegadas, medidas provisórias, decretos legislativos e resoluções;

II – A proposta de emenda constitucional será discutida e votada pelo Congresso Nacional, em sessão unicameral, em dois turnos, considerando-se aprovada se obtiver, em ambos, três quintos dos votos de seus membros;

III – A iniciativa das leis é privativa dos Deputados Federais, dos Senadores e do Presidente da República;

IV – Em casos de relevância e urgência, poderão ser editadas medidas provisórias, com força de lei, sobre matéria reservada à lei complementar e ao processo civil, vedada sua edição relativamente ao direito penal ou processual penal.

Analisando-se as assertivas acima, podemos afirmar que a alternativa correta é:

[A] somente as de número I, II e III estão corretas;

[B] todas estão corretas;

[C] estão corretas apenas as de números II, III e IV;

[D] somente a de número I está correta.

RESPOSTA: A alternativa correta é a "D".

O Processo Legislativo Federal compreende a elaboração de leis ordinárias, leis complementares, emendas à Constituição, leis delegadas, medidas provisórias, decretos legislativos e resoluções (CF, art. 59, I a VII). Está correta a assertiva I.

A assertiva II das letras A e C está incorreta, visto que a proposta de emenda constitucional será votada em sessão bicameral e não unicameral (CF, art. 60, § 2º).

A assertiva III das letras A e C é incorreta, uma vez que a iniciativa das leis é ampla, compreendendo, não só os membros ou Comissão do Câmara dos Deputados, do Senado Federal ou do Congresso Nacional e o Presidente da República, mas também o Supremo Tribunal Federal, os Tribunais Superiores, o Procurador-Geral da República e os cidadãos (iniciativa popular) (CF, art. 61, *caput*).

A assertiva IV da letra C também é incorreta, visto não ser possível a edição de medidas provisórias em matérias reservadas à lei complementar (CF, art. 62, § 1º, III) e sobre direito penal, processual penal e processual civil (CF, art. 62, § 1º, I, 'b').

Questão 24 – O PRESIDENTE DA REPÚBLICA:

I – Tem como competência privativa, dentre outras, nomear e exonerar os Ministros de Estado;

II – Ficará suspenso de suas funções, nos crimes de responsabilidade, após a instauração do processo pelo Senado Federal;

III – Na vigência do seu mandato, não pode ser responsabilizado por atos estranhos ao exercício de suas funções;

IV – Pode dispor, mediante decreto, sobre a extinção de funções ou cargos públicos, quando vagos.

Analisando-se as asserções acima, podemos afirmar que a alternativa correta é:

[A] estão corretas apenas as de números I, II e III;
[B] somente as de números I e II estão corretas;
[C] estão corretas apenas as de números II e III;
[D] todas estão corretas.

RESPOSTA: A alternativa correta é a "D".

O presidente da República tem como competência privativa, dentre outras, nomear a exonerar os ministros de Estado (CF, art. 84, I) (assertiva I está correta). Também poderá dispor, mediante decreto, sobre a extinção de funções ou cargos públicos, quando vagos (CF, art. 84, VI, 'b') (assertiva IV está correta).

Após a instauração de processo por crime de responsabilidade pelo Senado Federal, ficará o presidente da República suspenso de suas funções (CF, art. 86, § 1º, II). Está correta, assim, a assertiva II.

O presidente não poderá também, na vigência de seu mandato, ser responsabilizado por atos estranhos ao exercício de suas funções (CF, art. 86, § 4º). Está correta a assertiva III.

Questão 25 – NO PODER JUDICIÁRIO:

I – Todos os julgamentos dos seus órgãos serão públicos e fundamentadas todas as decisões, sob pena de nulidade, podendo a lei limitar a presença, em determinados atos, às próprias partes e seus advogados, ou somente a estes, em casos nos quais a preservação do direito à intimidade do interessado no sigilo não prejudique o interesse público à informação;

II – A atividade jurisdicional será ininterrupta, sendo vedado férias coletivas nos juízos e tribunais de segundo grau, funcionando, nos dias em que não houver expediente forense normal, juízes de plantão permanente;

III – A distribuição de processos será imediata, em todos os graus de jurisdição;

IV – Poderão os Tribunais, quando se tratar de decisões administrativas ou disciplinares, realizar sessões secretas visando a preservar o interesse público e a imagem do magistrado, devendo as decisões ser sempre motivadas e proferidas pelo voto da maioria absoluta dos seus membros.

Analisando-se as assertivas acima, podemos afirmar que a alternativa correta é:

[A] todas estão corretas;

[B] estão corretas somente as de números II, III e IV;

[C] apenas as de números I, II e III estão corretas;

[D] está correta somente a de número I.

RESPOSTA: A alternativa correta é a "C".

As assertivas I, II e III da alternativa C estão corretas. A assertiva IV da alternativa B está incorreta, visto que as sessões, quando se tratar de decisões administrativas, são públicas e motivadas, sendo as disciplinares tomadas pelo voto da maioria absoluta de seus membros (art. 93, X).

Questão 26 – NO SUPREMO TRIBUNAL FEDERAL:

I – A fim de que o Tribunal examine a admissão do recurso extraordinário, deverá o recorrente demonstrar a repercussão geral das questões constitucionais discutidas no caso, nos termos da lei, somente podendo o Tribunal recusá-lo pela manifestação de dois terços de seus membros;

II – Declarada a inconstitucionalidade por omissão na ação direta, por falta de norma regulamentadora da Constituição, será expedida de imediato pela Corte medida para tornar efetiva a norma constitucional, dando-se ciência ao Congresso Nacional e ao Poder Executivo;

III – As decisões definitivas de mérito proferidas pelo Tribunal nas ações diretas de inconstitucionalidade e nas ações declaratórias de constitucionalidade produzirão eficácia contra todos e efeito vinculante relativamente aos demais órgãos do Poder Judiciário e à Administração pública direta e indireta, nas esferas federal, estadual e municipal;

IV – No processo e julgamento das arguições de descumprimento de preceito fundamental, na forma do regimento interno do Tribunal, serão obrigatoriamente admitidas, nos termos da lei, a figura do *amicus curiae* e o controle de constitucionalidade de leis federais e estaduais revogadas e de leis municipais, em razão do princípio da subsidiariedade.

Analisando-se as asserções acima, podemos afirmar que a alternativa correta é:

[A] estão corretas apenas as de números I, e III;

[B] somente as de números II e IV estão corretas;

[C] estão corretas apenas as de números I, III e IV;

[D] todas estão corretas.

RESPOSTA: A alternativa correta é a "A".

Estão corretas as assertivas I e III.

A assertiva II da alternativa B está incorreta, pois será dada ciência aos órgãos administrativos para, no prazo de trinta dias, adotarem as providências necessárias (CF, art. 103, § 2º).

Questão 27 – AS SÚMULAS VINCULANTES:

I – Têm por objetivo a validade, a interpretação e a eficácia de normas determinadas, acerca das quais haja controvérsia atual entre órgãos judiciários ou entre esses e a administração pública que acarrete grave insegurança jurídica e relevante multiplicação de processos sobre questão idêntica;

II – Contrariadas por ato administrativo ou decisão judicial, ou que tenham sido indevidamente aplicadas, podem servir de fundamento a reclamação perante o Supremo Tribunal Federal que, julgando-a procedente, anulará o ato administrativo ou cassará a decisão judicial reclamada, determinando que outra seja proferida com ou sem a aplicação da súmula, conforme o caso;

III – Aplicam-se tanto ao controle difuso como ao controle concentrado de constitucionalidade, sendo que, neste último caso, o efeito vinculante nas ações diretas de inconstitucionalidade fica condicionado, após a publicação do respectivo Acórdão, a aprovação de súmula sobre a matéria, pelo voto de dois terços dos Ministros do Supremo Tribunal Federal;

IV – Poderão ser aprovadas, de ofício ou por provocação dos legitimados para propor ação direta de inconstitucionalidade, mediante decisão de dois terços dos Ministros do Supremo Tribunal Federal.

Analisando-se as assertivas acima, podemos afirmar que a alternativa correta é:

[A] todas estão corretas;

[B] estão corretas apenas as de números I, II e IV;;

[C] somente as de números II, III e IV estão corretas;

[D] estão corretas apenas as de números I, II e III.

RESPOSTA: A alternativa correta é a "B". Estão corretos os números I, II e IV.

Há erro assertiva III das alternativas C e D, pois as súmulas vinculantes não correspondem ao controle concentrado de constitucionalidade, apenas ao difuso.

GRÁFICA PAYM
Tel. (011) 4392-3344
paym@terra.com.br